「国家破産」以後の世界

Cover Photograph ■ getty images

Gemki Fujii 藤井厳喜

「国家破産」以後の世界

After Japan's Default

Kobunsha Paperbacks

Copyright © 2004 by Gemki Fujii

2004年12月20日　初版1刷発行

著者	藤井厳喜
発行者	加藤寛一
デザイン	宗利淳一 [協力＝美柑和俊]
印刷所	萩原印刷
製本所	ナショナル製本

「国家破産」以後の世界
After Japan's Default

発行所　株式会社　光文社
　　　　東京都文京区音羽1-16-6　〒112-8011
　　　　編集部　03-5395-8401
　　　　販売部　03-5395-8114
　　　　業務部　03-5395-8125
　　　　www.kobunsha.com

ISBN 4-334-93348-3
Printed in Japan

本書には再生紙を使用しています。
これは地球資源の保護に少しでも貢献するための出版社としてのポリシーです。

R 本書の全部または一部を無断で複写複製(コピー)することは、
著作権法上での例外を除き、禁じられています。本書からの複写を希望される場合は、
日本複写権センター (03-3401-2382)にご連絡ください。

権利はすべて光文社にあります。どんな形式、方式にせよ、
本書あるいはその一部を再生産及び利用するためには、文書により弊社までお申し込みください。

All rights reserved. No part of this book may be reproduced or utilized in any form or any means, electronic or mechanical, including photocopying, recording, or by any information storage or retrieval system, without permission in writing from the Publisher. Inquiries should be addressed to Kobunsha Publishers, Ltd., Tokyo.

About Kobunsha Paperbacks

光文社ペーパーバックスは、次のような大きな4つの特徴があります。

1. ジャケットと帯がありません。
   従来の日本の書籍は、いわば過剰包装であり、服にたとえればジャケットと帯という厚着をまとっています。そこで、これらをいっさい廃して、いつでもどこでも読めるというペーパーバック本来の機能を重視して製作されています。
2. 本文の紙はできる限り再生紙を使っています。
   これは、失われゆく地球資源を守るためであり、環境問題に少しでも貢献したいと考えているからです。
3. 本文はすべてヨコ組です。
   学校の教科書、会社の文書、インターネットのウェブサイトのテキスト、メール、手紙、論文など、いまの日本語はほとんどの場合、ヨコに書くのが普通です。ですから、できるだけ自然な形で、日本語をヨコ組で表記しています。
4. 英語(あるいは他の外国語)混じりの「4重表記」
   これまでの日本語は世界でも類を見ない「3重表記」(ひらがな、カタカナ、漢字)の言葉でした。この特性を生かして、本書は、英語(あるいは他の外国語)をそのまま取り入れた「4重表記」で書かれています。これは、いわば日本語表記の未来型です。

序 悪夢の210X年

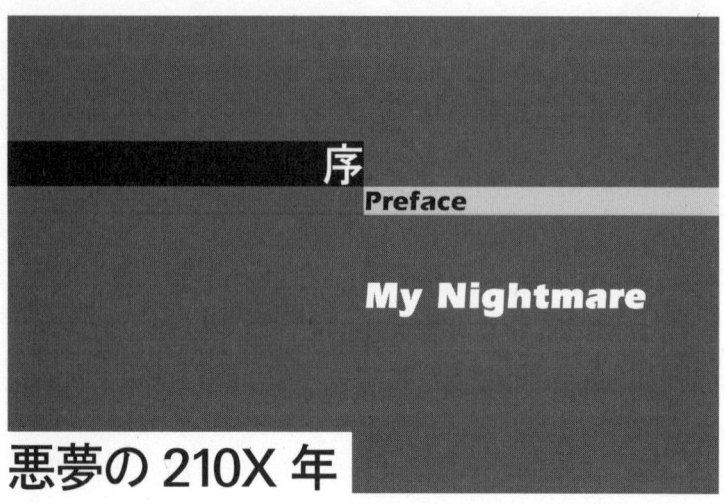

悪夢の210X年

　筆者は最近、しばしば悪い夢 nightmare を見る。それは、われわれが暮らす日本国が、この地球上から消滅 disappear してしまっているという未来世界の話である。

　もちろん、そんなことはあるはずがない incredible とは思うが、それでもその可能性がないとは言い切れないから、ひどく寝覚めが悪い bad waking。

　筆者は、1970年代から1980年代にアメリカに留学し、国際政治学 international politics を学んだ。そしてその現場で痛感したのは、アメリカの大学では、あらゆる国のあらゆる事象が徹底的に研究され、世界が冷徹に分析されているということだった。アメリカが世界覇権 world hegemony を手にする超大国 superpower である以上、これは当然のことなのだが、それでも、なにかやるせないものを感じた。それは、わが日本が、とてつもなく小さな存在に思えたからだ。

Preface

My Nightmare

そして、筆者が最近見る夢は、このやるせなさをさらに助長するのである。では、その夢のシーンを、ここにできるだけ詳しく再現してみよう。

時:210X 年 1 月 16 日、3:00 pm
所:アメリカ合衆国、マサチューセッツ州
ハーバード大学、エマーソン・ホール、歴史学部
(Emerson Hall, History Department of Harvard University)

——東アジア史専攻の 3 年生で日系アメリカ人のデビット・ケン・フジモリ David Ken Fujimori, a junior whose major is East Asian history は、指導教授エズラ・パウンド Ezra Pound(東アジア現代史専門)に、彼の卒論 graduation thesis のテーマについて相談をもちかけている。

D. K. Fujimori: 古いテーマかもしれませんが、私は日本人の血 Japanese blood を引いているので、やはり卒論のテーマは、"日本の崩壊" collapse of Japan にしたいのです。
Professor Pound: それは結構だが、もう研究し尽くされたテーマなので、新しい切り口 new approach が必要だと思うが……?
Fujimori: おっしゃるとおりです。僕は中学時代から"日本の崩壊"をテーマにした本なら 100 冊以上も読んでいますし、確かに難しいテーマです、研究されすぎていて。
Prof. Pound: やはり 2022 年の PRC(People's Republic of China 中華人民共和国)の日本併合前後のことを書くのかね? それと

序

悪夢の 210X 年

も、2010年の北朝鮮の核ミサイルによる日本攻撃 North Korea's missile attacks on Japan のほうを取り上げるのかね？

Fujimori: じつは2022年の PRC の九州侵略のとき、私の祖父は3歳で、曾祖父の腕に抱かれてアメリカに亡命 seek refuge in U.S.A. してきたんです。それで、これについてはファミリー・ヒストリーの観点からも研究 research してみたいのですが、新しい事実や切り口を見つけるのは難しいと思っています。

Prof. Pound: あの侵略に協力した統一朝鮮 United Korea に関する新資料が出たと聞いているが……。

Fujimori: NY大学の李教授の論文なら僕も読んでいますが、別に新しい事実はありませんでした。PRC と United Korea の賄賂 bribe を、日本の首相 prime minister や外務大臣 minister of foreign affairs がもらっていたという例の話で、固有名詞と金額が若干変わっているだけです。

Prof. Pound: 2010年、崩壊寸前の北朝鮮が日本に2発の核ミサイルを撃ち込んで、死者は20万人を超えたというのに、日本はついに憲法改正 revision of the constitution に踏み切らず、逆に統一朝鮮や PRC に媚を売るエセ平和主義政権 fake pacifists' administration ができてしまい、ついにはこれが2022年の PRC の本格的な九州侵略を招いたというわけだ。しかし、このときの日本人の心理というのが、私にはまったく理解不可能 impossible to understand なのだがね。

Fujimori: 1945年にアメリカに2発の原爆 atomic bombs を落とされた日本は、敗戦後 after the Pacific War、むしろ親米となり、原爆が落とされたのは自分たちの罪 guilty だと自虐的になり、逆に

Preface

My Nightmare

防衛努力を罪悪視しました。そう考えれば、2010年の北朝鮮(ノースコリア)の核攻撃にも同じ反応を示しただけだ、と言えるのではないでしょうか。

Prof. Pound: ワタシには、どうしても理解不能だが……。

Fujimori: それはそうとして、パウンド教授、この年表 chronological table(クロノロジカル テーブル)を見ていただけませんか？

——彼は、手作りの年表を、教授のデスク上のコンピュータ画面に映し出した。フジモリが操る矢印 pointer は、2008年のところに止まった。「2008年、日本国政府財政破綻」Japan's fiscal(フイスカル) bankruptcy(バンクラプトシー) の文字が光って浮かび上がる。

Fujimori: 教授、これが大事な要素だろうと思うんですが、先日、古い書籍をエンチン図書館(ライブラリー)(燕京＝ハーバード大学の東アジア関係の図書館)で見つけ、少し調べてみたのですが、2008年には、日本政府は国債の償還 repayment of the government bond ができず、すでに破綻 bankrupt していたんです。一般に信じられているように、2010年の核攻撃の後ではなかったんです。意外に思われませんか!?

Prof. Pound: 確かにそうだ……。

Fujimori: これは私の仮説 hypothesis(ハイポセシス) ですが、こういう見方はどうでしょうか。つまり2008年の政府の財政破綻で、国民の精神 spirits はすっかり凋落してしまった。愛国心 patriotism(ペイトリオテイズム) が崩壊し、国民の士気 morale は落ち、絶望的になり、利己的(セルフイツシュ)になっていた。そこに、北の核ミサイルが打ち込まれて、日本の崩壊は

序

悪夢の 210X 年

決定的 definite となってしまった。私にはそう思えるのです。つまり、日本崩壊の真の原因 the real cause は、政府の無責任な国債発行による財政破綻だった。それによって経済的のみならず、政治的にも心理的にも、日本は"国家" nation state として解体 breakdown を始めてしまった。そのために 2010 年や 2022 年に対応する精神的気構え、簡単に言えば、愛国心ということですが、すでにそれを失っていたに違いないのです。どう思われますか？

Prof. Pound: それは面白い intriguing。それは確かに新しい視点 new point of view だね。私は、2010 年の日本は経済大国 economic giant（エコノミック ジァイアント）だとばかり思っていた。「経済発展 economic growth のみにうつつをぬかして、国を滅ぼした」とばかり思っていたが、違ったわけか。日本政府は財政的に、2008 年にはすでに破綻していたのか……。その当時の日本人は、政府の赤字 public sector's deficit と莫大な国債発行について、知らなかったわけはあるまい。いったいどんな議論 argument をしていたのかね？

Fujimori: 先週からエンチン図書館で、それに関する資料を探していました。5 冊ほど見つけましたし、デジタル化した旧政府資料も若干見つかりました。結論から言うと、2000 年ころから、国債政策の破局 catastrophe（キャタスタラフイ） は予想されていたんです。しかし、官僚 bureaucrats（ビュアラクラッツ）や政治家 politicians（ポリテイシヤンズ）は、結局なにもしなかったのです。

Prof. Pound: 破局が見えていた (they had foreseen it)、予想されていた (it had been predicted) のになにもしなかった？　信じられないが……。

Preface

My Nightmare

Fujimori: まったくです。しかし、それが事実のようです。ここまでくると、日本人の血を引いていることがおぞましく horrible さえ思えてきますよ。

Prof. Pound: ぜひ、その研究を卒論テーマにしたまえ。君の仮説もなかなか説得力はあるが、卒論ではまず、なぜ2008年の日本政府が財政破綻を防げなかったのか、それを取り上げてみたまえ。すばらしい卒論になるだろう。君はなんといったって、もう日本列島でもほとんど話されなくなった日本語という絶滅言語 Japanese as an extinct language ができるんだからね。

Fujimori: ありがとうございます。曾祖父や祖父のおかげなんです。85歳の祖父は家ではいまだに日本語です。熊本弁 Kumamoto dialect とかで、標準語 standard Japanese とは少し違うんですが……。

Prof. Pound: クマモトと言えば、PRCが3つに分離したうちの1つ、Republic of South China（RSC）が支配する九州の一部だね。

Fujimori: そのとおりです。九州ではいまや広東語 Cantonese が主流だそうです。RSCの首都 capital が香港 Hong Kong なので、そうなってしまったといいます。ロシア連邦 Russian Federation に占領された北海道はロシア語になり、アメリカの自治領 commonwealth by U.S. protection となった本州と四国では英語一辺倒ですからね。国が滅ぶと、その言語は3代 three generations で滅ぶといいますが、まったくそのとおりですね。

Prof. Pound: いちばん運がよかったのはオキナワの日本人だったんじゃないかね？

Fujimori: 私もそう思います。最後まで米軍 U.S. troops がいたので

序

悪夢の 210X 年

PRC の侵略を受けず、やがて、すでに独立している台湾共和国 Republic of Taiwan の一部となりました。台湾共和国では、日本人にも参政権 suffrage がありますからね。日本語人口がまだ 50 万人といいますから、うらやましいですね。世界で唯一、日本語の TV 放送が残っているのが、オキナワですよ。

Prof. Pound: 本州と四国は、自治領であることをやめて、州 state に昇格しないかと、再三再四、米連邦政府 U.S. Federal Government からオファーされているのに、州民投票 referendum でこれを否決しているのは、どういうわけかね？ プエルト・リコ Puerto Rico でさえ州に昇格したのに。

Fujimori: それは簡単です。連邦政府の補助金 subsidy がもらえなくなるし、税金 tax が高くなるからです。参政権がなくたって、税金が安いほうがいいんですよ。まったく日本人というのは……。

Prof. Pound: 君がそんなことを言ってはいけないよ。かつては、Japan as No.1 とまで言われ、世界一の工業国だったじゃないか。

Fujimori: それも 20 世紀の終わりの一世代 only one generation、30 年間だけの出来事でしたがね。庶民 ordinary people はともかく、エリートまでが短期的 in the short term にしかものが考えられなくなれば、国は滅びます。滅んでしまった国から、せめて貴重な教訓 lessons を引き出すことが、その子孫である私の責務 my duty だと思っています。

——Fujimori は日本人らしく深々とお辞儀をすると、左右に開いた自動扉から出て行った。パウンド教授のデスク上の立体ス

Preface

My Nightmare

クリーンが、地球儀 a globe を映し出していた。アメリカ合衆国の領土 territory は、ベーリング海峡 Bering Strait からパナマ運河 Panama Canal まで広がり、全北米大陸をカバーしていた。南アメリカ大陸も1つの国家に統合 unified されていた。太平洋のかなた、ユーラシア大陸の東端 east edge には、もはや日本 Japan という名の国は存在していなかった……。

「国家破産」以後の世界

目次
Contents

序
Preface
悪夢の210X年
My Nightmare
...... 006

はじめに
Introduction
国家破産とはなにか?
What Is National Bankruptcy?
...... 016

Part 1
見えざる危機
Invisible Crisis
...... 025

Part 2
3つのシナリオ
Three Different Scenarios
...... 065

Part 3
破産国家の例
Bankrupt Nations
...... 125

Part 4
日本再占領
Reoccupied Japan
187

Part 5
ブリックスの世界
BRICs' World
245

Part 6
「国家破産」以後の世界
After Japan's Default
273

Extra Part
新しい「勝ち組」たち
New Winners
300

あとがき
Postscript
324

はじめに

国家破産とはなにか？

われわれが暮らす日本国が「国家破産」bankruptcy of nation（＝default＝債務の支払いができなくなること）するのは、もはや避けられない事態になった。というか、すでにもうこの国は崩壊している (This country has already collapsed.)。

筆者は、このことを、このペーパーバックシリーズでの前著『新円切替』で、くり返し述べた。そこでは、日本が今後どのように国家破産への道筋 process をたどるのかを、「新円切替」exchange for the new yen を中心にして、「預金封鎖」bank holiday、「財産税」property tax、「ハイパーインフレ」hyper-inflation などの可能性も含めて述べた。さらにこれらのことが、どのようなかたちでわれわれの生活を襲うのかを解説した。

預金封鎖、財産税、ハイパーインフレなどについては、筆者は否定的である。だが、それが行われないからといって、国家破産とい

Introduction
What Is National Bankruptcy?

う事実が消えてなくなるわけではない。

したがって、もはやこの問題について書くことは、ある程度尽きてしまったと言ってもよい。実際、『新円切替』を出版した後、読者から「たしかにその通りだが、もう国家破産の話は聞き飽きた」という声も筆者のもとに多く寄せられた。しかも、最近ではこの種の本が書店にあふれているばかりか、ネット上でも「国家破産」に関しての解説、書き込み、意見があふれている。そこで、今回は、「では今後、日本はどうなるのか?」(What will happen to Japan after government's default?) ということに関して、筆者の専門分野である「世界政治の観点」から from the view of world politics 考えてみたい。

つまり、本書では、「日本の国家破産(デフォールト)がどのようなかたちで訪れるのか」を、詳しくシミュレーション simulation するが、さらに、より広く世界の情勢を考えたうえで、「今後の日本と日本人の生き残り方(サバイバル) survival」を問うてみたいと思う。

まず、「国家破産」について確認 make sure しておくと、それはひらたく言えば、われわれの暮らしが貧しくなる become poor ことである。

世界第2位の経済大国 the world's second largest economic giant が崩壊し、2流国 second-class nation、いや3流国 third-class nation に転落 fall down するわけだから、当然、われわれ国民の暮らしも2流、3流に落ちるということである。それは、借金 debt が払いきれなくなって破産(バンクラプト) bankrupt した一般の人間を見れば、容易に想像がつく easy to image だろう。

はじめに

国家破産とはなにか？

つまり、もう海外旅行などには行けるはずもなく、贅沢品 luxury goods を買うなど論外で、毎日がその日暮らし living from hand to mouth になるということだ。それでも、職 job がある人はまだいい。おそらく、国家破産以後は失業率 unemployment rate が 20% を超えるから、街にはホームレス homeless があふれ、失業者 jobless はお腹をすかして道をさすらうだろう。当然、犯罪 crime は増え、街は荒廃する。まさに、第 2 次大戦後にあった復興期の街の光景がよみがえるのだ。

しかし、それでも、そんなことはたいした問題ではない。
あの第 2 次世界大戦 World War II のときは、国民の多くは命 life も財産 property も国家主権 sovereignty も、ほぼすべてを失ったのだから、それと比べれば、単に貧乏暮らしに耐えればいいだけだ。

だが、ここで忘れてはならないのは、今度ばかりは同じ間違い the same failure をくり返さず、この国を復興 restore させなければならないということである。国家破産は、日本人が国家に対する愛国心 patriotism を失った結果でもあるが、それ以上に日本がこれまで哲学なき資本主義 capitalism without philosophy をやり続け、すべてを先送り postpone し、問題を解決せず never solve the problems、場当たりで対応してきた結果でもある。だから、これをまず改めなければならない。

ひと口で言って、この国の社会 society と経済 economy のあり方は、欧米とはまったく違っている。資本主義 capitalism と言ってはきたが、それを根本から支えるべき support its groundwork 学問

Introduction

What Is National Bankruptcy?

（サイエンス）scienceはなく、経済学者economistsは一部を除いて、国家破産を救う処方箋prescriptionをもっていなかった。つまり、この国には、サイエンス（学問）がなかった。

経済学はサイエンスのうちの社会科学social scienceに属している。だから、処方箋は存在していた。国家破産を招いたのが経済の病理illnessとすれば、それは合理的な手術rational surgeryで取り除くcut offことができたのだ。実証可能な方法method、つまり誰もがそれを使えば必ず同じ結論に達する方法により、サイエンスは確立されてきたからだ。

が、誰もそれをせず、世に言うエコノミストの99.9%は、このことを警告alertしなかった。だから、日本は財政赤字fiscal deficitを山のように積み上げ、とうとう「打つ手なし」no countermeasuresとなって、国家破産を迎えるしかなくなったのである。不思議なことに、日本では、政治家politiciansも官僚officialsも学者scholarsも、その局面、局面で、できそうもないことを言うだけで、問題が解決work outすると思い込んできた。しかも、国とその国民を愛するという人間として当たり前の心をもっていなかった。

だから、今度こそ、この姿勢を改めて、本当の愛国心を復活させ、サイエンスに基づく社会と経済をつくり直さなければばならない。単に「もう一度頑張ろう」（Try it again.）という話ではない。

じつは2001年の時点で、すでに欧米のメディアは「なぜ日本は自滅の道を歩もうとしているのか」と、警告を発していた。小泉首相が登場して始まった「構造改革」structural reformが、まったくの根拠なきものnonsenseと知った彼らは、日本の行く末を本当に

はじめに
国家破産とはなにか？

心配していた。

『フィナンシャル・タイムズ』(The Financial Times:Dec 31, 2001)は、「Risky tango in Tokyo」(東京に流れる危ないタンゴ)という記事を掲載し、その記事の最初の一節に、次のように書いた。

> A grim joke is doing the rounds in financial circles. What is the difference between Argentina and Japan? Five years.
> (その気味の悪い冗談は、経済界のなかを駆けめぐっている。アルゼンチンと日本の違いはなにか？ ５年間。)

おそらく、この国の運営者である官僚の一部は経済の本当の姿 the real figure of our economy を知っていただろう。そして、彼らは、日本が破産することもわかっていただろう。しかし、あまりに政治家がバカ idiot（イディオット）なので、真剣に伝えようとはしなかったのではないか？ バブル崩壊以後、「改革！改革！」"Reform! Reform!"と叫んで登場した come out on the stage 改革者 reformer は、すべてが愛国心もサイエンスもないニセ改革者であった。だから、何万、何百万、何千万語を費やしても、日本は立ち直らず、とうとう最後の時 the last time を迎えるのである。

ひるがえってわれわれ自身も、たいした危機感 sense of crisis（クライシス）をもたず毎日の生活に追われるだけだった。

これでは、国家破産が回避 avoid できるわけがない。

アメリカではすでに、「やがて日本が迎えるであろう国家破産」に関してのレポートがいくつもつくられている。デイビッド・アッ

Introduction
What Is National Bankruptcy?

シャー David Asher の「日本経済再建計画」、通称「ネバダ・レポート」と言われる IMF(= International Monetary Fund 国際通貨基金)の破産処理計画などだ。これらの内容は本文でふれるが、ここで言っておきたいのは、アメリカ側が、「日本は、世界でも倫理 ethics と秩序 order がとくに強い国だから、少々のことでは暴動 riot は起きない」と考えていることだ。

つまり、国家破産以後の日本では、思い切った荒療治(=外科手術 surgical operation)が行われる。これは、小泉首相が口先だけ(all talk no action)で「痛み」pain と形容したものだが、それが本当はどんなものであるのか、ついにわれわれは知ることになる。当然、公務員は特権的地位 privileged position を失い、大幅にリストラ lay off される。国民は財産 assets の一部を没収され、年金 pension もカットされる。今の年金制度が完全に破綻しているのは、ご存知の通りだ。また、日本を破産に導いた政治家や官僚などの旧指導層は追放 purge されるだろう。

このときは、前著でも書いたように、日本の全産業はほぼ「アメリカの下請け」となり、国家自身も「下請け国家」a subsidiary nation となるわけだ。自分たちで、改革ができずに沈没したのだから、こういう事態を逃れることはできない。韓国 Korea がかつて IMF の支援を受けたように、わが国もまた、IMF の経済占領 economic occupation を受け入れるしかない。そして、彼らの示す処方箋にそって国家再建 reconstruction of nation するしかないのだ。

しかし、ここから、私たちがしなければならないのは、今度こそ本当に独立する get independent ことだ。そして、そのときに必要

はじめに

国家破産とはなにか？

なのが、前記したように、本当の意味でのサイエンスと愛国心を持つことなのだ。明治の創業期 start-up of the Meiji era のように、大きな志を抱いて、21世紀以降にふさわしい「未来国家」をつくりあげなければいけない。

はたして、いまの日本人に、国家破産を受け止め、それを乗り越えて overcome 国家を再建する強い意志 will と志 idealism があるだろうか？ もしないとすれば、日本はこの先、永遠の漂流を続け、2流、3流国家として、長期にわたって in the long run 落ちぶれていく going down and down だけだろう。そして、本書の Preface に書いたような悪夢のシナリオが実現する可能性もないとは言えない。つまり、20世紀後半の日本の繁栄 our prosperity は、やはりただの偶然にすぎなかったということで、後世に語られていくことになる。

これは、いま生きてこの本を読まれているあなただけの問題ではない。これからの若い世代 young generation、そして今後生まれてくるはずの次の世代 next generation を含めて、われわれ日本人全員の問題である。

かつて『日本沈没』(小松左京 光文社 1973) というベストセラー小説があった。これは、日本列島が海の底に沈み、日本民族全員が難民 refugees になってしまうという衝撃的未来を描いたものだが、そこにはそれ以上に衝撃的 shocking なことが書かれていた。

日本人は難民として外国人と共存 living together していこうなどとは考えない。それよりも、沈みゆく母国と運命 destiny を共にしたいと願う民族的特性 ethnic character をもっている。だから、運

Introduction

What Is National Bankruptcy?

命を無定見に受け入れ、積極的な改革や治療を望まず、ただ、奇跡 miracle を待つだけだ——というのだ。はたして本当にそんなことになるのだろうか？

『日本沈没』と同じようなテーマで、最近読まれている漫画に、かわぐちかいじ氏の『太陽の黙示録』(小学館)がある。これは、日本が未曾有の大震災 huge earthquake に襲われ、南北に分断 separate される。そして、北半分が中国 China の、南半分がアメリカ U.S.A. の庇護(ひご)の下 under control に、復興(リストア)をとげていくという、壮大な近未来物語だが、ここでは、民族の誇り pride をもったまったく新しい日本人像が提示されている。

『日本沈没』でも『太陽の黙示録』でも、日本崩壊は大規模な自然災害によってもたらされるが、これを人工災害 man-made disaster に置き換えれば「国家破産」ということになる。したがって、この2つの物語は、フィクションとはいえ、われわれの未来に大いなる警鐘を鳴らしてくれている点で必読である。

はたして、われわれは小松左京氏が描いたような未来を生きるのか？　それとも、かわぐちかいじ氏が描く未来を生きるのか？

筆者には、どちらとも言い切れない。ただ言えることは、小松左京氏的な未来においては、この国は本当に沈没するということだけだ。

ここで、誤解している方もいると思うので、はっきりさせておくが、「国家破産」は「破滅」ruin ではない。また、競馬や株のような「予想」prediction でもない。筆者が読者のみなさんに提示する

のは、予見できるうちのもっともありうる「未来」the most likely future である。そして、それはもう目前に迫っている just around the corner という事実だ。

そのとき、あなたはどうすべきなのか？

どうか筆者とともに、真剣に考えていただきたい。

筆者

Part 1

見えざる危機

Invisible Crisis

見えざる危機

「国家破産はいつ?」という心理ゲーム

筆者が「国家破産」bankruptcy of nation を話題にすると、たいていの人間はいやな顔をする。つまり、たとえ事実であれ、そんな話は聞きたくないという反応 reaction が必ず返ってくる。これは、たとえばあの第2次大戦のときに、「日本は負けている」という事実を言うだけで、非国民扱いされたことと同じ反応である。

つまり、いやなことは聞きたくない。できれば聞かないですませたい。聞かなければ、なかったことにできる——というようなきわめて幼稚な心理 childish mentality ではなかろうか。

しかし、聞かなかったからといって、事実は消えない。現在、国の借金(国と地方を合わせた公的債務)public debts は、700兆円とも800兆円とも言われている。だが実際には、"隠れ借金"とも言われる財政投融資 fiscal investment and lending や特殊法人 government-affiliated firm の赤字 deficit を含めると軽く1000兆円は超えてしまう。耳をふさいでも、この天文学的 astronomical な累積債務 piling deficit がなくなってしまうわけではないのだ。

あの大戦中でも、ミッドウェー the battle of Midway 以降は、大日本帝国 our Japanese Empire は完全な負け戦 defeat を際限もなく続けていた。それなのに政府は虚偽 false の大本営発表 fictional propaganda をくり返し、事実を国民に伝えず、国民はなにが起こっているのかわからないまま決定的な敗戦を迎えたのである。今回もまた同じではないかと言うのはたやすいが、当時とは違って、表向きは"民主政治"の政府 democratic government がやっているこ

Part **1**

Invisible Crisis

とだけに、いっそう始末が悪い。政治家 politicians も官僚 bureaucrats も不誠実 insincere で、ウソ lie ばかりついている。

そして、そのウソの向こう側 behind the closed door では、日本国の借金は、今日もどんどん増えているのだ。

もう1つ、「国家破産」を話題にしたときに返ってくる反応に、「それはいったい、なに?」というものがある。

失礼ながら、こういう反応をするのは女性が多いが、この人たちに共通しているのは、目の前のこと things just before their eyes しか見えていないことである。毎日の暮らしで、いま自分が見聞きすることがすべてで、それ以外の話は「自分とは関係ない」have nothing to do with と考えられるという、貴重なメンタリティの持ち主である。

「えっ、国の借金? それがそんなにあるの? でも、だからって私が借金をしたわけではないし……」と言い切れるのだから、筆者がいくら説明 explain しようとムダである。こういう方々は、いまでも郵便貯金がいちばん安心と、せっせと郵便局に通い、個人向け国債がいちばん安全で利回り yield がいいと購入している。この行動をやめたほうがいいなどと、誰が説得 persuade できるだろうか? 借金は国 government であろうと、会社 company であろうと、個人 individual であろうと返さなければならないのがルールだ。そして、ここで言う個人とは、日本国民すなわち日本国の成員を指す。つまり、筆者も含めて、この国に生きているわれわれ自身のことである。とすれば、国の借金はあなたの借金でもあり、国家破産はあなたの問題 your issue でもあるのだ。

現在、政府の借金は、表に出ているだけでも国民1人当たり per

Part **1**

見えざる危機

capita(キャピタ)500万円、4人家族で2000万円と言われている。そして、今後、日本国民がこれを返せなければ、国家は破産(our country is financially going to crash down)するという、ごくふつうの話が「国家破産」である。

と、ここまで述べてきても、まだなんのことかわからない人がいる。また、たとえわかったとして、「ではどうすればいいの?」と聞かれても、筆者は明確に答えられない(I cannot find the suitable response.)。

それは、前著『新円切替』でも書いたように、今後は「一種の心理ゲーム」a kind of psychological game が、この国を支配していくからだ。

「心理ゲーム」というのは、つまるところ、「まだまだ大丈夫」「いやもうダメだ」という心理のせめぎ合いということである。国家破産が避けられないとしても、それがいつになるのかは、いまのところ誰にもわからない(Nobody knows when it comes.)。なにしろ、現在の日本国の財政事情 fiscal condition は人類史上例がないものなので、たとえば累積債務 accumulated debts が1000兆円なら大丈夫なのか、1100兆円になったらどうなのかという質問に、誰も答えられないのだ。しかも、実際の借金の額でさえ、完全には公表disclosure(ディスクロージャー)されていないからである。

つまり、いくら国家破産が厳然たる事実 naked fact(ネイキッド ファクト)だとしても、それをみんなが認めない限りは、実際にはクラッシュしないのである。

はたして、心理的限界はどこにあるのだろうか? これさえわかれば、筆者も、もっと具体的でタイムリーなアドバイスはでき

る。「ただちに円を外貨に替えること convert yen to foreign currencies」「資産 assets は必要最小限以外、日本円で持たないこと」「国債 government bond は売り、普通の銀行預金 bank deposit や郵便貯金は解約し、土地 land などの固定資産 fixed assets も売り抜けること」ぐらいは言える。しかし、現在は心理ゲームとして不思議な均衡状態 balance が続いているので、これをいますぐ実行しろと断言はできないのである。

ただ、ここにきて、この心理ゲームが崩れかかっているのではないかと思える出来事が続いて起こるようになった。そこで、まずは、その話からこの本をスタートさせたい。

新札の登場で崩れる「心理ゲーム」の均衡

2004年11月1日、ついに日本に新しい紙幣 new bills（bank notes）が登場した。デザインをこれまでと一新した新1万円札（福沢諭吉）と、従来の新渡戸稲造から樋口一葉へと肖像画 portrait を変更した新5000円札、夏目漱石から野口英世へと肖像画を変更した新1000円札である。おそらく、読者のみなさんの手元にも、もうこの新札があるだろう。「旧札よりきれいになった」「手触りもいい」などと、新札の評判 reputation はまずまずだが、この新札への切り替え convert の意味を、はたしてどれくらいの人がきちんと把握 figure out しているだろうか？

筆者の前著『新円切替』は、そのことを書いたものだが、それはこの「新札発行」issue of new bank notes が、今後あるのではないかと言われている「預金封鎖」bank holiday や「財産税」property

Part 1

見えざる危機

taxなどへの露払いpreliminaries(プレリミナリーズ)になるのではということだった。つまり、借金苦にあえぐ政府は、新札の発行と合わせて、こうした非常措置emergency measuresをいつとらないとも限らない。そこまでこの国の財政は病んでいるということを、警告するものだった。

新札の「発行」と「切り替え」が異なるのは、前者が単なる新札の発行issue(イシュー)だけで旧札も流通circulation(サーキュレーション)させるのに対し、後者は短期間に旧札を無効non-validにして新札のみを流通させるというものである。これは「新円切替」と言い換えてもよい。こう聞いただけでは、たいした違いnot so differentはないのではと思われるかもしれないが、じつはそうではない。

新札への「切り替え」では、誰もが旧札をもって金融機関に行き、新札に切り替えざるをえない。そうすると、それまで旧札で眠っていたタンス預金savings under mattressesやアングラマネーが表に出てくるからだ。しかも、アングラマネーではない正規のマネーも表に出て、それによって国は国民が持っている資産individual assetsを正確に把握することが可能になる。

つまり、今後税金を取る際の基盤となる情報basic information

新札を手に記念撮影に応じる小泉首相と福井日銀総裁。この「新札への切り替え」の本当の意味を把握している人は、どのくらいいるだろうか？（写真/共同通信）

030

Part **1**

Invisible Crisis

が手に入るのだ。

　ここ数年の金融危機 financial crisis、銀行の合併・再編 merger and reorganization で、国民のタンス預金はずいぶんと増えた。昔は、国民の持つお金はほとんどが金融機関にあったが、いまではそうではないし、さらに預金流出も止まらない。だから、政府としてはなんとしても国民のもつお金を把握したい。それで、完全な「新円切替」ではないが、新札を発行し、とりあえず様子を窺いはじめたと考えるのが自然なのである。

　預金流出の顕著な例としては、2003年暮れに"潰れる" break down という"噂" rumor（ルーモア）が流れただけで、佐賀銀行からあっという間に約500億円が流出したことがある。

　さらに、2005年4月から実施される「ペイオフ解禁」もある。「ペイオフ」は和製英語で、本来の英語では「リファンド・キャップ」refund cap と言うが、これは「払い戻し限度額」といった意味である。つまり、払い戻し限度額となる「1000万円以上の預金は保証されない」のだから、金融機関に少しでも不安があれば、銀行にお金を預ける人はいなくなる。

　しかも、最近は、なんでもかんでも自己責任 self-responsibility（セルフ・レスポンシビリティ）だと言われているから、かなりの額の現金を自分で管理 manage している人も多い。それで、とりあえず政府は新札の発行に踏みきったと、筆者は見たわけである。もし、これによって、旧札の流通に期限 deadline をつければ、それは「新円切替」と同じことになるからだ。実際 in fact、財務省は旧札にきわめて短期の流通期限しか設けない「新円切替」を政策選択肢 policy options の1つとして考えていた。塩川正十郎元財務大臣がハッキリそう発言している。

Part 1

見えざる危機

　歴史上、財政収支が悪化 fiscal imbalance（フィシカル インバランス）した国では、権力側 authorities は、まず最初に国民が持っている財産 property（プロパティ）を調べ上げることをやった。そうしたうえで、税金 tax を取りやすくした。現在の小泉政権の増税路線 tax hike policy（これを「改革路線」と称している）を考えれば、日本もそうならざるをえないのである。

　しかし、筆者のこうした考えは、これまで一部の識者 intellectuals やエコノミスト economists の間では表明されても、一般の国民 ordinary people には届かなかった。また、マスコミ mass media もほとんど取り上げなかったから、心理ゲームの均衡状態（バランス）が続いてきたのである。

　ところが、今回の新札発行で、政府がさかんにアナウンスメントしたのは、「旧札はそのまま使えます」ということだった。これは、国民から「旧札は使えなくなるのか？」という問い合わせ inquiry があまりにも多かったからだ。日本のお札は日銀券といい、中央銀行 central bank である日本銀行が発行している。この日銀にも、2004年の半ばから、この種の問い合わせが多く寄せられるようになった。筆者の前著『新円切替』は2004年5月下旬に刊行されたが、それから間もなくして福井俊彦・日銀総裁が定例会見でこう言った。
「世間で多少誤解があるような気がする。新札が発行されても、旧札も引き続き完全に通用します」

　これは、ある記者が「最近、新円切替とか預金封鎖とか言われていますが」という質問をしたからだったが、日銀総裁までこう言わなければならない状況になったということだ。もちろん、この発言は2004年7月14日の新聞各紙で記事になった。その後も福井総裁は同様の発言をくり返している。

つまりこれは、国民の心理状態が明らかに変わってきていることを示している。心理ゲームの均衡が崩れる可能性が出てきた possible to break the balance ということである。

よく言われることに、「コップに半分の水が入っているが、それをどう見るか」という話がある。ある人は、まだ半分もあると言い、ある人は、もう半分しかないと言う。つまり、ものの見方 perception ^{パーセプション} というのは見る人の心理次第ということで、もし、「半分しかない」と思う人が多くなれば、パニックが起こる可能性がある。

新聞やテレビでも「国家破産」が取り上げられた

心理ゲームの均衡が崩れつつあることを示す出来事はまだある。それは、これまで財政破綻問題にほとんどふれなかったマスコミが、それを大きく取り上げる play up ようになったことだ。これまで日本のテレビや新聞は、この問題を、"専門家の意見" experts' opinions として取り上げ、自らの記事 articles や特集 feature stories で、この問題にふれることはほとんどなかった。

しかし、2004年の夏からは、「国家破産」に関する記事が大新聞の経済面や社説 editorials にまで載るようになり、テレビでも特集されるようになったのである。

その一例として、日本経済新聞の2004年8月28日の社説を見てみると、その見出しには「スリム化を中心に財政正常化を急げ」とあり、書き出し lead は次のような衝撃的なものになっている。

Part **1**

見えざる危機

◆スリム化を中心に財政正常化を急げ
(「日本経済新聞」2004年8月28日)

> このままだと遅かれ早かれ財政は破たんし、金利上昇などを通じ経済に深刻な打撃を及ぼす。景気がそこそこ良い今こそ、財政赤字の圧縮に真剣に取り組む時である。

これはきわめて新聞的な表現expressionとはいえ、「もう先送りをしている場合ではない。そうしないと本当に破産」すると警告しているに等しかった。事実、この社説は、その後、政府の見通しの甘さを指摘point outし、国と地方の歳出expenditure(エクスペンディチャー)をあらゆる観点から削減reduce(レデュース)するように提案しているのだ。

> 内閣府は2013年度に財政の基礎的収支を黒字にできるという試算を出した。「過去の借金の元利払いを除く支出の部分は借金に頼らず賄える」という財政正常化の第一歩にすぎないが、その実現は不可能という見方が政府内部でも多い。試算は名目成長率が4%近くまで上昇し続けるなど数々の非現実的な前提に基づいているからだ。
>
> 大和総研の試算では、基礎収支均衡に努めるとしても、2010年には国債と地方債の利払いだけで税収の25%を費やす。この比率は過去最高で、その後も上昇する。借金が雪だるま式に増えて財政が破たんする恐れは限りなく高まっている。

Part **1**

Invisible Crisis

　財政の破綻というのは、つまり「国家破産」のことである。民間企業 private business で言えば倒産 bankruptcy であり、家庭 household で言えば崩壊 collapse、個人 individual でいえば自己破産 self-bankruptcy だから、そのときは全資産を失い、以前と同じ生活ができなくなるのは、誰だってわかると思う。

　はたしてこのような記事が、一般国民にどのような影響 influence を与えるかはわからない。しかし、心理ゲームの均衡が少しずつでも崩れつつあるのは間違いないだろう。

　そして、大新聞の記事より影響が大きいと思われるテレビだが、これは2004年10月3日のテレビ朝日『サンデー・プロジェクト』が、一般のテレビ番組としては初めて正面から財政破綻問題を取り上げた。これを見て、筆者の知り合いの一般の主婦は、「まさかと思っていましたが、本当なんですね」という感想を伝えてきた。もし、今後、ワイドショーなどでこの問題が取り上げられ、コメンテーターが「日本の破産は目前に迫っています。みなさん、それに備える必要があります」などとコメントしたら、いったいなにが起きるであろうか (What will happen?)。

　「パーセプション・ギャップ」perception gap という言葉がある。

　これは、簡単に言うと「認識の違い」であり、この違いが人々の行動を左右する。つまり、文化 culture や情報 information のギャップによって、人々の行動は違うものとなるが、そこに存在するのがパーセプション・ギャップというわけである。最近はリスク管理 risk management ということがよく言われているが、これにもパーセプション・ギャップが起こりうる。

　つまり、リスクとは、確率 probability や不確実性 uncertainty を

表す抽象的概念であって、一般の人間にはなかなか理解しにくい。そのために、しばしば客観的リスク objective risk と人々のリスク認知（主観的リスク subjective risk）の間には、ギャップが生じるのだ。しかし、主観的リスクがどうであろうと、客観的リスク（国家破産というリスク）は厳然と存在 exist する。

だから、マスコミの報道が客観的リスクを正確に伝えるようになれば、心理均衡は崩れていくしかない。

国民の間にますます広がる「不安感」

不思議なことに、実体経済 real economy というのは、いくら経済学が社会科学 social science だといっても、理論や数字に基づいて動くものではない。これは、実際に経済を動かす人間自身が理論や数字に基づいて行動しているわけではないので、至極当然のことである。そして、この至極当然のことで、いまの日本人は救われていると言っても過言ではないだろう。

つまり、もしパーセプション・ギャップがなければ、もう日本は国家破産を宣言 declare していい状態なのだ。ところが、心理ゲーム上はまだそれが認知されていない imperceptible ということである。現在のところ、国民のリスク認知は、著しく低い。しかし、このリスク認知 risk recognition は、今後じょじょに上がっていく。

もし、筆者のような人間がテレビで、
「いや、日本はまだまだ大丈夫だと思われているでしょうが、そんなことはありません。これだけの借金を積み上げた以上、みなさんの個人個人の財産を全部没収しても、もうこの国の赤字は埋まりま

Part **1**

Invisible Crisis

せん。だから、みなさんが持っている預金や国債は、紙くずになります。年金は、当然もらえません。郵便貯金も、払い戻しなどできません」

と、本当のことを言ってしまえば、それでオシマイ end of the game ということもありえる。

しかし、筆者のような本当のことを言う人間が、この問題に関してテレビに呼ばれる可能性はほとんどない。日本のテレビというのは、リスクをことごとく避けるうえ、体制側 authorities と共同歩調 harmonization を取ることで存在しているので、そのようなことを言う人間は登場させないのだ。それで、当たり障りのない生活評論家や経済解説者諸氏に、「この先、年金が目減りするのは間違いないので、自分で老後に備えることが大切です」「国債は金利上昇というリスクがありますが、いまのところいちばん確実な投資商品です」「やはり郵便貯金が確実ですね」などと、発言させているのだ。まさに八百長 a fixed race である。

しかし、公的債務（借金）public debts が1000兆円以上ある以上、政府が保証する年金 pension や国債 national bonds、郵便貯金 postal savings がもっとも危険 risky であるのは、常識ある大人なら誰だってわかるはずである（郵便貯金も国の借金である！）。

政府を倒産寸前の会社にたとえれば、その会社の給料の支払い pay は滞る。また、振り出す小切手 check はいつ不当たりになるかわからないし、まして、その会社にお金を貸す人間 lender などいない。この場合の給料（ペイ）とは、すなわち年金（ペンション）であり、小切手（チェック）は国債、貸すお金とは郵便貯金である。

が、この本当の話を、それでもテレビは少しずつでも伝えだした

Part **1**

見えざる危機

のである。

 たとえば、テレビ東京の番組『モーニングサテライト』は2004年8月9日、「マネーフロント」コーナーにおいて「新札発行で不安の声!?」というレポートをオンエアした。これは、2004年11月の「新札発行」を前に、国民の間に「不安感」anxiety（アングザイアテティー）が広がっていることを指摘したもので、まず、「新券が出たら旧券は使えると思いますか？ すぐに交換しますか？」という街頭インタビューの光景が画面に流された。そして、筆者の著書『新円切替』なども取り上げられ、その後には、7月13日に行われた日銀の福井俊彦総裁の記者会見の模様が流されたのである。

 この記者会見は、先にも書いたが、日銀のトップ自らが、「旧券は引き続き完全に有効」と強調 emphasize しなければならなかったことに、大いなる意味があった。つまり、心理ゲームをしている国民の「不安感」を、政府側も無視 ignore できなくなってきたということである。実際、日銀では、新券が出ても旧券が使えるなどの説明をしたパンフレットを100万部用意して、このときから全国の金融機関、学校などで配布 hand out しはじめていた。

 さらに、この番組のナレーションは、「福井総裁が風評だと否定しても、『不安感』だけで、約23兆円と言われるタンス預金の一部がすでに動き出しています」と伝え、第一生命経済研究所・熊野英生チーフエコノミストの分析コメントが紹介された。タンス預金が動きはじめている証拠 evidences としては、「①銀行券伸び率の低下」と「②個人向け国債が売れていること」があり、国民の間に安全志向が高まってきて、「タンス預金→国債・金・不動産」という流れ stream ができているというのである。

国債が安全志向というのは、完全に間違っているが、ここで指摘された「不安感」の増大というのは、間違いない事実だ。

日本人自身の手では敗戦処理はできない？

それでは、本当に「心理ゲーム」の均衡 psychological balance が崩れ、国民のパーセプションが変わるときがやって来るのだろうか？

それは、次の Part 2 で示す「国家破産」のシナリオでもふれるが、とりあえず言えることは、その引き金 trigger は、われわれ自身が引かないということである。もっと言えば、日本の内部 inside から「心理ゲーム」は崩壊しないだろうということだ。

つまり、このまま「不安感」は増大していく。しかし、誰もそれを口には出さないし、まして、政府は本当のことを言わない。だから、心あるメディアや筆者のような人間がいくら指摘 point out しても、それだけではなにも変わらない。となると、結局、外国からの指摘や強制的な処置が行われて、初めてパーセプションが変わると考えられるのである。

ともかく、政府は、あの第2次大戦のときのように、最後まで「大丈夫」(O.K. Never mind) と言い続けるだろう。国民はそれを信じないだろうが、政治家も官僚もマスコミも大きくは動かないので、結局はお手上げ nothing to do の状態が続いていく。なにしろ、ミッドウェー以降、ガダルカナル、マリアナ、レイテと負け続け、サイパン、硫黄島、沖縄までが落ち、本土上空に B29 が現れても、被害 damage を最小限にとどめて降伏 surrender しようとしなかった

Part 1 見えざる危機

のが、わが国である。倒産処理も敗戦処理も同じである。早くすれば早くする as soon as possible に越したこと much better はなく、被害は少なくてすむ。しかし、それをしようとすると、この国では信じられない抵抗 resistance にあうのだ。

結局、今回もまた原爆 atomic bomb（アトミック ボム）が落ちるところまでいってしまうのではないかと、筆者は考えている。この思いは、おそらく、あなたも同じではなかろうか？

そこで、今回の敗戦（＝国家破産）における原爆とはなにかと考えると、それは、国債の利回り（長期金利 long-term interest rate）の急騰 sudden uprising による国家財政の資金ショート cash shortage である。

たとえば、長期金利の上昇局面で、海外のメディアが「日本はもうダメだ」と書く。そして、ヘッジファンドなどの投機筋 speculators が日本からいっせいに資金を引き揚げれば、原爆が落ちるのと同じことになるだろう。このとき、もちろん投機筋は日本の国債や株式のカラ売り short selling を仕掛けて巨額の利益を上げるのである。こうなると、国内の金融機関も国民も国債を売りはじめ、株価 stock prices も急落 sudden fall し、政府はにっちもさっちもいかなくなる。

残念な話だが、これは日本人自身で敗戦処理ができないということである。だから、予想される過程 process では、日本の敗戦処理をするのは IMF（＝ International Monetary Fund 国際通貨基金）ということになるだろう。IMF はすでに、日本の財政危機に対する勧告 advice を何度も出しているし、監査 inspection の要求までしている。日本はいまや IMF の監視対象国 watch-list state なのである。

Part **1**

Invisible Crisis

日本政府の財政運営 fiscal management は、すでに国際的にはまったく信用を失って losing credibility おり、いざ「国家破産デフォールト」となれば、彼らが乗り込んでくるのは間違いない。"金融占領軍"の登場である。

そこでここからは、やはり、国債という「巨大なリスク」について、確認しておく必要がある。

本来なら法律違反──常軌を逸した国債発行

現在、日本の国債の最大の問題点は、その発行額 amount issued があまりにも巨大になりすぎて、いつ償還不可能 irredeemable イリディーマブル になってもおかしくないということに尽きる。償還不可能ということは、「借金が返せません」と国が言わざるをえないということ。つまり、「国家破産宣言デコラレイション」declaration of default デフォールト である。

だから、どうしてもこれを回避 avoid するには、もうこれ以上国債の新規発行をしないこと、いま発行されている国債を順次償還していくこと以外にない。つまり、これ以上借金せず、いまある借金を必死になって返すしかないのだ。

しかし、現在の日本政府はどうだろうか? 借金を返そうと必死の努力 earnest effort をしているだろうか?

「改革者」reformer を自称する小泉純一郎首相は、かつて公約 public pledge で「新規国債の発行枠を30兆円とする」と言ったが、簡単に反故に abandon してしまった。しかも、「そんなことはたいした問題ではない」と言ったことを、ご記憶の読者も多かろう。これは、一般社会の話になおすと、借金まみれの人間が開き直ったと言うしかない。しかも、日本政府は2005年度の予算 government

Part **1**

見えざる危機

budget for fiscal year 2005 でも「財政再建を進める」と言いながら、まだ36兆6000億円もの新規国債を発行しようとしているのだ。

国家の運営は、言うまでもなく国民の税金 our tax によってなされる。その歳入(レヴェニュー) revenue が約42兆円しかないのに、それとほぼ同額の借金をしようというのだから、あきれ果てた行為だ。しかも、このあきれ果てた行為は、もう十数年も続いているのである。

こうなると、日本政府は、はなから国債など償還する気はなかったと考えるしかない。なぜなら、新規国債ばかりか、以前に発行した国債の償還時期 term of redemption がくるたびに、政府は「借換債(かりかえさい)」 renewal bond という国債まで発行しているからだ。これは、過去の借金返済を新たな借金でするという「自転車操業」 day-to-day operation であり、「借金の先送り」にすぎない。しかも、この借換債の発行は、2005年度には、史上初めて100兆円を突破するのである。

43ページのグラフ(『国債発行額の推移』)は、新規国債と借換債の発行額の年度ごとの推移を表したものだが、これを見て卒倒 faint away しなければ、あなたは正常な感覚 normal sense の持ち主ではない。ほぼ一本調子で増え続けている借金は、このままでは、じきにグラフにすることもできなくなるかもしれない。ともかく細かい点は抜きにして、毎年、すごい勢いで借金額が増えている。そして、グラフが示すように、この右肩上がり ever-increasing 傾向を誰も止めないのだから、破綻(クラッシュ)は目前なのだ。

いったい、なぜ、こんな借金生活のうえに新たな借金まで続けられるのか? 家庭ならとうの昔に潰れているではないかという疑問に、ここで答えておくと、その理由の1つは、日本政府自身が法律

Invisible Crisis

に違反 against the law（財政法第4条）して、国債発行を決めているからである。借換債などというものは、そもそも法律違反 illegal なのである。

しかし、この日本では、これを平然と国会 the Diet で決めて、政治家と役人たち politicians and officials が運営してきた。つまり、国債で民間のお金を巻き上げ、自分たちの都合のいいように使ってきたのだ。

国債というのは、わかりやすく言えば、国家の借用書 IOU（I owe you）である。本来、この借用書は、政府がなんらかの公共事業 public works を行うために発行されるのが正常で、日本でも当初は「建設国債」として発行された。それがいつの間にか、財政赤字 fiscal debts の穴埋めのための「赤字国債」deficit-covering bond が発行されるようになり、さらにその「赤字国債」の償還をするた

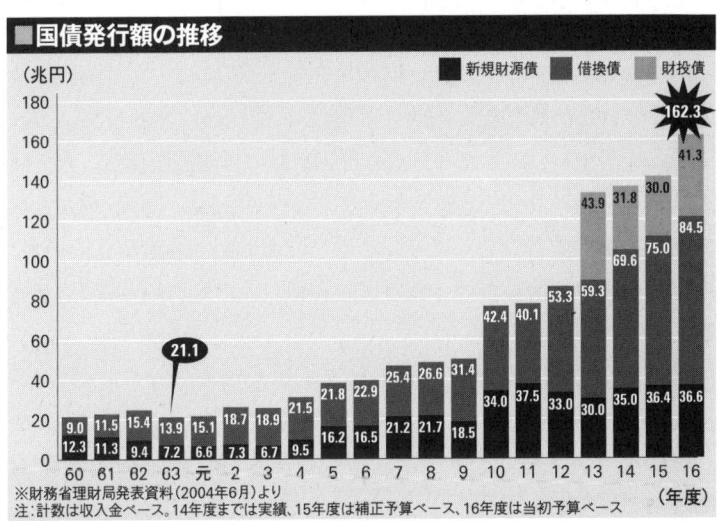

■国債発行額の推移

※財務省理財局発表資料（2004年6月）より
注：計数は収入金ベース。14年度までは実績、15年度は補正予算ベース、16年度は当初予算ベース

めに、「借換債」まで発行されるようになったのである。

日本政府は確信犯的に借金をくり返す「麻薬患者」

　日本が国債発行という財政の緊急手段 emergency measures に走るようになったのは、1965年のことだった。どこの国でもそうだが、国家の財政というのは、国民からの税金で成り立っている。つまり、政府の歳出 annual expenditure は、本来、税収を中核とする歳入 annual revenue 以上は認められない。これは、日本の財政法第4条にも「国の歳出は、公債又は借入金以外の歳入を以て、その財源としなければならない」と、はっきり書いてある。

　しかし、日本政府はこの法律を破ったのである。

　1965年、「昭和40年不況」が起こると、政府はあわてて、歳入不足を補塡 cover up するための補正予算 supplementary budget で赤字国債の発行に踏みきった。財政法に規定がないため、「国会で特別立法すればいいだろう」という気軽な気持ち easy-going で、これをやってしまった。ただし、これは実質的には建設国債だった。建設国債は、財政法でも「公共事業などは例外」として発行が許されていたので仕方ないとしても、これに味をしめた政府は、その後、単なる赤字の穴埋めだけのために just for covering debt、国債を発行し続けたのである。

　借金というものは、元来そういうものなのだろう。最初は「いけない」と思いながらする。しかし、1度でも手を出すと、またすればいいという気になり、次回からは後ろめたさ hesitation もなくなって、もっと気軽にするようになる。消費者金融 consumer's

Part **1**

Invisible Crisis

loanで借金まみれになり、ついに自己破産に到るのは、たいていはこうした経過をたどる。つまり、日本政府も同じ道 the same way を突き進んだというわけだ。

　赤字国債が恒常化したのは、1975年の第1次オイルショックの不況 economic slump からだった。バブル期 the Bubble Period には一時的に中断されたものの、バブル以後は、まるで麻薬患者 as a drug junky のように、政府は国債発行をし続けた。その結果 as a result、現在では、国債発行残高が年間GDP（Gross Domestic Product＝国民総生産）の額を超えようとしている。

　日本の国債累積残高 accumulation of outstanding government bond は、2003年の段階で約450兆円である。そして、2004年度はさらに増え、約500兆円に達する。さらに、2013年には約800兆円となり、2016年には約900兆円になると試算 estimate されている。歴史の教えるところによれば、国債を発行して政府が積極財政を実施し、成功した例もある。一時的に借金をしても景気がよくなれば税収も増え、長期的には国債も返せるからだ。しかし、日本政府はカンフル剤 a camphor shot に依存しすぎた。その発行額は常軌を逸している out of normality のだ。

　46ページのグラフ（『国債発行残高の推移』）は、国債残高の推移をグラフにしたものだが、これを見れば、あなたはさらに卒倒するしかないはずである。本当によくもここまでと思うしかないが、事実だけに空恐ろしくなる。

　では、なぜ、こんな底なし bottomless の赤字国債の発行が続けられたのかというと、それは、償還時期が来るたびに借換債を発行してしのげたからである。借換債というのは、前記したように、借

金を先送りする postpone ものである。返せないので、新たにまた借金をして、ともかくその場をしのぐ temporary escape というものだ。やってはいけないことだ。

では、なぜ、日本政府にそれが許されたのだろうか？

それは、日本政府が国債発行に際して、とんでもないルール tricky rule をつくったからである。これは「60年償還ルール」と呼ばれ、国債は新規発行時より60年かけて全額 amount が償還 repay されればいいことになっている。たとえば、10年物国債は10年後に償還されるが、そのときに償還される現金は60年分の10年、つまり6分の1だけでいいのだ。残りの6分の5は、新たに借換債というかたちで、国債が発行されるというわけなのである。

だから、日本政府は、困れば困るほど借り換え renew a debt をくり返していくだけで、国債発行額は雪だるま式に増えていく。2

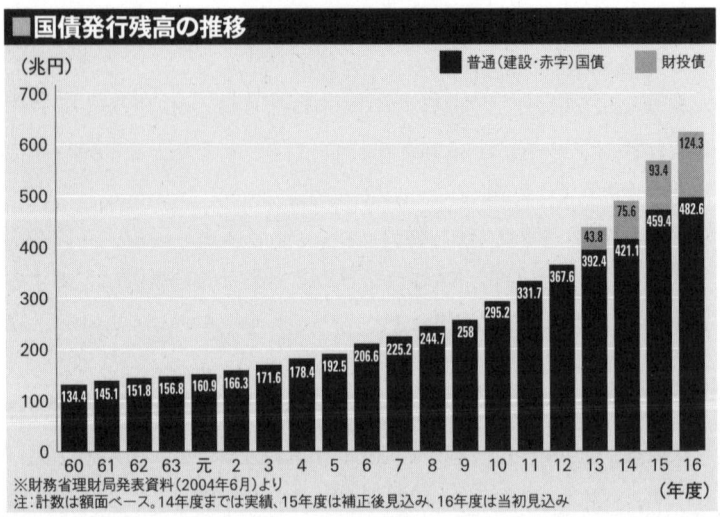

■国債発行残高の推移

年物国債のように償還期間が早いものだと、この借換債の額は飛躍的に上昇 skyrocket する。

いったいなぜ、こんなルールができたかと言えば、それは1965年に初めて発行された国債が7年債だったため、翌年から「できるだけ返済を引き延ばそう」と、政府が画策 make a plan したからだ。だから、60年償還などには、なんの根拠 no fact to support もない。政府の説明では、当時の建築物の平均的な耐久期間がおよそ60年なので、それに合わせたとされるが、これはただの屁理屈 quibble である。なぜなら、一般的な減価償却 depreciation の期間は20年だからだ。

つまり、ここではっきり書くと、政府はここ40年間、「国債的詐欺」を働いてきたということである。

長期金利の上昇で政府の資金繰りが挫折する

さて、政府の「国債的詐欺」はすぐに露見 found out し、そのときには国家破産 insolvency of our government となる。その引き金を引くのが、国債の利回り yield（金利）の上昇であるのは、もう読者もおわかりいただけたと思う。つまり、金利、とくに長期金利が上昇すると、政府が国債の利回りを払う費用 expenses がどんどん増え、ついには払えなくなってしまうのである。国債の償還は借換債でしのげても、その場の利払い interest payment の上昇だけはどうにもならないからだ。

企業の倒産を見てもわかるように、問題は借金の多寡よりも利払いにある。これができなくなくなったときは、いくら売り上げ

Part 1
見えざる危機

sales revenue があろうと、企業は資金繰り fiscal management に挫折して倒産する。国家もまたしかりである。

では、金利の上昇はどのようにして起こるのか？

一般的に長期金利が上昇するのは、1つには景気が回復 recover して成長軌道 orbit of business growth にのった場合である。2003年から、日本の景気はやや回復過程に入ったので、長期金利は上昇した。2004年11月時点で1.5〜1.6%だが、これは1年前に比べて1%ほど高くなっている。2003年6月中旬の金利は、なんと史上最低の0.43%だったからだ。ただ、景気回復(リカバリー)が鮮明になった2004年の半ばには、一時的に1.9%までいったことがあり、このとき財務省はかなりあわてたという。なぜなら、国債の利払いが一気に増えてしまったからだ。財務省では、国債発行に関して「想定金利」というものを設定していて、2004年度の想定長期金利は、新発10年物国債で1.3%としていた。これでも前年度の0.9%に比べて0.4%も高かったが、それを超えてしまったからである。

財務省の諮問機関に、「財政制度等審議会」というのがあるが、ここが2004年6月に試算 estimate した結果では、長期金利が1%上昇すると、国の負担 governmental burden は累計で3兆円を超える。つまり、1%につき3兆円である。ということは、長期金利が3%も上がれば、国の負担は9兆円を超えるということになる。こうなると、政府は資金繰りに窮してしまう。

現在の日本の金利が異常に低い extraordinarily low ことは読者もご存知だと思うが、金利というのは経済が正常(ノーマル)な国なら、だいたい3〜5%である。これが、資本主義経済下 under capitalist economy での普通の金利 normal interest rate だから、もし、日本経済がこ

の状態になれば、国はやっていけないということになる。まるで笑い話black jokeだが、どう考えてもそうなってしまう。つまり、そこまで日本は病んでしまったと言うしかない。

ここで簡単な思考実験thought experimentをしてみよう。「国債発行残高が800兆円」で「金利が一律5%」ならどうなるか——答は「利払いだけで40兆円」である。つまり、現在の税収はまるまる吹っ飛んでしまうのである。

もう1つ、長期金利が上昇する要素factorがある。それは、前記した「心理ゲーム」が進んで、国の財政状況に誰もが不安をもったときである。このときは、国債の売り圧力pressure to sellが高まるから、金利も上昇する。損切りcutting lossesしても国債を手放そうという人間が増えれば、当然そうなる。

これを見越して、日銀の福井総裁は、2004年5月の講演で、金利上昇を懸念する発言をしている。このときは、前記したように景気回復で自然に金利が上昇していたが、福井総裁は「政府の財政規律が確固たるものであることが重要」と言ったのだ。これは、「金利の自然な上昇は仕方ない。でも、財政悪化fiscal imbalanceによる上昇は困る。そうなると、打つ手がなくなる。だから、財務省よ、しっかりと国債管理をしてくれ」ということである。

実際、現在の財務省内には「国債管理政策」というものがあり、きちんとしたマニュアルまで用意されている。

いまの財務省はまるで「国債管理センター」

では、ここで、日本国債という爆弾bombを管理controlする財

Part **1**

見えざる危機

務省の立場に立ってみたい。こうすると、事態がさらによくわかるからだ。

　まず、財務省がどうしてもしなければならないことは、第1に、これからも国債を売りまくることである。第2に、この国債の利回りをできるだけ低く抑えることである。こうしないと国家破産宣言をするしかなくなるのだから、これは至上命令 top priority である。

　そこで、財務省が狙いをつけたのが、あなた（つまり個人）なのだ（You are an easy target.）。普通、国債というのは個人には売らない。機関投資家 institutional investors や銀行 bankers に売るものである。しかし、背に腹は代えられなくなった（Hunger has no law.）。財務省は、国民個人に売る国債発行に踏みきり、現在、さまざまなタイプの国債が売られている。これは、まるで「国債見本市」とでもいうべき盛況だが、詳しくは財務省の「個人向け国債」Webサイトなどで確認してほしい。ただ、これらの商品は、もし発行元が国でなければ「金融詐欺商品」financial fraud instruments である。

　現在人気がある個人向け国債は、10年満期で、変動金利型というものである。これは1口1万円から購入でき、金利水準は固定金利 fixed rate の通常国債の金利 0.80％ より低く設定されているが、利子率 real interest rate は半年ごとに金利実勢 current rate に応じて見直される。だから、一見おトクに思えるが、中途解約のときは、直近2回の利子相当を手数料 commission として取られることになっている。

　この個人向け国債が、2004年10月には1兆8652億円と、過去最高 hit the record になった（財務省発表）。まさに、財務省の思う

ツボである。国債管理政策の第1は、大成功 big success をおさめているのだ。

現在、日本の国債は、ほとんどが国内の金融機関が持っている。その内訳は、日本銀行が14.6%。預金取扱い機関とその他の金融仲介機関(銀行などの民間金融機関のこと)が約50%。残りは公的機関(郵貯や年金基金など)で21.5%である。しかし、これら国内の金融機関には、もうこれ以上、国債を買う余力はない can not afford。これまで買い込んだ国債でもう満腹状態 too much だからだ。年金基金などは、「団塊の世代」の引退とともに保有国債を売りに出さなければならなくなる。

そこで、財務省が狙いをつけたのは、引受先としてわずか2.3%しか占めていない個人枠の拡大だったのである。さらに、こちらもわずか2.8%しか占めていない海外枠も、財務省としては拡大したい。しかし、海外枠は格付け rating(レイティング)が先進国最低(アフリカの小国ボツワナ以下)のため、まず無理である。そこでいまのところ、簡単に騙せる個人が徹底的に狙われている turkey-shooting というわけだ。

もちろん、財務省は個人以外にも、手を打ちはじめた。それは、国債入札指定機関の設置である。この新制度は2004年10月にスタートしたが、これには「国債市場特別参加者」(プライマリーディーラー制度 primary dealer system)として、野村證券や東京三菱銀行など25社を指定し、ここに一定の応札・落札を義務付けるというものである。指定された金融機関はたまったものではないが、政府に仕方なくつき合うしか道はないので、これに参加している。これを財務省では、「国債の安定消化」と称しているが、筆者に言

わせれば「国債の押し売り」hard sell である。

かつて財務省（旧・大蔵省）は、日本という国家の運営者、つまりマネージメントセンターだった。しかし、いまや単なる「国債管理センター」というしかないだろう。

絶対に長期金利を上げてはいけない

国債を売りまくるしかない財務省は、最終的には、国債をすべて日銀に引き受けて accept もらうだろうという観測がある。これは、単なる観測ではなく、「やがてそうするしかなくなるだろう」と見る専門家 experts は多い。しかしそれには日銀法の改正（改悪？）が必要である。というのも、金利が上昇して国債が暴落すれば、おそらく国民を劇的なデフレ deflation が襲うからだ。高金利のもとのデフレでは、企業は収益性 profitability が上がらないのに、借金はどんどん増えるという悪循環 vicious circle に陥る。こうなると、体力のない企業はたちまち倒産してしまう。もちろん、金融機関も次々に破綻する。だから、そんな事態になれば、日銀としては引き受けざるをえないというのである。

しかし、いったん日銀が国債を引き受けて、市中 market に大量の現金を供給 supply すると、今度は猛烈なインフレが国民を襲うことになる。いわゆるハイパーインフレ hyper-inflation の襲来だ。

まさに、国債はその取り扱い次第で"原爆"と化すわけである。

そんなわけで現在のところは、日銀に対して、どれだけ国債を持っていいかという歯止め stopper がかけられている。日銀には、国債の買い取り枠というものがある。短期国債は別として、中長期国債

の保有量の上限は、日銀券の発行高の枠内に収めなければならない、というルールである。日銀券というのは、要するにお札 bank note ＝ bill（現金）のこと。つまり、お札の発行高の枠内なら、日銀は国債を持っていいことになっている。

こうしないと、中央銀行の独立性（CBI ＝ central bank independence）が維持されないからである。また、この枠がないとすると、国はお金を調達 collect するために、国債をいくらでも発行できることになる。そして、それを日銀に持ちこめば、日銀は日銀券を刷って渡さなければならないから、市場経済 market economy などインフレで吹っ飛んでしまうのだ。

しかし、この日銀の国債引き受け枠も、もう限界に近づきつつある。ここ数年で、日銀券の発行残高と保有国債との差 difference は、どんどんつまっているからだ。すでに、2005 年には日銀は限度枠を使い切ってしまうと言われている。しかも、日銀は国債をあまりに保有しすぎて、帳簿上赤字に転落 go into the red してしまったのである。これは、中央銀行としては本来あってはならないことである。国債は日銀にとっては資産なのであるが、なぜそんなことになったのか。

◆日銀 32 年ぶり経常赤字──原因は国債の評価損

（「朝日新聞」2004 年 6 月 7 日）

日本銀行の 2003 年度決算は 32 年ぶりの経常赤字（222 億円）だった。米国が金・ドルの交換停止を表明した「ニクソン・ショック」で急激な円高となった 1971 年度（2298 億円の赤

字)以来の赤字転落となる。赤字の最大の要因は、日銀が保有する国債の評価損だ。

　日銀は量的緩和政策のもと、月に1兆2千億円の長期国債を買い入れ、巨額のおカネを供給している。2003年度末の国債残高は初めて100兆円を超え、1年間で11兆3707億円も増えた。

　一方、長期金利の指標となる新発10年物国債の流通利回りは2002年度末の0.7%から2003年度末は1.435%に上昇（債券価格は下落）。長期国債の評価損などで1兆1299億円の損失を計上した。

　長期金利が上昇し、債券の評価価格が下落したのが大きな原因である。景気がなまじよくなると、長期金利の上昇は避けられなく unavoidable なる（55ページのグラフ『長期金利の推移』参照）。

　もうこうなると、「国債管理センター」の財務省としては、管理政策の第2命令として「金利上昇」rise of interest rate をなんとしても抑え込まなければならない。実際、現在の財務省は、日銀ばかりか、あらゆる政府機関と組んで、長期金利を抑えにかかっているのだ。

　ここで、再び一般的 general な金利の話をすると、すでに2004年の前半から、アメリカの長期金利は上がりはじめている。3月末までで、以前の3.8%から4.8%に1%も上がっている。経験法則上 rule of thumb、金利が1%上がると、国債の市場価格は10%下がる。国債をはじめ債券全般は、8〜10%ぐらい下落する。実際、2004年3月末には米国債 U.S. Treasury bond の価格は、その前を

100 とすれば 92 となり、8% 下落した。だから、日本の国債も同じで、1% の金利上昇があったのだから、国債価格 current price of government bond は下落し、保有している日銀や民間の金融機関は自己資本 net worth（net capital）が大きく目減りすることになったはずである。しかも、この自己資本は昔と違って時価評価 current value account である。このように、金利上昇というのは、大変な事態を招くのである。

さて、読者は、最近の政府の経済数値 economic indicator の発表をおかしいと思ったことはないだろうか？ それは、経済数値の指標 benchmark となる GDP の成長率が、何度も下方修正 negative revision されていることである。

最近の例をあげると、政府が 2004 年 3 月に発表した 2003 年 10-12 月期の GDP（改定値）は物価変動の影響を除いた実質で前期

■長期金利（10年債利回り）の推移

※財務省理財局発表資料（2004年6月）より

比 1.6% 増、年率換算で 6.4% 増であった。だがこれは、速報値から 0.1 ポイント、年率では 0.6 ポイントの下方修正だった。

また、2004 年 9 月に発表した 2004 年 4-6 月期の GDP の改定値は実質で前期比 0.3% 増、年率換算で 1.3% 増となったが、これは前月中旬に発表した速報値に比べ 0.1 ポイント（年率で 0.4 ポイント）の下方修正なのである。

もちろん、コンマ以下は誤差の範囲である。しかし、この誤差の範囲を隠れ蓑 shield にして、意図的 intentionally に下方修正しているとも言えるのではないだろうか？

というのも、本当に景気回復が進み、長期金利が上昇してしまうと、財務省としては打つ手がなくなってしまうからだ。そこで、成長率を実際より低めに発表して「景気は回復していませんよ。だから長期金利が上がる必要もありませんよ」と世論操作 manipulate public mood しているようだ。現実に長期金利が上昇すれば、もはや国債管理政策などの小手先のごまかし cheep trick では乗り切れない局面になってしまうからである。

つまり、緊急事態 emergency を宣言せざるをえなくなる。日本国が破産状態であることを国民に告げ、いままでの失敗 failure の責任 responsibility をとるしかなくなってしまうのだ。

さらに政府は 2004 年 11 月なって GDP の算出方法そのものを変更することを正式に決めた。しかも、その結果は"まさに政府の望ましいかたち"になっている。

以下はそれを報じた記事である。

Part **1**

Invisible Crisis

◆ 03年度成長率　3.2%を2.0%に修正
(「朝日新聞」2004年11月19日)

　内閣府は18日、国内総生産(GDP)の算出方法の変更を正式に決め、新方式での試算値を公表した。03年度の実質GDP成長率は、3.2%から2.0%に下方修正。04年7～9月期も前期比0.1%(年率0.3%)増から、0.03%(同0.1%)減に引き下げられ、6期ぶりのマイナス成長になった。12月8日の7～9月期GDP2次速報時に、直近の統計を踏まえて正式な値が公表される。
　2次速報時点でも、従来の認識より景気の実勢が弱かったことが確認されれば、定率減税廃止などの政策判断の議論にも影響しかねない。

　このニュースは朝日以外でも、当然1面で報じられた。その見出しはたとえば、「実質GDPマイナス!?」(日経)、「GDP年率0.1%マイナスに」(毎日)というものであった。

財務官僚ももはやお手上げの「2008年問題」

　筆者には、官僚や政治家の友人や知人がいる。そして、そのなかの一部の人間は、これまで書いてきたような筆者の認識 perception と共通するものを持っている。つまり、「日本はもうおしまい。打つ手がない」ということである。
　しかし、彼らはこのことを、公(おおやけ)には口が裂けても言わない。だ

から、筆者が代弁すると、財務官僚たちは現在、景気回復 business recovery をある程度犠牲にしても金利上昇を押さえ込もうと思っているのだ。

　小泉という表面上の改革一辺倒首相は、「改革なくして景気回復なし」と相も変わらず叫んでいるが、このような日本国のジレンマをまったくわかっていないようである。だから、2004年の秋からは「郵政改革」reform of postal services を叫び、財政は財務省に丸投げ throw everything である。ただ、景気対策を言い出さないだけ、まだ財務省は救われている。もちろん、これは大いなる皮肉 irony ではあるが……。

　ともかく、日本はもうダメである。このダメを1日も早く認め、財政再建 financial restoration（つまり破産処理）をするしかないのに、誰もやろうとしていない。現在、財務省と政府のなかには、プライマリーバランス primary balance の議論がある。ともかく国債発行という赤字を少しでも減らし、歳出を抑えて、歳入と歳出の均衡（バランス）を取り戻そうという議論である。これは、当然、マスコミでも議論されていて、たとえば読売新聞の記事（2004年8月4日）は、リード lead（導入部）で、次のように書いている。

◆赤字19兆円　火の車　2005年度予算

（「読売新聞」2004年8月4日）

　7月30日の閣議で了解された2005年度予算の概算要求基準（シーリング）は、「2010年代初頭のプライマリーバランス（財政の基礎的収支）の黒字化」という政府目標の達成に向け、

Part **1**

Invisible Crisis

歳出を実質的に前年度以下に抑制した。しかし、税収が伸び悩むなかで、少子高齢化に伴う社会保障費の増加なども避けられず、黒字化の道のりは険しい。

これは、書き方は客観的であっても、政府への完全な警告 alert である。つまり、現在、政府の国債利払い費はゼロ金利に助けられ約 8.7 兆円だから、なんとか助かっている。しかし、これは金利が上がれば（前述したように 1% で 3 兆円として）、たちまち 10 兆円を超える。しかも、今後も税収は伸びず歳出は増加するばかり。とすれば、もう予算 national budget も組めなくなるではないかということである。

くり返すが、「プライマリーバランス」とは、「過去に発行した国債の償還や利払いを除いた」国の「支出と収入のバランス」のことだ。つまり過去に発行した国債関連の金の出入りは、一応別勘定として棚に上げ、新たに生じる支出と収入を見比べた数字である。プライマリーバランスがよくなるとは、（過去に発行した国債は莫大でも）毎年の収支が向上していて、赤字解消の方向へ向かっているということである。現在このプライマリーバランスは、2004 年度予算では、19 兆円の赤字なのである。だから、この読売新聞の記事は、2005 年度予算に関して次のように批判している。

> 一般会計の総額は前年度（2004 年）当初予算とほぼ同じ 82.1 兆円だが、借金の償還・利払い分である国債費 17.6 兆円を除いた支出は 64.5 兆円もあった。
> これに対して、税収など借金以外の収入は 45.5 兆円しか

Part 1

見えざる危機

ない。この結果、財政赤字は36.6兆円で、これを埋めるために、新たに国債を発行して帳尻を合わせた。

　家計に置き換えれば「月の給与収入が45万円なのに家庭が買い物や教育、レジャーなど生活費に64万円を使い、17万円のローン返済分も含めて新たに36万円を借金した」という無理なやり繰りだ。

　もうおわかりと思うが、読売記事がたとえる家庭が現実に存在するはずがない。毎月45万円しか所得のない家庭に、誰が毎月36万円も貸し続けるであろうか。

　筆者は最近、財務省のある中堅幹部と話したが、彼は、「2007年(平成19年度)の予算については、まったく見通しが立たない状態だ。まして、2008年となると、もう想像すらつかない」と、はっきり言ったのである。

　2008年というのは、国債償還額が飛躍的に増大する年である(61ページのグラフ『10年国債の年度別償還の推移』参照)。これは、1998年に小渕内閣が景気対策として国債を連発したツケで、この年の10年物国債は、3度にわたる補正予算 extra budget の編成で、当初の予定より8兆円も増えてしまった。だから、その10年後の2008年には、この国債を償還するために、総計約40兆円の借換債を発行しなければならない。これは、ほぼその年の税収に匹敵する。つまり、日本政府は、この年、借り換えをしなければ、この40兆円の借金返済だけで予算を使い切って pay out しまうのである。そして、恐ろしいことに、この年の長期金利がどうなっているかは、誰にも予測できない nobody can predict のだ。

Part **1**

Invisible Crisis

　これは、現在「2008年問題」と言われている。

つまり、この年が、日本が国家破産を宣言する最初の山場 the first crisis であり、それまでの過程でパーセプションが一気に変わるだろうと予測できる。

　2008年問題に到るプロセスで、金利上昇以外のもう1つの問題は、若干の景気回復にもかかわらず税収がいっこうに増えないことだ。通常なら、たとえ金利上昇で利払いが増えても、景気回復で税収も増大するから政府の収支は好転するものだ。しかし、2000年以降、日本政府の税収は景気回復と言われるなかでも、見事に低下し続けている。しかも、過去に発行した国債残高が莫大なため、ほんの少しの金利上昇も、たちまち巨額の利払い増大になる。もはや出口なし no exit の感が深い。

　さらに、筆者の試算によると、この2008年を乗りきったとして

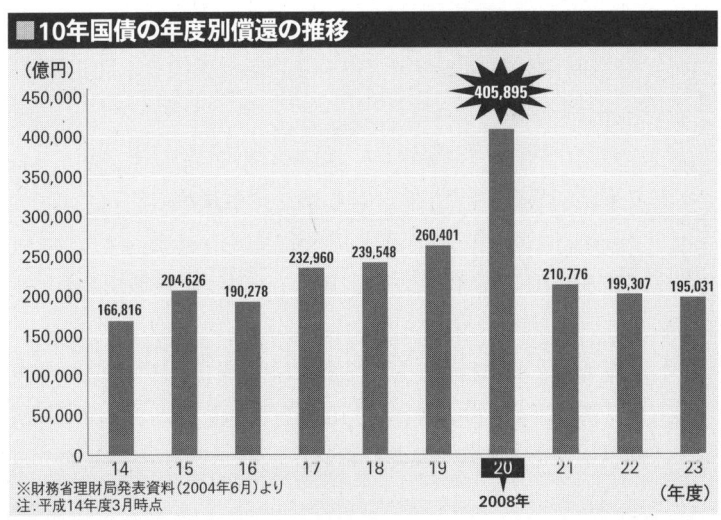

も、2013年には税収が国債の利払を下回るのは確実である。いや、金利次第では、2010年にそういう事態が訪れてもおかしくはない。

ここで、筆者の指摘をまだ半信半疑 only half believe で読んでいる読者に、さらにもう1つの新聞記事を示してみたい。これは、朝日新聞が2004年2月に2回にわたって掲載した「日の丸ファイナンス——巨大化の果てに」という記事だが、ここには驚くべきことが書かれていた。

> なにより、国こそが借金の重さに震えている。財務省が始めた公的債務管理政策研究会は2003年11月、幕を閉じた。公表された議事要旨には、掲載されなかった部分がある。
> 「国債が下落したら、政府も火の車、銀行経営の問題にもなる。ショックをどう吸収するのか」「日銀と一緒に官邸に評議会を設けるくらいのことを考えないと」
> 経済財政諮問会議のメンバーで大阪大教授の本間正明は、研究会の冒頭、こう迫った。
> 景気が回復すれば金利は上がり、国債価格は下がる。それが暴落に至るような事態に備え、緊急避難策が必要ではないか。
> だが、この問いかけは取り上げられなかった。
> 巨額の国債残高は、デフレ脱却を目指した財政出動のつけだ。
> それが、景気回復で維持困難に陥るかもしれないという皮肉。今は10年物国債利回りは1.2%程度と低く、高い経済成長率などどこ吹く風だ。しかし、それが永続すると考える当局者はいない。

Part **1**

Invisible Crisis

　財務省幹部はつぶやく。「デフレが続いてくれないと持たないんだ」

（「朝日新聞」2004年2月26日）

　この記事の記述が意味することを、あなたはよくよく考える必要がある。このように、日本のマスメディアも、少しずつではあるが本当のことを書くようになってきているのだ。ただ、一般国民がそれに注意を払わず pay no attention、なにが起こっているのか見ようとしていないだけなのである。

　筆者は東京の下町・小岩で暮らしているが、街を歩けば、人々は何事もないようにいつもの暮らし daily life を送っている。飲み屋で酒を飲んでも、何十兆円、何百兆円などという途方もない額のお金 huge amount of money の話には、誰も興味を示さない。

　しかし、そんな日常生活の向こう側で、「見えざる危機」invisible crisis は確実に進行しているのである。

Part 2

Three Different Scenarios

3つのシナリオ

Part **2**

3つのシナリオ

ダイエーと同じで、どう破産処理をするかの問題

　読者のみなさんは、日頃、新聞・雑誌などでいろいろな「未来予測」future prediction を読まれているだろう。「10年後、あなたの生活はこうなる」という類のものだ。日本の新聞が得意とするのは、元旦の紙面で、これを特集することである。

　かつては、この新聞の元旦特集にはバラ色の未来があった。しかし、最近はこれがめっきり減った。つまり、もはやそういう未来を想像できないほど日本の今後は絶望的 desperate であり、さすがに新聞もウソは書けなくなったのである。本書の Preface（著者まえがき）に書いた「悪夢」nightmare とはいかないまでも、暗い未来に向かって日本が進んでいることは確実だからである。

　そこで、この Part2 では、現在のところ考えられる日本の未来図を示してみたい。ただし、それは未来図などという言葉が持つ明るいイメージとはほど遠く、きわめて暗い「最後の審判の日」Doomsday（ドゥームズデイ）の物語である。

　筆者が Preface で書いたことは、日本が消滅しているという「悪夢」(ナイトメア)であり、どちらかと言えば筆者の妄想 obsession(オブセッション) に近い。しかし、これから書くことは妄想ではない。なぜなら、Part 1 で書いたように、日本はすでに破産状態にあるからであり、日本の未来図というのは、どう破産を"回避"するかという話ではなく、どう破産を"処理"するかという話だからである。

　このことは、最近の例で言えば、2004年10月、ついに産業再生機構送りが決まったダイエーを考えてもらえば、よくわかるはずで

Part **2**

Three Different Scenarios

ある。読者のなかには、産業再生機構入りで一件落着などと思っている方もいるかもしれないので、はっきりと述べておくと、この措置 measure は「"倒産処理"を、産業再生機構で行う」ということであって、ダイエーが倒産 bankrupt したことに変わりはないのである。産業再生とは、要は「倒産と呼ばない倒産」ということであり、日本の官僚の得意な言葉のマジックである。そして、日本国政府もやがてダイエーと同じ運命をたどらざるをえないのだ。

　ここで思い出してほしいのが、ダイエーに経営危機 management crisis がささやかれるようになったのは、いったいいつだったかということである。それはもう10年以上も前、バブルが崩壊 collapse of the Japanese economic bubble してしばらくしてのことではなかったろうか？　バブル期の拡大戦略が裏目に出たダイエーは、本業のスーパーマーケット業務ではとても返済できないほどの不良債権 bad loans を抱えてしまった。その額は3兆円とも4兆円とも言われ、いつ潰れ crush down てもおかしくなかった。しかし、その後なんと10年あまりも生き延びたのである。

　これは、なんとか生き延びたい経営者、貸し込んだ銀行、それを見過ごしてきた官僚たちが相互牽制状態になり、身動きができなくなったからだ。

　まず、金融危機が起こると国民を騙して、政府は銀行に公的資金 public fund（税金 tax＝あなたのお金）をつぎ込んだ。そして、銀行は2度も債権放棄 debt waiver してダイエーを救おうとした。つまり、破産の先送り postpone である。しかし、その間にもデフレ不況は進行し、もはやこれまでとなって、ダイエーはバンザイするしかなくなったのである。

ただ、この最後の処理をどうするかでモメにモメたわけだ。経済産業省、金融庁、銀行団から外資までが参入 take part in し、残された資産の分捕り合戦 grab fest が行われたが、結局は、国が産業再生機構で面倒を見るということが決まったのだ。

今後ダイエーは解体され、不採算店舗は閉店し、資産の投げ売り、社員のリストラ personnel downsizing が行われる。さらに、残った社員の給料 pay も大幅にカットされる。これはどこが当事者になろうと同じこと。どこもやることは破産処理であって、それ以外ではないからだ。

だから、日本の国家破産もダイエーと同じことが行われると考えればわかりやすい。つまり、ダイエーの一般社員やパート社員などが味わう地獄を、今後は日本国民のほとんどが味わうのである。

しかし、このダイエー処理問題がバカげているのは、事実上の破産国家の一機関が、破産企業の解体・再生 scrap and build を行うことだろう。こんなバカげた話はどこの世界でもありえない。

政府の借金は結局国民が払うしかない

さて、ここまで書いてくると、賢い読者のこんな声も聞こえてきそうである。
「政府は巨大赤字かもしれないが、民間企業の多くは黒字を出している。個人破産も史上最大を記録したと言いながら、国民家計の大部分は健全である。官と民を合わせて"国家破産"というのは、あまりに大雑把な主張ではないか」

これはもっとも reasonable な主張で、たしかにその通りである。

Part **2**

Three Different Scenarios

　国民経済は、官の部分 public sector と民の部分 private sector の 2 つの部門から成り立っている。巨大借金を抱えているのは「政府＝官の部門」であって、民間部門はバブル崩壊後も必死の努力を続けて再生を図ってきた。バブル経済の絶頂期に 1000 兆円だった個人金融資産は、いまや 1500 兆円に迫る勢いだ。民間は懸命の努力を継続してきた。それはこの数字にもよく表れている。

　筆者が「国家破産」と言ってきたのは、正確には「政府破産」であり、官僚経済部分の破産である。しかし、である。政府は"富"を生産しない。国民に寄生するだけである。だから政府の借金は結局、国民が払うしかないのである。つまり、「官」がつくった借金は「民」が払うしかないということだ。国家はもちろん官と民を合わせて国家である。そこで、大雑把 roughly speaking に「政府破産」を「国家破産」と言い換えてきたのである。

「民」が「官」の尻拭いをする方法は、大きく言って 2 つしかない。

①「官」が借金を踏み倒す。つまり政府は国債を返済しない。それでチャラというわけだ。
②借金は踏み倒さないが、重税 heavy tax を課す。その重税で「民」からしぼりとった分を国債の返済に充てる。

　マクロ的に見れば from macro viewpoint、①も②も同じことだ。①では「国債を持っている民」（個人・企業）が被害 damage を被り、②では「民全体」が重税を払う形で借金を肩代わりし、被害を被る。①でも②でも「民」が「官」の尻拭いをさせられるのである。その意味で、「政府破産」は民間をも含む「国家破産」につながってくるの

である。結局、"抱き合い心中"するしかないということだ。

　日本国債の 97 〜 98% は日本人が持っている。これはいいことでもあるし、悪いことでもある。政府の利払いが外国人の元にいかず、国民の手に戻ってくるのはいいことだ。しかし、政府が「自国民の犠牲 sacrifice of our own people があれば立ち直れる」と、安易に考えるとすれば、それは悪いことだ。つまり、外国の銀行家 bankers や金融家 financiers の圧力がないと、政官はいつまでたっても「真の改革」に着手せず、コストを国民のみに押しつけて"解決"してしまう可能性があるからだ。

「サドンデス」か「スローデス」か──結末は同じ

　さて、筆者は本書の Part 1 でも前著の『新円切替』でも、2004 年 11 月からの新札発行を、国家破産 insolvency of nation へ向けての胎動であると書いた。そして、それが現実化するのは、国民の「心理ゲーム」psychological game の危うい均衡が崩れるときであるとも述べた。つまり、そのときになって初めてこの国を激震が襲うわけだが、それはどのようにしてやって来るのだろうか？

　これを予測 forecast するのは難しいが、言えることはただ 1 つ、それが突然襲ってくる coming suddenly か、それともゆるやかに襲ってくる coming slowly かのどちらかであり、結局は国家破産するということである。つまり、結果は同じで、早いか遅いかの違いだけである。

　人間というのは結果が最悪なら、それが来るのをできるだけ先に延ばそう buy time とする。いまの政府がやっているのが、まさに

Three Different Scenarios

これで、これがいつまで持つかというだけである。そこで、筆者は、早いほうを「サドンデス」、遅いほうを「スローデス」と呼ぶことにした。

「サドンデス」(sudden death) というのは、日本語にすれば「突然死」で、サッカーの延長戦やゴルフのプレーオフなどで使われているように、結末が突然訪れるということ。これに対して「スローデス」(slow death) というのは、「ゆるやかな死」。つまり、「心理ゲーム」は不思議な均衡(バランス)を保ったまま、危機は先送りされていくということである。ただ、先送りというのは本質的な解決 permanent solution ではないから、この間に日本はどんどん貧しくなり、ついには3流国家 a third-class nation として、アジアの東端に虚しく漂流しているだけということになる。やはり、これもかたちを変えた「国家破産」=「死」であるのは間違いない。

普通、「スローデス」のほうがまし better と考えがちだが、そうでもない。「サドンデス」なら、国民が危機感をバネにして国家が再生する可能性も万に1つはある。しかし、「スローデス」では国の意志も体力もじょじょに衰退し、気がついたときはもう立ち上がれなくなっているのである。したがって、「スローデス」のほうこそ要注意だと筆者は考える。

では、まず、「サドンデス」シナリオから考えてみたい。

【Sudden Death】

「サドンデス」の引き金 trigger を引くのは言うまでもなく、国債の暴落 downfall of national bond である。しかし、現在のところ、財務省の国債管理政策はなんとか成功しているので、激震が襲ってく

るなどとは、国民は夢にも考えていない。これは、個人国債がまだ売れ続けていることを見ても明らかだ。

しかも、Part 1でふれた「国債市場特別参加者」(プライマリーディーラー制度 primary dealer system)による初めての入札 bidding が2004年10月14日に行われたのだが、なんと5年物国債の応札倍率が史上最高を記録している。このときは約2兆円が発行されたが、応札倍率は約5倍の9兆8785億円に達した。国債の危機は、応札額が入札額を下まわる「札割れ」によって起こるが、これがまだ起こっていない。つまり、日本の金融機関はまだまだ政府にしっかりとつき合っているから、「サドンデス」はすぐに起こるとは言い難いのだ。

しかし、それがいつまで続くのと言えるのか？ むしろタイムリミットが迫っているのではないだろうか？

じつは、多くの金融関係者や目ざとい投資家や一般国民の一部は、そのタイミングを逃さないように、いま息を潜めて見守っているのだ。なんのタイミングかと言えば、国債を売り抜けるタイミング timing of picking a top である。つまり、いつかは長期金利 long term interest rates が本格的に上昇をはじめる。だから、その兆候が少しでもあれば、国債を売り抜けるしかなくなるからだ。

いくらなんでも、このままデフレ deflation が続くということはありえない。となれば、インフレ inflation の兆しが見えてくれば、長期金利の上昇はこの先必ず起こる。そして、そのときに、日本政府が厳しい財政状況 severe fiscal condition に陥ることを前提にして、国債を売る動きが始まると考えられるのである。おそらく、その先鞭をつけるのは海外の投資家 foreign investors であろう。もち

ろん、海外の格付け機関 rating agencies が、日本国債の格付けを もう一段階格下げる downgrade ことも考えられる。

あるいは海外のメディア、たとえば東京発で『ウォールストリートジャーナル』(The Wall Street Journal) が日本の財務官僚の話として、「これ以上金利が上昇すると、もう次年度の予算(バジェット)が組めない」などということを報じたら、この動きは止められない。こうなると、日本の金融機関も、国債を売らざるをえなくなり、一気呵成に国債の"底なし下落" free fall が起こってしまうのだ。

この国債の下落は、確実に金融危機 financial crisis をもたらす。というのは、国内の金融機関のほとんどが国債を抱えすぎていて、国債下落による損失に耐えられないからである。

この一段階前の局面で考えられるのは、「心理ゲーム」の限界が見えはじめ、一般の国民も「これはおかしい。なにかが起こる」と気づくということだろう。もちろん、目ざとい金持ちや投資家は、国債下落の前に自分の資産をどんどん海外に移しはじめる。いわゆるキャピタル・フライト capital flight（資本の海外逃避）が急速に拡大する。これが円安となり、さらに、株・債券・円のトリプル安となる。

こうなると、政府自身もあわてざるをえない。さらに、国債を大量保有していた銀行、生保、郵貯などは膨大な含み損 unrealized losses に耐えられなくなり、政府に助けを求めるようになる。

そして、このときには現状の政府では、選択肢は1つしかない。それは、政府が日銀と結託して国債管理政策を強化 strengthen するということだ。おそらくは、日銀が「禁じ手」 prohibition である「民間金融機関からの大量の国債の買いきりオペ」を実施するだろ

Part **2**

3つのシナリオ

う。これで、政府は国債の暴落を必死になって押さえ込む。

しかし、この政策が、どれほどの効果 effect を発揮するかはわからない。「心理ゲーム」の均衡が崩れてしまえば、もはやどんな政策も効果ゼロだからだ。中央銀行である日銀まで、国債の含み損を抱えて赤字決算 settlement in the red が続くとなれば、もはや円の価値 value も急降下する。ちなみに、2003年3月現在で日銀の自己資本率 net worth ratio はすでに8%を切っており、決算も赤字である。

以上が、「サドンデス」の前半であるが、筆者はこの時期が来るのを2008年までの間と考えている。もし、この時期を奇跡的に乗りきったとしても、2010年以降にそれが持ち越されるだけだろう。

では、「サドンデス」の後半、クライマックスはどのようにして訪れるのだろうか？

それは、政府が本当に国債の利払いができなくなくなり、予算 annual budget が組めず、「非常事態宣言」declaration of emergency をするしかなくなったときである。

国債暴落によって金融機関が次々に潰れ、株価 stock prices も急落、企業倒産も激増となれば、もはや打つ手はない。このとき長期金利は5%を超え、株価はバブル後の底値である7700円を割り込み、円安も進んで1ドル200円以上になっているだろう。住宅ローン破産者は激増し、失業者 jobless は街にあふれ、もはや国民は政府を信用しなくなり、完全に心理的均衡は崩壊 collapse する。このとき国家破産は誰の目にも明らかになる。

これは Part 4 で詳しく述べるが、この政府の「非常事態宣言」とともに実施されるのが、すでにアメリカで発表されている日本経済

Part **2**

Three Different Scenarios

再建計画だろう。これは、「アッシャー・レポート」Asher Report とか「ネバダ・レポート」Nevada Economic Report とか呼ばれているもので、IMF による日本の直接統治 direct control である。もちろん、IMF に頼らずに日本独自で破産処理をすることも考えられるが、この国の政治家 politicians と官僚 officials にそれができるなら、こんな事態には至らなかったはずである。原爆が落ちるまで戦争を続けていたのと同じで、ここまできたら、残念ながら日本自身による自己改革 self-reform は無理であろう。

IMF の統治 governance というのは、太平洋戦争後の GHQ の日本占領に近いもので、このときには「預金封鎖」bank holiday や「財産税」property tax などの強権的政策が実施される可能性が高い。もちろん、消費税は 20% 以上になるだろうし、年金 pension の支払いも停止、医療費 healthcare cost も完全自己負担、失業保険 jobless insurance も停止となるだろう。IMF の政策というのは、財政再建が第一であり、そのためにはあらゆる支出 expenses を削減するという単純なものだからだ。IMF のモットーは耐乏政策 austerity policy である。財政均衡 fiscal balance が彼らの至上命令である。

こうなると、国民生活は完全に破壊され、日本は 2002 年にデフォールト default したアルゼンチンのような状態になる。彼ら (IMF) は国民の生活などおかまいなしである。もう 1 つの近い例では、1997 年以降の韓国の悲惨な経験もある (Part3 参照)。これは、ある意味で完全に間違っている処方箋だが、それを招いたのは日本自身であり、自分たちの手でなにもできなかったのだから、受け入れるしかあるまい。

ただ、この破産処理過程で、これまでこの国を牛耳ってきた旧来の政治家や官僚は追放 purge されなければならない。もちろん、危機の間うたた寝 taking a nap をしていた公務員は大量にクビを切られ、給料も大幅にカットされなければならない。なぜなら、彼らが本当の戦犯 war criminals だからだ。日本は上から下までの大騒ぎとなるが、それもそんなに長い期間ではない。ただし、この大騒動がおさまったからといって、1度破壊された国民生活が元のレベルに回復する保証はどこにもない。これは、倒産後の企業を考えてみればわかる。再生する企業もあれば、再びダメになる企業もある。

　つまり、日本の再建は、企業倒産と同じように、国民自身の我慢とやる気次第 (depends on people's patience and will) である。

　もし、そうした気持ちが日本人に失われてしまったら、日本はその先も長い間低迷を脱しきれないで、2流国家、3流国家として転落 falling down していくだろう。

　ともあれ、日本の国際的地位は完全に低下する。サミットなどには呼ばれなくなり、国連への拠出金 contribution なども減るので、安保理の常任理事国 permanent member of the Security Council を望むなど遠い昔話となる。そればかりか、アメリカの完全なる属国 tributary state (= colony 植民地) として、その庇護のもとになんとか生きていくしかなくなるであろう。

【Slow Death】

　「スローデス」が成立するためには、いくつかの幸運が重ならなければならない。つまり、国債暴落が起こらないための持続した経済成長 sustainable economic growth による税収の安定。それを可能

Part **2**

Three Different Scenarios

にするアメリカや中国の経済的堅調。国内最大の問題とも言える深刻な少子化 sharp decline in the number of births のストップ。さらに、日本人自身が危機をきちんと自覚し、それを乗り越えようとする勇気を持つことである。

これだけでも大変だが、まだ必要なことがある。それは、以上のことが重なったうえで、まともな改革(リフォーム)を断行する政治家が現れることである。現在の小泉首相のような口先だけ (all talk no action) のリーダーではない本物のリーダーが、どうしても必要だ。もし、こうした条件が整えば、日本の死は少なくとも2020年ぐらいまでは先送りができ、「日本の死」はゆるやかなものになるだろう。ただし、すでに述べたように、「スローデス」のほうが悪いという皮肉な ironic 結果も考えられる。

いま、財務省は必死になって「2010年代初頭のプライマリーバランス(財政の基礎的収支)の黒字化」という目標 the goal を掲げているが、これを達成 achieve するためには、できるだけすみやかに赤字国債の発行を止め、増税 tax hike(タックス ハイク)を国民理解のもとに実施しなければならない。

しかし、小泉純一郎というニセ改革者 fake reformer は、「任期中には消費税を上げない」と国民の人気取りに終始し、国債発行では公約を破り、アメリカに気に入られるためにアメリカ国債 U.S. Treasury Bonds を買いまくるというバカなことをやり続けてきた。アメリカ国債を買うということは、日本国民のお金をアメリカに貢いでいるのと同じことだから、日本は喜んで「サドンデス」を迎えようとしているのだ。

その反面、日本の民間部門 private sector は血のにじむような改

革を進め、日本のビッグビジネス big business はかなりの回復をみせてきた。2004年度3月期決算の数字を見ると、京セラは純利益65％増、セイコー・エプソンは純利益3倍増、ホンダは過去最高益の4600億円を計上して51％増、シャープは22％増などとなっている。また、設備投資も増えている。

　だから、なんとかこの回復基調があるうちに、政府は現在の財政危機状況を正直に国民に告げ tell the truth sincerely、国民とともに危機克服路線を策定すべきなのだ。

　しかし、そんなことができる政治家や官僚が、いまの日本にいるだろうか？　政治家が、「増税が必至であり、その痛みに耐えてほしい」と真摯に訴え、国民合意 national consensus が達成できるなら、日本はここまでダメにならなかったはずである。

　現在、日本の借金は毎年確実に50〜60兆円ずつ増えている。だから、このままいけば、政府の発表する数字を信じるとしても、2010年には1000兆円近くになる（すでに特殊法人などの隠れ借金を入れれば1000兆円は超えていると思われるが……）。

　さらに2015年には1500兆円に達する。これは、いまさらながら気が遠くなる数字だ。1万円札を1兆円積み上げると約0.9kmになるが、1500兆円では、なんと1350kmという途方もない高さになる。これは、地上から積み上げれば、まさに宇宙 outer space まで達してしまうということである。

　こうした政府の借金を担保 secure するのは、マクロ的に言えば、個人金融資産 individual financial assets ということになるが、これは約1400兆円とされるので、2015年の時点では借金を担保するものは消滅しているということになる。これには説明がいる。政府

が国民の個人金融資産を没収 confiscate しなくても、マクロ経済的に見れば、政府の債務超過が個人金融資産額より少なければ、国民経済としてはバランスが取れているわけである。そういう見方をすることが可能であり、それが1つの安心の根拠だということだ。

とはいえ、2015年で、破産は確実なのだから、それ以上計算することはもはや虚しい。しかるに、現在も官僚たちは、それ以上先までの予測数値を持ち出して、国民を騙している。たとえば、年金の給付額 pension's benefits であるとか、医療費の公費負担率などだ。つまり、そんな数字など存在するわけがないのに、いまだに計算しているのである。彼らはいわば、仮想現実 virtual reality の世界に住んでいるわけだ。

そんなことをするくらいなら、まず、即座に現在も続く公共工事 public works を全部ストップし、自分たち自身をリストラすべきだ。それを実行して、なんとか借金を重ねる renew a debt ことを止め、今後の国債発行を抑えたうえで、経済成長を維持していく。それでもやがてはスローデスに向かうが、その間に環境 environment が変わり、光が差すこともあるかもしれない。たとえば、経済成長を年率3%として、これを2015年までの10年間維持できたとしてみよう。そうすれば、21世紀の半ばまでは日本国は存在可能だろう。

しかし、そんな奇跡のようなことが続くだろうか？

続かないとすれば、死期は早まる。「スローデス」の可能性は、「サドンデス」よりはるかに低いと言わざるをえない。

もはや日本社会全体が死の病にかかっている

　日本国が確実に国家破産、つまり「死」に向かっていることは、なにも経済ばかりに限った話ではない。「死に至る病」は、いまや日本社会全体に及んでいる spread over our society。

　これは、年間自殺者の増加とか、凶悪犯罪の増加、フリーターの増加という数字に端的に表れているが、その向こう側には、日本人そのものの劣化 deterioration（デテリアレイション）があると、筆者は最近つくづく思うのである。つまり、社会全体のモラルの低下である。筆者はすでに『劣化列島 日本』（廣済堂出版 2002）という拙著でこのことを嘆いたが、最近はますますこの思いが強まってきた。

　たとえば、2004年をざっとふり返った look back on だけでも、日本社会からは「人間は真面目に生きれば必ず報われる」という当たり前の考え方が失われている。

　まず、政治家だが、これは日歯連のヤミ献金疑惑が象徴している。橋本龍太郎元首相が1億円の小切手を受け取り、これが迂回献金 bypass political contribution だとされた事件だが、これだけでも日本の政治がいまだに旧来の金権談合政治 "money politics"（マネーポリテイックス）であることがわかる。しかも、小泉首相は口では「モラルが問われている」と言いながら、政治献金改革法案など見向きもしなかった。小泉政権が改革政権 administration for reform ではないのは明らかだろう。さらに、幹事長の武部勤は「ケリーなどとんでもない」と米大統領選前に大失言し、それをかばう立場の官房長官の細田博之は、公団の関連会社に運転手の給料を肩代わりさせていた。自民党はまっ

Part 2
Three Different Scenarios

たく変わっていない。

そして、もっとひどいのが、この政権のかなりの数の与党政治家が、年金保険料を払っていなかったということだ。与党 ruling party ばかりか、野党 opposition party の政治家までもそうだったのだから、もはや政治家の病気にはつける薬がない(There's no cure for a politician.)。

次は企業。これも西武グループの堤義明会長の辞任劇に見られるように、もはやモラルなきビジネスを平気で行っている状態だ。有価証券報告書をごまかしたうえに、それがバレる前にインサイダー取引 insider-trading 疑惑というのだから、手がつけられない。そして、前記したダイエーは、死に物狂いのバトルのあげくに産業再生機構入りしたが、そのダイエーを追い込んだUFJ銀行は粉飾決算 dressing statements を隠すための検査忌避で金融庁の刑事告発 criminal accusation を受けた。ここまでくるともう、日本中が漫画 caricature（カリカチュア）と言うしかないのではないか。

相次ぐリコール隠しをやった三菱自動車、雪印や日本ハムによる牛肉偽装事件なども、みな同じようにモラルなき経営者が引き起こしている。これは、大企業ばかりではなく、入浴剤でニセ温泉をつくった白骨温泉の旅館経営者もいっしょだ。いまや上から下まで、日本の企業社会は病んでいると言っても過言ではない。

政治も企業も病んでいるなら、その下にいる庶民も病む。

組織は乱れる一方で、上の影響は下まで達し、日本社会全体に及ぶのは当たり前の話である。それで、最近では学校でも家庭でも殺人事件が絶えない。さらに、若者は働く意欲を失い、「楽してカネさえ儲かればいい」と、「オレオレ詐欺」の片棒を平気で担ぐ。この

オレオレ詐欺の被害総額が、2004年1月～8月でなんと100億円を超えたというのだから、あきれるばかりである。

厚生労働省の発表によると、2003年度の15～34歳のフリーターは、前年比8万人増の217万人。さらに、「引きこもり」人口は約160万人と言われ、NEET族(Not in Employment, Education, or Training)と言われる教育も受けておらず働いてもいない無業者は前年比4万人増の52万人である。彼らは、税金taxや年金pensionをほとんど払っていない層だから、国家破産を助長している人間たちだと言えるかもしれない。しかし、その一方で老人たちは手厚い年金をもらい、海外ロングステイなどを楽しんでいるが、それもいつまで続くことか。

おそらく、この本を読まれているのは、30～50代のビジネスマンの方が多いと思う。そういう方々の多くは、いま、モラルが崩壊した会社のなかで、バブル期を謳歌したうえで能力もなく出世promotion without abilityした団塊世代baby boomersの上司のもとで働いているに違いない。とすれば、上も見ても下を見ても、いかに日本が病んでいるかを痛感しているのではないだろうか？

しかし、追い打ちをかけるようで申しわけないが、国家破産が起こると、もっとも損をするのは、あなた方なのだ。つまり、あなたが最大の犠牲者victimになる。これは歴史を見れば明らかで、国家が経済的な大混乱に陥ったときは、必ず中産階級middle classが没落している。

フリーターやニートはもともと資産もなくその日暮らしhand-to-mouth lifeだから、増税されようと、預金封鎖になろうと、インフレが来ようと、生活レベルはたいして変わらない。また、高

額資産を貯め込んだ老人層は、キャピタル・フライトから海外脱出 escape from Japan など、いくらでも対抗手段 countermeasures がある。

　だが、会社勤めで家族を抱え have a family、住宅ローン housing loan を持っているという一般ビジネスマンは、すべてを失い、中流から下流に転落してしまうのだ。残念ながら、このままではこれを止める方法はない。なぜなら、この層はこれまで、選挙では棄権 abstention する人が多く、会社では上司に逆らってまで改革をしようとせず、家庭では子供の教育とお金の管理を妻に任せきりにしてきたからだ。筆者としては、この本の読者であるみなさんを責めるのは忍びないが、これはある程度事実なのではないか (Isn't that true?)。

　どうかみなさん、自分の胸に手を当てて考えていただきたい。もちろん、筆者もみなさんと同じ層の人間であるから、反省することしきりである。

3つのシナリオ：破産処理後の日本はどうなる？

　さて、ここからは、国家破産の処理過程で、日本がどうなっていくのかを考えてみたい。「サドンデス」にせよ「スローデス」にせよ、日本人そのものが地球上から消滅してしまうわけではない。日本という国土は厳然と存在し、その上でわれわれは暮らしていかなければならない (We have to live in this country.) からだ。

　しかし、そのとき、われわれの代表である日本政府は存在しているであろうか？　ここまでいい加減の限りを尽くしてきた政治家や

Part 2
3つのシナリオ

官僚たちは、そのままわれわれの上に居座り続けるのだろうか？

それはありえない。あってはならない (No way!) というのが、筆者の考えだ。倒産企業をみても明らかなように、旧経営陣は責任 responsibility をとって総退陣しなければならない。それに手を貸して危機を先送りした幹部も、やはり追放だろう。

つまり、国家破産で1つだけいいことがあるとすれば、世直しが行われ、国が一新 rebirth されることである。もし、これができなければ、そのときは日本は転落の一途をたどり、本当に滅亡 going to ruin するしかない。なぜなら、社会はモラルも規範も失い、人々はバラバラになってしまうからだ。冒頭に述べた筆者の悪夢 nightmare が現実になってしまう。だから、責任は厳格に追及されなければならない。国家破産は企業倒産と違って、国民に対する犯罪 crime to the people だから、その責任は限りなく重い。とても企業倒産の比ではない。

したがって、筆者としては、バブル期以前までさかのぼって、日本をこうしてしまった戦犯を確定させ、責任の所在をハッキリさせたいと思う。日本帝国海軍はミッドウェー海戦での大敗の後、その敗因 causes of defeat の検証 review をいっさい行わず、その敗戦の事実すらひた隠しにした。こういった官僚主義 red tape こそわれわれの最大の敵なのである。金権政治をつくり出した田中角栄、あの空前のバブルを発生させた竹下登、また竹下政権以降の歴代政権とその官僚たち、もちろん、国債で借金漬けを加速させた小渕・森・小泉政権のトップたち。彼らに功がないとは言わない。しかし、功も罪も明らかにすることが必要だ。したがって、法律上の責任を問わないという条件付きでもいいから、歴代の首相、蔵相、日銀総裁

には本当のことを語ってもらいたい。これは、航空機の事故ではパイロットに対して行われていることだ。

そして、国民はそれと引き替えに、個人資産を差し出し、国家の借金を埋めるしかない。増税を受け入れ、年金を放棄し、清貧に甘んじる accept austerity のだ。

だが、そんなことが本当にできるであろうか？ 日本人自身の手で、戦犯を確定して、そして再建を成しとげるなどということが可能だろうか？ 筆者はここにおいても悲観的 pessimistic だが、しかし、これができなければ国家破産というのは、自然災害 natural disaster と同じことになってしまう。

自然災害に犯人はいない。しかし、国家破産というのは社会の問題だから、「犯人＝責任者」はいる。この区別がつかなければ、Introduction でも述べたように、日本にはサイエンス science も愛国心もないということになってしまう。

以上のようなことをふまえて、筆者は3つの近未来シナリオを用意した。読者のみなさんも、どうかいっしょに考えていただきたい。

Scenario 1　　　　　　　　　An Economic Colony of U.S.A.
シナリオ 1
アメリカの経済植民地

■属国から植民地への転落

「サドンデス」で国家破産となれば、IMF が乗り込んでくることが考えられる。もはや、日本政府には破産処理をする当事者能力 his own ability がないのだから当然だ。これはすでに「スローデス」の

ケースでも述べた。いずれにせよ「日本が事実上のアメリカの経済植民地になる」のは間違いないだろう。

じつは、アメリカの経済植民地化への流れは、現時点でもうかなり確定している。とくにアメリカのポチ政権"America's lapdog"とまで揶揄される小泉内閣になってからは、この流れは止まらなくなった。だから、国家破産した場合は、「完全なる植民地」の完成となる。もっと言えば、現在の「属国」(あるいは「衛星国」)という立場から、「植民地」に転落するということである。

現在進んでいるアメリカ化Americanizationは、グローバル化globalizationに適応するためには、ある程度はやむをえない。しかし、あまりにアメリカ一辺倒すぎ、これを国外から眺めれば、「どうぞアメリカさん、早く日本を再占領してください」というメッセージを日本が発しているとしか思えない。となれば、国家破産の処理は、やはりアメリカのシナリオで行われ、IMFに丸投げthrow everythingになってしまうと考えていい。

しかし、ではこのとき、アメリカははたして日本国民を苦しめ抜いた政治家と官僚を追放するだろうか？ 国家破産を招いた旧支配層old ruling classに責任をとらせるだろうか？ ということが、われわれ国民にとってもっとも重要になる。

なぜなら、旧支配層(とくに官僚体制bureaucracy)が温存されたまま破産処理が行われるとしたら、国民の苦しみは倍加become doubledするからである。旧支配層は巧みにアメリカと結びつき、自分たちだけは助かろうとする。そして、自分たちの権力と資産はそのままにして、「アメリカが言うんだから仕方ない。みなさん耐えてください」と、国民に"痛み"painを押しつけるからだ。

あの大東亜戦争後の占領時、日本の旧支配層は、いったんは追放(パージ)された。しかし、アメリカはすぐに態度を変え、陸海軍を除く旧支配層、とくに官僚の復権 comeback を許してしまった。つまり、アメリカは自国内では民主政治 democracy と市場経済 market economy を尊重しても、国外では帝国としてふるまう。これは、帝国の利害に従うなら、属国の支配層など誰でもかまわないということを意味している。最近のアフガン、イラクへの対応を見てもこのことは明らかだ。

だから残念ながら、日本が破産してもアメリカはあくまでも帝国(エンパイア)の利益になることしかやらない。となれば、この国では旧支配層が温存 preserved される可能性が高い。つまり戦犯の追放は日本人が独自で行うしかない。しかし、われわれはそれができるだろうか？

もしできなければ、この「アメリカの経済植民地」というシナリオは、日本国は存在しても、日本人にとっては悪夢のシナリオとなる可能性が大きい。

■優良日本企業はほとんどが買収される

旧支配層が追放されずに破産処理となれば、日本国民は選択の自由 freedom of choice を失い、日本人ではなく、アメリカ人として生きていかねばならないかもしれない。つまり、国家破産以降は、「日本には日本の考え方、生き方がある」などという理屈 logic は通用しなくなる。

現在、日本のシステムはすべてがアメリカのシステムに統合 integrate されようとしている。そんななかで日本の識者たちは経済ばかりに注目し、一方では民営化 privatization を叫び、一方ではハ

ゲタカファンド vulture fund を批判したり、わけのわからない状況になっている。

しかし、ことの本質は経済問題のみにあるのではない。会計制度が時価会計になったり、弁護士養成のためにロースクールができたり、裁判に裁判員制度が導入されたりというのは、すべて根幹となる社会システムがアメリカ化されていくということなのだ。

これは、突き詰めて言えば、今後はアメリカのシステムで日本社会が動くということである。社会をコントロールするのは法律 law だから、それが全部アメリカと同一になれば、日本人は日本的な生き方ができなくなる（ごく私的な生活を除けば）。

アメリカ側から言えば、本当に都合がいいことになる。なぜなら、日本語などできなくても、たとえば、アメリカの投資家が日本企業のバランスシート balance sheet を見るだけで、その場ですぐ日本企業のパフォーマンス performance がわかるからだ。会計のベースも同じ、法律も同じとなれば、経済活動は本当にやりやすくなる。そして、優良日本企業はほとんどがアメリカのビッグビジネスに買収されてしまうということになるだろう。

現在、日本では株式交換 stock swap による企業の M&A（merger and acquisition）は、外国企業にはできないことになっている。しかし、商法の改正によって、これを 2006 年度からは可能にするという動きが進んでいる。

企業買収は通常、売り手側の株主 stockholder から発行株式 stocks issued を現金で買い取る方式で行われる。これに対して、「株式交換制度」equity-swap system では、現金を支払う代わりに自社株を割り当てる方式で M&A ができる。もちろん、日本でも 1999

年の商法改正によってこの制度は導入され、ソニーによるアイワの子会社化などはこの方式で行われた。しかし、外資がこの方式を使って日本企業をM&Aすることは、ほぼ禁止されてきたのである。

しかし、政府は現在、法制審議会で外資に対しても認められるように検討しており、早ければ2005年度の商法改正で認められる。なぜなら、すでに政府は「日米投資イニシアチブ」という協議talksを通じて、アメリカに「やります」と約束してしまったからだ。もちろん、これはアメリカのみならず、ヨーロッパや他の国の企業にも適用される。となれば、国家破産を待たずとも、日本企業は次々に買収されていくはずだ。

日本企業の株価は、現在非常に低いレベルにあり、これは、いわゆる時価総額total market valueが低いということだから、いとも簡単に買収できるのである。しかも、現金なしで株券を発行するだけで企業買収が可能になるという、夢のような話だ。

国家破産では、体力の弱い企業も次々に潰れるから、外資にとっては稼ぎどきbig chanceである。おそらく、このシナリオでは、優良日本企業のほとんどがアメリカをはじめとする欧米資本の手に落ちる。トヨタがGMに買収されないと誰が断言できるだろう?

■企業も社会もすべてアメリカ化

トップや株主が外資となれば、その下で働く人たちworkersはどうなるだろうか? それは、単にサラリーマンが外資ビジネスマンに変わったということではない。これまでの日本企業のサラリーマン文化Japan's corporate cultureが消滅disappearしてしまうということである。

Part 2

3つのシナリオ

あなたがこれまで慣れ親しんできたノミニュケーションとか根回し behind-the-scene consensus-building などは、会社からなくなるだろう。体育会系の「体を張って売ってこい」営業もなくなるだろう。儀式化した中身のない会議もなくなるだろう。稟議書 approval document などという面倒な書類もなくなるだろう。まだまだ、さまざまなことが会社からはなくなるはずだ。そして、そのかわり、アメリカ式のビジネス様式があなたの会社で幅を利かすのだ。たとえば、企画書とプレゼンテーションが重要視され、もしかしたらそれらは全部英語で行われているかもしれない。そうなれば、英語ができなければ出世 move up the ladder もできなくなる。

もちろん、雇用形態も変わる。給料は成果給 performance-based pay system となり、これまでのように年功序列 seniority system で昇給 raise などということはなくなる。もちろん、終身雇用システム lifetime employment system もなくなるから、住宅ローンを借りてマイホームを持つのが夢などというライフスタイルも少なくなるはずだ。

これは、考えてみれば、すでに現在も日本の企業社会で進んでいることである。つまり、この流れが一気に all of a sudden 来るということである。

そうして、負け組 losers と勝ち組 winners の差は決定的になり、社会は2極化 polarize する。この事態を想定できず、アメリカン・ビジネスの様式やマインドを学ばず、英語もできなければ、あなたは完全な負け組に転落である。

読者は、会社のなかで英語でコミュニケーションが行われている状況を想像できるであろうか? あるいは、社内文書 in-house

Part 2

Three Different Scenarios

documentが英語、ビジネスの契約書contractが英語ということを想像できるだろうか？ できなければ話にならないのだ。

　そればかりではない。国家破産となれば、日本円は価値を失っているから、本当に流通circulateしているのはドルかもしれない。買い物shoppingも取引tradingも、表向きは円であっても、ドルのほうが強ければ、それを使わざるをえない。とすれば、数の数え方も英語である。

　企業社会がアメリカ化すれば、社会のすべてがアメリカ化する。現在、ロースクール制度がはじまったばかりだが、これの意味するところは、これまで日本の法体系で育ってきた裁判官judgeや弁護士lawyerはお払い箱ということである。彼らに代わってロースクールで育った新しい世代が、アメリカのローファームlaw farmの指導のもとに、企業訴訟や契約を行うことになるからだ。ロースクールというのは教育制度educational systemの１つだから、これが変わったということは、ほかの日本の教育制度も変わるということだ。

　われわれは、これまで日本の文部科学省がつくった教育制度で育てられてきた。昔は詰め込み教育であり、ここ二十数年は「ゆとり教育」という名の低レベルな教育であった。そしてその行き着く先は、いい大学に入ることであり、いい会社に入ることだった。

　しかし、国家破産後に存在する「いい会社」とは、旧来の日本の会社ではないのだ。つまり、これからは旧来の日本の教育制度で育った大人も子供も、負け組サラリーマンになることすら覚束ないだろう。また社会のエリートであった医者や弁護士のあり方も根本的に変わるであろう。

　戦後の占領occupationを見ても、日本の教育制度は解体され、

教科書も黒く塗りつぶされた。今度の国家破産による日本再占領 reoccupation でも同じことが起こると考えていい。しかし、それは戦後の占領時代と違って強制ではないから、自主的に適応しないと、国家破産以後の世界では生きていけないのだ。

■アメリカ国債は永久債

アメリカの植民地になるというシナリオには、大きな反論が予想される。それは、じつは日本がアメリカの債権者 creditor（クレディター）であるからだ。日本はアメリカ国債（アメリカ財務省証券）U.S. Treasury Bonds の最大の買い手 buyer で、これまでそれを大量に保有してきた。だから、「これを売ればお金が入る。それで、破産も回避できる。まして、金の借り手による経済占領など冗談ではない」という議論がある。

そこで、この議論をハッキリさせるために、アメリカ国債について述べてみよう。

アメリカ財務省発表の資料によれば、2004年3月末現在で、日本はアメリカ国債を官民合わせて約6400億ドル持っている。

これは、1ドル100円とすると、約64兆円もアメリカにお金を貸していることになる。したがって、アメリカ国債を売れば、少なくとも国家破産は4、5年は先延ばしにできるという計算 estimation が成り立つ。

アメリカ国債は短期国債も含めて、その買い手のうち約2割は海外勢 overseas investors が占めている。そして、この2割の海外勢のうち、日本がダントツの買い手である。アメリカ国債の国別保有残高を見ると、日本が31％で、次は中国の9％であり、他の国は

Part **2**

Three Different Scenarios

みなわずかずつである。つまり、日本はアメリカの大口債権者なのだから、自分がお金に困ったら、アメリカに貸したお金を返してもらえばいいということになる。また、そうしないまでも、大口債権者としてアメリカには相当の発言権がある——と考える人もいるだろう。

しかし、これは実際にはできないのだ。もちろん、理論上はできる。法律的にもできる。しかし、かつて橋本龍太郎が首相のとき、「アメリカ国債を売ってみたいという誘惑にかられる」と言っただけで、アメリカ中が大騒ぎになったことからもわかるように、政治的にはできないのである。

これを簡単に言えば、「日本は属国だからまかりならん」ということだ。

幕府が藩にお達しをするように、「いっさいまかりならん」（Never do it!）と、政府がアメリカからきつくお叱りを受けるのである。

では、同じようにアメリカ国債を買い支えている中国はどうかと言えば、中国なら可能だろう。これは、中国政府がしたたかなこともあるが、簡単に言えば中国は独立国家 independent state だからだ。もっとずばり言えば、中国にはワシントンに打ち込める核弾頭があるからである。日本にはこれがない。というか日本は核保有国 nuclear power ではないから、はなから独立国家としては相手にされていないのである。こんな簡単なことを、いまでもこの国の左翼の人々は理解できず、「反米思想」anti-Americanism に染まっているのは笑止千万である。

それはともかく、日本はただの経済大国 just an economic giant であり、リージョナル・ヘジェモニー regional hegemony（地域覇権）

すら持っていないということをよくよく自覚しないと、われわれは不幸になるだけである。

そこで、さらに、「それは政府の話ではないか、民間は関係ない。民間が持っているアメリカ国債は売れるだろう」という話が出てくる。

ビジネス誌『WEDGE』7月号のレポート「隠れた火種　日本の米国債"火薬庫"は爆発寸前」は、この問題を詳しく分析している。

同レポートによれば、2004年3月決算時点で民間の外債保有額は——東京三菱6兆5010億円、みずほ4兆2593億円、三井住友5兆3818億円、UFJ3兆1333億円。4大メガバンク合わせて約19兆円あるという。地銀や第二地銀も額は少ないが保有していて、地銀全体で約7兆5000億円。第二地銀で約1兆5000億円だというからかなりのものである。

外債と言っても、これはほとんどがアメリカ国債で、もしアメリカの財政赤字 fiscal deficit がこれ以上悪化すれば、当然含み損が出る。だから、日本の民間金融機関としては、売りに出てもかまわない。そうしなければ経営は悪化し、預金者 depositors に迷惑がかかるからだ。

しかし、これも売れない。アメリカの銀行は、自国の国債だろうと、儲からなければかまわず売る。市場原理が優先する（market-principle prevails）からだ。しかし、日本の銀行の場合は、日本国債と同じようにアメリカ国債を持たされているといってよく、売ることはまず無理だ。しかも、日本の銀行はほとんどが公的資金を注入されているから、もはや民間銀行とは言えず、政府機関の1つである。だから、公的資金を返した東京三菱以外は、日本政府の行政

指導で、売ってはいけないのである。

　このように、アメリカ国債は永久債である。利息はもらえても元本 principal は永久に現金化 never convert to cash できない資産ということになる。これは、日本側から見れば、なんのことはない不良債権 bad debt なのだ。

　筆者はときどき日本の投資家と話すことがあるが、こういう方々は、日本とアメリカの関係をよく知っている。筆者がやるかたない不満を表明しても、「いや、それはね、藤井さん、しょうがないことですよ」と、動じないから立派である。

「日米の力関係だから、諦めるしかないでしょう。アメリカ側から、『日本の安全からしてコストかかっているんだ』と言われれば、それまでではないですか。日本が経済発展できたのも、戦後60年間も安全であったのも、アメリカのおかげ。日本はそのコストをきちんと負担してこなかったから、こんなことになるんです」

■アメリカの国内投資法の影響

　ここで、じつはアメリカも借金大国で、その台所は火の車 in dire straits だということを書いておきたい。日本の国家破産に手心を加えている余裕など、アメリカにはないのだということを説明しておく必要があるからだ。

　読者はアメリカが現在「双子の赤字」twin deficits に悩んでいることをご存知だろう。そればかりか、ブッシュ対ケリーの大統領選挙の争点 focus にもなったように、雇用問題も悪化して、国内から仕事がどんどん失われている loss of job という深刻な事態に直面している。これは、オフショアリング off-shoring と呼ばれ、産業基

盤が国外 off shore に出ていってしまい、それにつれてアメリカ国内での企業活動が落ち込んでいることを意味している。これでは、財政赤字は悪化する一方である。

そこで、議会で審議中なのが、「ホームランド・インベスティメント・アクト」Homeland Investment Act である。つまり、国内投資優遇措置で、アメリカの多国籍企業が海外で儲けたお金をアメリカ国内に戻せば法人税 corporate tax を安くするという法律である。

グローバル経済 global economy が進展したいまは、アメリカのビッグビジネスといえども、海外で儲けた利益 profits をそのまま海外で再投資するというのが普通になっている。つまり、いったんアメリカから出ていったドルは戻ってこない。これでは、アメリカ国内はさらに疲弊するだけだから、この法案は「最後の切札」とも言えるのだ。現行の法人税のもとでは、海外拠点からアメリカの親会社に支払われる配当 dividend に対する税金は35%である。しかし、この「ホームランド・インベスティメント・アクト」が施行されると、5.25%に下がる。なんと、現行の約7分の1。これは、すごいことである。

というのも、これでアメリカ企業は海外で稼いだ儲けをどんどん国内に持ち帰ることになるからだ。すると、倒産した日本企業をアメリカ企業が買い叩いたとき、どうなるだろうか？ 容易に想像できると思うが、それで出た利益は日本国内では再投資されず、全部アメリカに行ってしまうことになる。

まさに、経済植民地は搾取 exploit されるだけ。日本人はアメリカのために働く（Japanese work for Americans）時代の到来なのだ。こういうことを考えると、アメリカの経済植民地というのは、恐ろ

しい事態であることがわかるだろう。

97ページに示したグラフ(『米国をめぐる直接投資』)は、アメリカに関する直接投資の実情を示したものだ。アメリカに対する直接投資は2000年から2003年にかけて激減している。これは2000年がアメリカのITバブルのピークにあったことと関連している。一方、アメリカから海外への直接投資は、ITバブル崩壊の影響でいったん減ったものの、この2年はじょじょに回復してきている。ここに、海外に出ていったドルを、国内投資優遇措置を使ってでも、なんとか国内に呼び戻さなければならないというアメリカの思惑が透けて見える。

次に、アメリカの海外投資がどれだけ利益を生んできたかを見てみると(98ページのグラフ『地域別に見た米国の直接投資全体に占める再投資利益の割合』参照)、これがものすごく儲かっている。

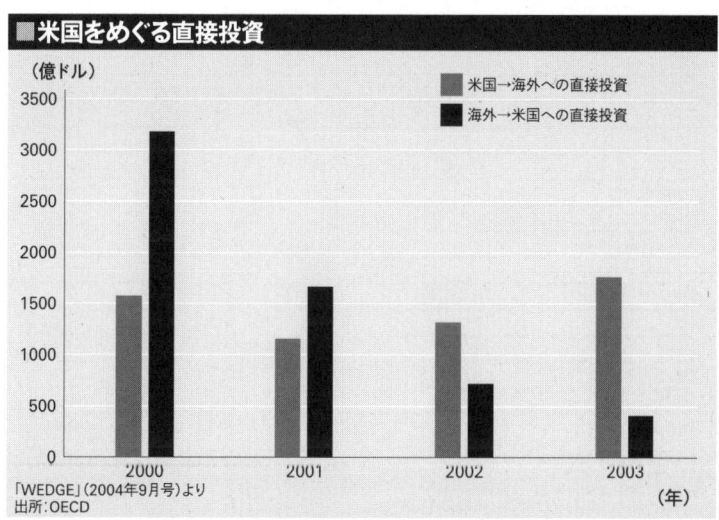

■米国をめぐる直接投資

「WEDGE」(2004年9月号)より
出所:OECD

とくに1998年から2003年の間の「アジア太平洋地域における年平均利益成長率」は抜群に高く、日本で40.2％である。さらにすごいのはシンガポールで利益成長率は66.5％だ。さらに、チャイナ本土では53.3％、香港で30.5％ということである。ともかく、この利益を、アメリカ政府は本国に持ち帰れと言っているのだ。

逆に、利益の伸びがマイナスのドイツやアルゼンチンからは今後、「利益を持ち帰れ」と言うのではなく、投資資金自体の引き揚げが起こると予想される。

こんな状態の国（アメリカ）が、自分の国の国債を売らせるだろうか？　そして、いったん植民地化した国を、その国民のために再建 reconstruct しようとするであろうか？

■地域別に見た米国の直接投資全体に占める再投資利益の割合

	再投資利益の割合（％）	利益の伸び（％）
全体	41.8	12.9
欧州	39.0	10.3
オランダ	76.5	13.5
アイルランド	69.2	11.4
スイス	51.1	13.9
ドイツ	18.0	−3.1
フランス	5.1	25.6
中南米	31.3	4.9
メキシコ	39.5	8.9
ブラジル	−19.2	5.2
アルゼンチン	−90.9	−189.4
アジア／太平洋	37.5	28.3
シンガポール	53.4	66.5
香港	52.0	30.5
日本	24.9	40.2
韓国	18.1	12.0
中国	13.5	53.3

「WEDGE」2004年9月号より
出所：米経済分析局、モルガン・スタンレー・リサーチ
注：直接投資全体に占める再投資利益の割合に関する数値は、1998～2002年のもの。
　　一方、利益の伸びは、1998～2003年の年間平均。

いま現在でも、「日本はアメリカの１つの州ではないか」と、左翼も右翼も批判するが、そんなことを言ってみてもなんにもならないのが、国家破産後の日本国である。

州なら自治権 autonomy がある。議員 lawmaker をワシントンに送ることも、大統領 President を選ぶこともできる。しかし、経済植民地には、ほぼなんの権利もない。

Scenario 2　A Tributary State of China
シナリオ **2**
中国の属国

■「大中華経済圏」の誕生

このシナリオでは、国家破産後の日本は、アメリカではなく中国の属国になる。つまり、中国の経済圏 economic zone と文化圏 cultural area のなかに組み込まれ、斜陽国家としてなんとか生きながらえていく。「まさか」「冗談ではないか」と言われるかもしれないが、その可能性がゼロとは言い切れないのである。

というのも、歴史をふり返れば、日本が中国の属国（朝貢国）だった時代はたしかに存在するからである。最近も、阿倍仲麻呂と同時代に唐王朝 Tang Dynasty に渡った遣唐使の石版が発見されて話題になった。

聖徳太子が当時の隋 Sui Dynasty と対等外交を樹立したのは有名だ。しかし日本はその後、遣唐使を出すなど、唐側から見れば日本が中華帝国の華夷秩序に入ったに等しい状態であった。その後日本は遣唐使を廃止したし、鎌倉時代には２度の元寇を撃退した。しか

し、室町幕府の足利義満などは勘合貿易の利益ほしさに明朝 Ming Dynasty に入貢し、「日王」として冊封され、形式的には中華帝国の華夷秩序に入ってしまったのである。経済的にも、宋、明の銅銭は広く日本国内で流通した。

　日本は織田信長、豊臣秀吉の統一で、華夷秩序から独立をした。秀吉はそれどころか明朝征服まで志した。彼の2度にわたる朝鮮出兵は、朝鮮が目標ではなく、最終目標は明朝であった。

　いまの中国には、その経済発展を足場にして、かつての大中華圏を再興しようとする野心 ambition がある。だから、日本が弱くなれば、その動きに巻き込まれてしまってもなんら不思議ではないのだ。

　現在のところ、日本と中国の経済規模は GDP で比較すれば、4対1である。IMF が発表している世界総生産の数字 Global Output を見れば、現在の世界経済 world economy の規模は約32兆ドルであり、そのうち日本は約4兆8000億ドル、中国はその4分の1の約1兆2000億ドルにすぎない。

　しかし、これは中国経済の成長ぶりからいって、やがては逆転 reverse するだろう。しかも、現在の日本経済は、生産拠点を中国に移しているため、中国内の日本企業が増産すれば、貿易統計上は中国への依存度はますます高まる。そして中華経済圏は、その最終市場 final market をアメリカに依存するわけである。つまり、このシナリオでは、日本はアメリカの下請けである中国の、さらに下請けになることになる。

　日本が対中依存度を高め、そんななかで日本が国家破産すれば、中国もアメリカと同じく、日本企業をどんどん買いに走るだろう。

そしてもし、アメリカが日本を見捨てる discard ようなことが起こったらどうなるか？

　筆者は日本人のなかに、アメリカよりも中国により親近感を持つ人々がいるのを知っている。こうした人々の力が、日本の左翼やナショナリズムと結びつけば、日本がアメリカよりも中国を選択(チョイス)するという可能性は大いにありえるのだ。

　実際、いま、「アセアン（ASEAN）＋3（日中韓）」という市場統合 market integration の話が出ている。これは、ヨーロッパが EU で統合市場になったように、アジアも最終的には ASEAN と日本・中国・韓国の3国で市場統合をやろうということである。この動き movement は、今後本格化する可能性が強い。とすると、ここで中国が中心となれば、「大中華経済圏」"Great Chinese Economic Sphere" が誕生してしまう。事実、中国はすでに ASEAN 各国と自由貿易協定の基本合意に到っており、日本は完全に出遅れている。

■アジア統一通貨構想

　もし、中国と ASEAN が合意して「大中華経済圏」ができれば、そこで中心的に流通する通貨は人民元 RMB（renminbi）である。国家破産した日本の円 JPY は紙くずとは言わぬまでもきわめて弱い通貨になっているから、他のアジア人はもとより、日本人も円より人民元を尊重するしかない。アメリカの経済植民地となればドルを、中国の経済植民地となれば人民元を使うというのは当たり前の話である。

　EU は統一通貨ユーロ Euro をつくったが、それは英仏独の力が拮抗していたからであり、加盟各国も同意したからである。しかし、

Part 2
3つのシナリオ

 国家破産で日中の力が逆転してしまえば、アジア各国は「中国がアジアのリーダーだ」と認めざるをえないだろう。あなたは、日本国内で買い物をするとき、人民元を使わなければならない自分を想像できるであろうか?

 かつて日本が経済大国の位置にいたとき、アジアでは円の力が強かった。円はアジアのどこでも大歓迎された。だから、1980年代には円の国際化構想が持ち上がり、1997年のアジア通貨危機 Asian currency crisis のときにも、一時的にアジア円圏構想がささやかれた。アメリカのなかにも、日本に地域覇権を持たせて、中国を牽制すべきだという考え方もあった。しかし、日本側にこれを理解する力もやる気もなかった。

 そしていま、「ASEAN + 3」で構想されているのが、「アジア通貨バスケット」Asian Currency Basket(ACB)である。これは、2003年2月、タイのチェンマイ Chiang Mai で開かれた「ASEAN + 3」の会議で決議された。「アジア通貨バスケット」というのは、アジア諸国が各国の通貨を加重平均した共通債券(ACB建て債券)を発行し、それを外貨準備 foreign reserve として、ドルを貯め込む代わりにしようというものだ。

 これにもっとも乗り気なのが、中国である。もともと、この構想は IMF が中国に勧めたものだからだ。つまり、アメリカの一部としてもこの構想には乗り気なのである。ただ、通貨バスケットが実現すると、アジアはドル離れを起こし、ドルのアジアでの力は衰退 decline する。なぜなら、この場合、日本をはじめとするアジア諸国は、為替安定 stabilization of exchange rates のためにアメリカ国債を買う必要がなくなるからだ。

しかし、それでもなおアメリカが乗り気なのは、長期的な展望によるところが大きいと見なければならない。すなわち、円の力がさらに弱まることを見越して、アメリカはリスクヘッジ risk hedge しているとも考えられるのだ。

日本はこれまで円ドル関係ばかりを考えてきた。つまり、アメリカばかりに向いてきた。しかし、当のアメリカにとって、日本は世界に数ある同盟国 allies の1国にすぎず、しかも異文明国家なのだ。

■ソフトパワーと北京詣で

中国の現体制は、表面上 on the surface はいかに自由でも、共産党一党支配で固められている。そしてこの政治体制は、内容的にはきわめて脆弱 vulnerable ではあるが、アジアでの地域覇権を求めて、経済的にも軍事的にも膨張主義 expansionism 路線をとり続けている。それは、経済・軍事面ばかりではなく、文化の面、いわゆるソフトパワーにおいてもしかりである。

たとえば、中国映画で、2003年秋、日本でも公開されてヒットした『英雄／ヒーロー』(チャン・イーモウ監督作品)は、中国を含むアジア圏で、なんと約3億人が見たと言われている。これは、東南アジアに広がる中国文化圏、つまり華僑社会の影響によるところが大きい。

華僑 oversea Chinese は全世界で約3500万人いるといわれているが、このうちの約2500万人が東南アジアで暮らしている。つまり、この人たちは、中国語を話し、中国語で経済活動をしている。タイ、インドネシア、シンガポールなどは、ほとんどの銀行が華僑系である。

こうした中国文化圏に、いまや中国語によるソフトが衛星放送やインターネットにのってシャワーのように降り注ぐから、東南アジアにおける日本のプレゼンスは日増しに薄れているのだ。

そして、いま日本企業は、国内をほとんど見捨てるように、中国市場にどっと流れ込んでいる。この流れ trend に乗って、日本のあらゆる組織もまた、北京や上海詣でをくり返している。

靖国問題を抱えて"中国嫌い"を続けてきた日本の右翼団体も、北京詣でをしている。これは中国側の高等戦術 high tactics である。日本の右翼団体を北京に招待 invite し、「意見は違うが同じ東アジアの人間として大いに談論風発しましょう」ともちかける。こうして彼らが北京に行くと、国賓待遇の接待 entertainment を受け、帰国時にはみな親中派 pro-China stance になっているという。

筆者が聞いたところでは、中国側は「孫文のときは日本が中国革命を助けてくれた」とまず感謝し、その後「あのころは大アジア主義だった。あなた方日本の右翼の人たちも大アジア主義ではないですか。ならば、アメリカに対抗しつつ、お互いに手をとって新しいアジアをつくりましょう」と口説くのだそうだ。

考えてみれば、西欧文明 Western civilization に出会うまで、日本にとって外国文明と言えば中国のことだった。われわれの先祖にとって古典と言えば、それは『論語』や『三国志』など中国の古典を指し、漢詩は教養人必須のたしなみの1つとされた。しかも、同じ漢字文化圏である。これは、西欧文化にどうしてもなじめない人にとっては、最低限できる「国際交流」international exchange であった。

筆者は地政学的見地から from geopolitical viewpoint、海洋国家・

Part 2

Three Different Scenarios

日本が大陸に深入りするのはよくない、かの大英帝国を見てもそうではないかと考え、日中蜜月には反対の立場をとっている。しかし、日本人の一部には、右左を問わず中国の磁力 magnetic power に引きつけられてしまっている人々がいる。そういった人々は、とくに現在の上海などの繁栄を讃美する経済人に多い。

さらに、日本の外務省には、チャイナスクールと呼ばれる人々がいる。この人たちの一部は、「もう日本は中国の属国になったほうがいい」と、本気 serious で言うのである。「アメリカの植民地になるくらいなら、中国の植民地のほうがましではないか」というわけだが、読者はどう思われるだろうか？

欧米列強 Western powers がアジアを植民地化する以前、1820 年代の世界経済の推計がある。これによると、当時の世界一の経済大国は、清帝国であった。大英帝国 British Empire はまだ経済発展途上国であり、アメリカは建国途上のただの農業国 agricultural state にすぎなかった。

■対米従属より怖い対中従属

日本人はチャイニーズという人々、中国という文明国をまったく理解していない。少なくとも 2000 年くらいはつき合ってきたというのに、これは恐るべき無知 ignorance である。

実際、日本と中国はまったく違った文明圏を構成している。漢字を使っているとか、外見が黄色人種で同じ、というのはまったく表面上 superficial のことで、むしろそれらは内面的な"真の違い"を隠してしまう危険な外面と言える。

徹底した唯物主義 materialism こそチャイニーズを際だたせるい

ちばんの特徴である。これは筆者のオリジナルな見解ではない。中華文明をもっとも敬愛した1人である文学者、故・吉川幸次郎京大教授の説である。

対米従属国家(経済植民地)であれば、日本人の言論・政治上の自由は保護される。やる気を出せば by our own will 一人前の州 state に昇格することだってできる。しかし、チャイナ幻想 Chinese illusion にひかれて対中従属国家になったら、結果ははるかに悲惨な far more miserable ことになる。

中国は表面上、自由に見えても、実際は共産党独裁 communist dictatorship の国家である。したがって対中従属国家になれば、経済的のみならず、政治的にも完全に中国の植民地になる。つまり、言論の自由 freedom of speech や報道の自由 freedom of press は完全に失われる。共産党が反対者 opponents にどんな対応をするかは、天安門事件 Tiananmen Square incident を思い出せばよい。自由は銃で弾圧されるのだ。

対中従属植民地になったときに、日本人はどんな扱いを受けるのか——それを知るには毛沢東 Mao Zedong による政権成立後、漢民族 Hans がチベットになにをしたかを見ればよくわかる。独立国チベットは共産党政権の侵略で独立と自由を奪われ、120万人が虐殺された。チベット仏教はチベット人の魂だが、唯物論を原理とする中国共産党は、これを徹底的に弾圧した。ダライ・ラマ法王がインドに政治亡命者への保護 political asylum を求めているのは、ご存知の通りである。チベット人を襲った悲劇 tragedy が日本人を襲うやもしれないのだ。

だが、筆者の憂慮 deep concern にもかかわらず、多くの政治家

や財界人が親中派であり、チャイナ幻想に酔っているのも現実である。案外、日本の右も左も、反米主義 anti-Americanism を触媒 catalyzer<small>カタライザー</small> として融合 fusion<small>フュージョン</small> 現象を起こし日本の対中植民地化の尖兵 the advanced guard となるのかもしれない。

■中国企業による日本企業買収

中国企業による日本企業の買収は、すでに始まっている。数年前までは三洋電機がハイアールと提携したように、買収にまではいたらなかったが、最近ではそうではない。中国企業も「低コスト・低価格」(low cost, low price)を重視する従来の立場から、「創意工夫・高品質」(innovation, high quality)を重視するようになってきたからだ。

2004年10月、アメリカの「インダストリー・ウィーク誌」The IndustryWeek と米オハイオ州の製造業研究所 Ohio-based Manufacturing Institute が、米中両国の工場責任者に「重要視する項目」についてのアンケート調査 asked to their objectives したところ、アメリカでは7位だった「創意工夫」innovation が中国では2位。また、両国とも、もっとも優先されたのは

2002年1月、合弁会社の設立を発表し、三洋電機の井植敏会長(中央)と握手を交わすハイアールの楊綿綿・最高執行責任者(左端)、張瑞敏・最高経営責任者(写真/共同通信)

「高品質」high quality だったという。つまり、中国企業は現在成熟 maturing しつつあり、成長のために「新しい技術」new technology と「アイデア」idea を求め出したのである。

この「技術力」と「アイデア」をもっているのは日本企業である。ここに、「中国企業による日本企業の買収」が一気に加速した理由がある。

先にも紹介したビジネス誌『WEDGE』は、この問題についても詳しいレポートを発表している（「時価総額の猛威！ 中国・韓国資本が日本企業をのみ込む」2004年7月号）。その要旨は以下のようなものである。

> 2004年1月、中国の広東美的集団は前記した三洋電機から、電子レンジの基幹部品であるマイクロ波発信器の製造技術 manufacturing technology と生産設備 plant for production を買収し、全部中国に持っていった。そして、ときを同じくして、中国の繊維大手、上海嘉楽集団も、兼松からグループ会社を買収している。
>
> こうした中国企業による日本企業買収の先駆け forerunner になったのが、2001年3月に旧アキヤマ印刷機製造（東京葛飾区、アキヤマインターナショナル）が中国の電機メーカー、上海電機集団に買収されたことだった。このアキヤマ印刷機製造というのは、高速度印刷やハイテク印刷技術における先端的な技術を持っていた。
>
> また、2003年には、中国の製薬会社の大手、三九企業集団（深圳）が、富山県に本拠を置く漢方メーカー、東亜製薬

を買収している。そして、これは買収ではないが、中国最大の民間自動車部品会社、万向集団（浙江省）は、2004年度内に日本に全額出資の会社 fully-owned subsidiary を設立すると発表した。おそらくは、ここを基盤にして他の部品会社などを買収していくのだろう。

じつは、こうした動きをサポートしているのが、日本側の投資コンサルタント会社である。たとえば、中国国営の大手証券会社・天同証券のM&A仲介子会社は、日本のM&A仲介会社と提携 alliance して、資金繰りに苦しい日本の中小企業に資金提供する一方、買収できる企業の調査に乗り出している。さらに、不動産流動化事業のアセット・マネジャーズも、中国で投資銀行業務を手がけるVCCEFキャピタルとM&A仲介業務で提携し、今後日本企業を買収する仕組みをつくった。

日本の銀行で中国にもっとも入れ込んでいるのは、なんとあのUFJ銀行である。上海の工業対外交流センターは、UFJ銀行など外国企業4社と組んで、行政が日本企業などの買収を支援 support することを決めた。これは、上海の国有企業や民間企業に、日本の企業を買収したかったら斡旋するということである。

つまり、こうした事業に日本資本も参加 participate しているわけで、こうして、日本の対中従属化は進んでゆくのである。

ここで思い出してほしいのは、やがて株式交換による企業のM&Aが可能になるということである。

こうなると、アメリカに限らず中国企業でも、日本企業の買収はしやすくなる。現在のところ、日本企業の株価時価総額は低い。たとえば、これは中国企業ではないが、韓国企業の雄サムスン電子を例にとってみても、その時価総額は約8兆円ある。これに対し、松下が約3兆7000億、日立が約2兆5000億、東芝は約1兆5000億円である。つまり、日本企業は今後、外資が買おうと思えば簡単に買収できる対象ということになる。

日本企業が次々と中国の手に落ちれば、われわれの生活は北京のコントロール下に入るだろう。これまで日本の首相は、就任と同時にワシントン詣でをしていたが、そんなことになれば、今後は真っ先に北京に行かなければならなくなる。

Scenario 3　　An Oceanic Asian Nation
シナリオ **3**
海洋アジアの小国

■東南アジアとの親和性

日本が破産し国力が衰えたとき、同盟国 ally のアメリカは、「東アジアの枠組み framework をどうするか」という決断 decision making に迫られる。このとき、日本を切り捨ててしまうのは簡単だが、それでは、東アジアと東南アジア全域が中国のものとなってしまう。それならば、破産したとはいえ日本を助け、中国を押さえ込む戦略 containment strategy に出ることも考えられる。

そこで、浮上してくるのが、この3番目のシナリオだ。

これは、日本が東南アジア諸国と1つの経済・文化圏を築いて、

Part **2**

Three Different Scenarios

そのなかでなんとか自立して生きていく survive というものだ。じつは、このシナリオは、「海洋アジア戦略」として、最近まで一部の人間たちによってかなり現実的なものとして提唱 advocate されてきた。海洋アジア Oceanic Asia というのは、中国を取り巻く海洋に面した国々のことで、台湾、フィリピン、マレーシア、タイ、インドネシアなどを指す。もっと広げれば、オーストラリア、ニュージーランドや亜大陸国家インドまで含めてもかまわないだろう。こうした国々と、日本が連携して、政治面、経済面でも文化面でもうまくやっていこうという構想だ。じつを言うと筆者も、その賛同者 advocates の 1 人である。

しかし、このシナリオが、国家破産以後の日本にもそのまま適用できるかどうかは難しいところだ。それは一にも二にも、日本の国力が衰えてしまっているからだ。中国の膨張がこれほどまでになっていなければ、日本が台湾プラス ASEAN ぐらいを取り込むことは容易にできた。しかし、現在では、中国の吸引力のほうが日本を上まわりだしている。

とはいえ、それでもこの海洋アジア戦略に望みをつなぐならば、アメリカとの同盟を強化して、その経済植民地という地位に耐えながら、一方で日本は自主独立を目指しつつ、なんとか海洋アジアの国々と手を結ぶのである。

ここにあるのは、いちおうみなデモクラシーの国々である。そして、法治主義 constitutionalism の国である。国情に違いはあるものの、資本主義に基づく共同市場を創設し、1 つの自由貿易圏 free trade zone になることは可能だ。さらに、これらの国の人々と日本人がつき合いやすいという事実がある。これは、日本人のルーツを

遡る要素であるが、日本人は大陸系より南方系により親和性 familiarity がある。同じく、東南アジアの海洋国家の諸民族も、日本人には親和感を抱いている。

筆者の知り合いのビジネスマンや学者などにも、同じ感想を持つ人間が多い。「ロシアでも中国でも、ともかく大陸へ行くとなぜか緊張する。それが、同じアジアでも東南アジアに行くと、まったく緊張しないですむ」と言うのだ。これは、日本人の10人中おそらく7、8人がそうではなかろうか。

■大陸に関わると不幸になる

筆者は元来、日本存立の基盤を海洋アジアに置くべしと主張してきた。こう主張するのは筆者ばかりではない。ここからは、経済というより地政学的 geopolitics なものの見方になるが、日本には「大陸に深入りすると必ず失敗するという歴史」がある。

これは岡本幸治近畿福祉大教授も『月刊日本』(2004年8月号)でお書きになっているように、日本の歴史をふり返ると、平和で繁栄していたときというのは、大陸と距離を置いていた keep a certain distance from the continent ときなのである。国防問題のエキスパート、西村眞悟衆議院議員もそう主張されている。

そもそも日本が建国 nation-building されたのは、大陸にあった中華王朝 Chinese dynasty を強烈に意識してのことであった。聖徳太子は精いっぱい自己主張して「日出づる処の天子」と天皇を尊称して隋の皇帝・煬帝に国書を送ったが、これがいわば日本の独立宣言 declaration of independence である。日本は中国の華夷秩序には入りませんよ、と宣言したのである。日本は、大陸からは独立した

Part 2

Three Different Scenarios

関係がもっとも理想的なのである。

　当時、日本は朝鮮半島の任那(みまな)に植民地(コロニー)を持っていた。任那日本府である。しかし、白村江(はくそんこう)の戦いで負けて朝鮮半島 Korean peninsula から引き揚げることになって、初めて日本が1つになり、それで国家として安定したのである。朝鮮の植民地にこだわらなくなって、内側、つまり日本自身が固まったのである。その代わりに、朝鮮半島・大陸からの侵攻に備えて、日本は防人(さきもり)の制を設け、専守防御の体制を固めたのである。

　その後、蒙古の侵略、いわゆる元寇を追い払い、室町幕府は形式的に大陸に朝貢はするが実質的には自立を保ち続けてきた。これは前述したとおりである。

　しかし、太閤秀吉はなにを思ったか、朝鮮に出兵して北京まで攻め上ろうとして大失敗 fiasco(フィアスコ) する。当時の日本の国力からいって、明朝を滅ぼすなどできるはずもなく、結局、豊臣政権は短命で終わった。秀吉の失敗と昭和前期の日本の失敗はまったくよく似ている。その後はその反動もあったのだろう、徳川幕府は鎖国 closed the door to the world に入った。この鎖国政策は当時としては正しく、江戸260年間、国は大いに栄え、平和だった。それで、日本はその後に来る近代 Modern Age への準備もできた。つまり、朝鮮半島や大陸とあまり関係ないときのほうが、日本は幸せだったのだ。

　しかし、明治政府は、日清・日露の2つの戦争で大陸と深く関わってしまった。日露戦争はとくに、ロシアの南下を阻止するためには絶対必要だったが、戦勝後に大陸に過剰介入する悪い癖がついてしまった。その後日本は、朝鮮、南樺太、満州を得たが、さらに大陸の奥深くまで進攻 advance し、過剰介入し、対米戦を開始し、つ

いに大日本帝国 Great Japanese Empire は滅びる。結局、大陸にあれだけの投資をしたにもかかわらず、日本人はすべてを失って lost everything、また、この日本列島に帰ってきたのだ。対米戦の原因は、中国であった。つまり米国は「日本は大陸から手を引くべし」と迫ったが、日本は日清・日露以来の大陸での権益 concessions に固執して、日米戦となってしまった。

こう考えると、筆者としては、最近よく聞くようになった「日中韓」連携というのには、はなはだ懐疑的である。

大陸や朝鮮半島にコミットメント（関与）せず、海洋アジアの諸国とゆるやかに同盟して、経済的な関係を強化したほうがよほど国益 our national interest にかなうと思うのだ。これが歴史から学ぶということだろう。

■「ルックイースト」の意味

ここで、思い出すのがマレーシア Malaysia のマハティール Mahathir Mohamad 首相が唱えた「ルックイースト」Look East である。彼がそれを唱えてから、すでに四半世紀が経過したが、その間、日本側が少しも振り向かなかったので、彼自身イヤ気がさしているかもしれない。しかし、マハティールはじつに教訓的なことを言っていた。日本人は、それを単に日本への片思いと誤解 misunderstanding してきたのではないだろうか？

以下、マハティールの「ルックイースト」の骨子を、彼の演説 speech やインタビュー interview、著作などから要約 summarize してみるが、これをみれば彼が本当は政治的リアリストであり、単なる夢想家でないことがよくわかる。マハティールは、いつも「もし

Part **2**

Three Different Scenarios

日本がなかったら」という言い方をした。

「日本は軍国主義 militarism が非生産的であることを理解し、その高いエネルギーを、貧乏人も金持ちも同じように快適 comfortable に暮らせる社会の建設に力を注いできた。かつては贅沢品だったものを誰でも利用できるようにしたのは日本人である」

「日本の存在しない世界 the world without Japan を想像してみたらいい。もし日本がなかったら、ヨーロッパとアメリカが世界のインダストリーを支配していただろう。欧米が基準と価格を決め、欧米にしかつくれないものを買うために、世界はその価格を押しつけられただろう」

「もし日本が存在しなかったら、南側（低開発諸国：筆者註）のいくつかの国の経済開発も、東アジアの国々の経済発展 economic growth もなかっただろう。欧米の多国籍企業が安い労働力 cheap labor を求めて南側の国々に投資したのは、日本と競争 compete せざるをえなかったからだ。日本との競争がなければ、開発途上国への投資はなかっただろう」

「もし日本と日本のサクセスストーリーが存在しなかったら、東アジアは模範 model にすべきものがなかっただろう。欧米が開発・完成させた産業分野では自分たちは太刀打ちできないと信じ続けただろう」

「もし日本がなかったら、世界はまったく違うものになっていただろう。富める国 rich countries はますます富み、貧しい国 poor countries はますます貧しくなっていただろう。マレーシアのような国は、ゴムを育て、スズを掘り、それを富める国に言い値 set priceで売り続けていただろう」

　まさに日本絶賛論だ。日本の欠点は欠点としたうえで、日本が世界史上に果たした役割をアジア人の視点から客観的に評価している。外国人に言われるまでもなく、日本人自身がこういう自覚を持たなければならない。マレーシアは、かつては英国の植民地であり、独立後は経済を華僑に握られていた。だから、そこからの脱皮ということもあって、彼は日本に顔を向けた set his face to Japan のだ。国内華僑のことを考えると、中国に頼りたくないし、アメリカにも頼りたくない。ならば、日本だというのが、マハティールのリアリズムだった。

　これは一種のバランス・オブ・パワーであり、日本に力を発揮してもらったほうが自分たちの選択肢も広がる。そして、自分たちの主体性も確保できるという考え方である。

　しかし、このマハティールの言葉に耳を傾けないでいる間に、中国は海洋アジアまで拡張 expand し、日本は出遅れてしまった。だから、国家破産して国力が衰えてしまえば、海洋アジア諸国に言い寄っても、なにをいまさらと思われる可能性は大いにある。

　ところが、先にもふれたように、アメリカは日本の東南アジアとの連携には興味を示している。それは、拡張する中国をこの連携によって封じ込めようと考えているからだ。

■ゼーリックの提案

　たとえば、USTR（U.S. Trade Representative アメリカ通商代表部）のロバート・ゼーリック Robert Zoelick は、就任前に『フォーリ

Part 2

Three Different Scenarios

ンアフェアーズ』(The Foreign Affairs 2000年1、2月号)にそういう趣旨の論文を書いている。これは、「リパブリカン・フォーリン・ポリシー」Republican Foreign Policy というタイトルの論文で、「日本は東アジアの安全 security のために、アメリカとその同盟国と協調 cooperate しながら、じょじょにより責任ある役割を果たすべきである。アメリカだけがこの日本の歴史的挑戦を近隣諸国に説得することができる。それが日本の国内世論を転換 change させる鍵となる」という内容である。要するに、日本は憲法9条を改正せよ、そうして、東南アジアの地域覇権を得てアメリカの肩代わりをせよ、その気なら、その手助けをアメリカがしましょうということだ。

つまり、日本が直接東南アジアを説得しようとすると、反発が予想される。だから、アメリカが「そんなことはない」と、東南アジア諸国を説得する。それで、日本は東南アジアと連携したらどうかいうのである。しかし、こんなありがたい米共和党からのアドバイスにさえ、日本は耳を傾けてこなかった。

筆者が理事・事務局長を務める日米保守会議 (Japan-U.S. Conservative Caucus) は、2000年4月に、当時、一民間人であったゼーリック氏を日本に招いて講演会を開いた。ブッシュ Jr. が大統領になれば、彼が閣僚級 cabinet level の要職に就くことがわかっていたからだ。

彼のスピーチは真に印象的なもの

ロバート・ゼーリック米通商代表。『フォーリンアフェアーズ』に発表された彼の"アドバイス"を理解する政治家・官僚は、残念ながら日本にはいなかった(写真/共同通信)

だった。現代のアジア情勢を語るに際して、ゼーリックは20世紀初頭、清朝末期の義和団の乱 the Boxer's Rebellion から語り始めたのである。明言は避けたが、彼は現代チャイナが、長期的には分裂し、軍閥 warlord が割拠し内乱化してゆくことを予想しているかのようであった。これはもちろん needless to say、筆者の主観的判断ではあるが……。

このとき、ゼーリックとは親しく意見を交換する exchange views and opinions 機会を得たが、(彼はジェネラリスト generalist でけっして日本の専門家ではないにもかかわらず)彼がアジア安定の基礎として、日本を高く評価しており、日本が早く国際政治で一人前のプレーヤーになるのを期待していることがよくわかった。

この点、2000年3月に彼に先立ち日米保守会議で講演してくれたリチャード・アーミテージ Richard Armitage 国務副長官と同様の立場である。しかし、ゼーリックの呼びかけにも、アーミテージ・レポートで明らかになったアーミテージの提案にも、日本の政治は総体として、まったく答えようとしていない。

提案に対して何の反応もなければ、自分の提案 proposal は拒否 reject されたと考えるのが外交上の常識だ。日本は、マハティールやアーミテージ、ゼーリックのような貴重な友人を失いつつある。

■ASEANとのFTA交渉

マレーシアと同じように、日本を向いている国家にインドネシア Indonesia がある。筆者はインドネシアを訪問したとき、政府の要人 high-ranking officials たちと話したことがある。このとき、リザル・ラムリーという元の財務大臣や軍の幹部たちは、「日本とイン

ドネシアで海軍協定をやりたい」ということを言った。「それをきっかけに日本との結びつきをさらに強化したい」とも言った。最初、筆者は彼らの意図がよく理解できなかったが、だんだんに理解できるようになった。

彼らは、日本の力を利用して、国内的にも国際的にもさらなる安定を求めていたのだ。

つまり、日本とASEANの関係が強化されれば、インドネシア国内の華僑のパワーが弱まる。インドネシアはイスラムが多数派の国だから、ホンネでは中華経済圏に取り込まれるabsorbed by Chinese powerのを嫌っていたのだ。それに、ASEANには日本が必要とする豊富な農産物や資源がある。これと日本の進んだ工業技術を合体できればお互いにうまくいくと考えていたのである。この点では、マレーシアのマハティールも同じ意識を持っていたのだ。

また、このインドネシアと同じような話を筆者は外交評論家の岡崎久彦先生からお聞きしたことがある。それは、岡崎先生がタイ大使をされていたころに、やはり「日本と海軍協定をやりたい」とタイの政府の幹部にもちかけられたというのだ。

安全保障はともかくとしても、このようにASEAN諸国は日本を大いに意識しているのに、なぜ、日本はもっと東南アジアにアプローチしないのだろうか？

それは、端的に言えば、日本の政治家が票を確保するために、国内の農業を捨てきれないからである。FTA（自由貿易協定）交渉がまとまらないのは、このためで、日本は相手側に農業がないシンガポールとだけFTAをまとめたが、その他の国とは依然としてまとまる気配がない（メキシコ、フィリピンとはうまくいきつつある

が)。

 よく言われることに「食糧安全保障」ということがあるが、これは日本の考え方次第である。日本がもはや食料確保をすべて国内でやるなどということは無理なのだから、ASEAN 域内での調達 supply を目指して、安全基準 safety standard などを調整していけばいいのである。親日的な ASEAN 域内での食糧自給率を高めることを戦略にすればよかったのだ。

 インドネシアでは年に 3 回もコメが採れる。タイもコメの自給率は 200% を超える。カンボジア、ベトナムもコメは余っている。ならば、日本の基準を持ち込めば、彼らは日本人の口に合うコメを生産してくれるだろう。ASEAN での域内自給率を高めればいいのであって、国内自給率などにこだわる必要はないのだ。そうすれば、自給率 self-sufficient rate 向上と ASEAN との連携強化の 2 つの目標を同時に達成できる。

 これは、EU ではすでに完全に実施されていて、EU 各国はお互いに食料をやりくりしている。世界はいまや「相互主義の時代」the age of interdependence を迎えており、日本だけが農業保護主義政策 agricultural-protection policy を続けていくなど、時代錯誤 anachronism と言うしかない。日本農業も自由化のなかでたくましく育っていかなければならないのだ。食料は好みの問題 matter of taste だから、日本人が日本産の食料を見捨てるとは考えられない。また、そういった教育をすべきなのだ。

■アジア 3 分論と黒潮文化圏

 筆者が教鞭を執る拓殖大学に、池田憲彦教授というアジアの専門

家がいらして、筆者は教授の話を聞いて感心させられたことがあった。池田教授はアジアを従来の2分論ではなく、3分論で説明されたからである。3分論というのは、大陸アジア(Continental Asia)、海洋アジア(Oceanic Asia)、内陸アジア(Inner Asia)の3つである。大陸アジアは中国と韓国、海洋アジアはこれまで説明してきたように台湾から南の東南アジア、そして内陸アジアというのは、モンゴル、チベット、ウイグル、カザフスタンなどの中華文化圏の外側にある地域を指す。この3つの地域で民族性 ethnicity や文化 culture を比較してみると、日本人となじむのは、まず海洋アジアであり、次に内陸アジア、最後にもっとも合わないのが大陸アジアということになる。つまり、日本は海洋アジアとつき合うのを第一とし、次に内陸アジアに目を向けるべきで、大陸の中国・韓国は「敬して遠ざかる」べきだと言うのだ。

たしかに内陸アジアというのは、アンチ漢民族 anti-Hans 意識が強く、トルコ系の民族も多い。イスラムの文化圏でもある。同じく、インドネシアやマレーシアもイスラムの文化圏だから、親和性もある。

それから、海洋アジアに関して最後につけ加えると、「黒潮文明圏」ということを考えてみたい。古来、日本人の源流には黒潮に乗って南方からやって来た人々が多い。だから、九州から南に黒潮の流れを逆にたどれば、そこには日本と共通するものがたくさん存在する。これは1つの文明圏だから、日本は南に発展していく developing to the south ほうが好ましいということである。

この「黒潮文明圏」の考え方は明治時代からあり、台湾を植民地化した後は、ここをベースにした南進論 Southern Advance Theory

が構想 make a plan されたのだった。また、第1次大戦でドイツ領の南洋諸島を割譲されたが、この統治を日本は非常にうまくやった。

これは、いまでも南の島の人々の記憶にあって、「アメリカ人は仕事を持ってこないが、昔の日本人は仕事を持ってきてくれた」と評価されている。たとえば、日本人は漁業や鰹節の作り方を教えてくれた。しかしアメリカ人は、お金はくれるが、仕事はくれない。だから、みんなお酒を飲んで早死にするようになってしまった。悲惨な話 sad story である。

これは、筆者がたびたび訪問した台湾でも同じで、李登輝元総統を筆頭に、「日本の統治時代はじつによかった」と言う人は多い。筆者はそれを聞くたびに、われわれはやはり南の民族であり、たとえば台湾の原住民である高砂族やカンボジアやベトナムやタイなどの現地人と同じルーツを持っていると実感する。言葉は悪いかもしれないが、われわれ日本人はさまざまなルーツの混合による雑種 hybrid(ハイブリッド)なのだ。

太平洋戦争のとき、日本軍 our troops は、フィリピンやマレーシアなどのジャングルに展開したが、このとき、もっとも頼りになったのは、台湾の高砂族の兵隊さんだった。彼らは現地住民とかなり言葉が通じたという。

ASEANの1国として存在する日本

さて、この海洋アジアとの連携というシナリオは、国家破産以後の日本の生き方としては、もっとも明るいものである。しかし、よくよく考えれば、国力が衰えた日本は、今後アメリカと中国という

Part **2**

Three Different Scenarios

2つの大国の間 between America and China で、いつも揺れ動くことになるだろう。

　すると、この2つの大国は、お互いに日本を引き入れた場合の国益を計算して動く。現在のところ、アメリカには日本を切り捨てる考えはない。しかし、中国とアメリカの関係が「戦略的競争関係」strategic competition でなくなれば、日本はどうなるかわからない。米中が(クリントン時代のように)「戦略的パートナー」strategic partners になることだってありうる。いや、アメリカが日本を捨て、中国と同盟を結ぶ可能性すらあるのだ(ニクソン・ショックを思い出してみよう!)。その場合、日本はアメリカの潜在的敵国 potential enemy になる。つまり、日本は太平洋戦争以前のポジションに戻ってしまうのである。

　いまのところ、日本はアメリカ一辺倒である。そして、やがて来る国家破産以降は、アメリカの完全なる植民地となる道を選択しつつある。しかし、それがいやで中国に接近すれば、これも中国の属国である。だから、まだ力のあるうちに、リスクヘッジとしての第3の選択である「海洋アジア戦略」を展開すべきだろう。

　しかし、この第3の選択をしても、国家破産以後は、日本はもはや南アジアでのダントツの No.1 のポジションを失うだろう。かつて ASEAN 諸国が日本を頼ったことも昔話となり、いまの ASEAN 諸国と同じ、海洋アジアのなかのただの1国にすぎなくなるだろう。しかし、それでも米中どちらかの属国となるよりマシかもしれない。すべては近い将来、われわれ自身が選択することである。

　イメージとしては EU のなかのスペインやポルトガルを思い浮かべればよいのかもしれない。かつての両国は世界を制覇し、なんと

"地球の二分割協定"までつくってしまった。しかし、いまやEUのなかの中国家（スペイン）であり、小国家（ポルトガル）であり、経済的にはヨーロッパのなかの中進国である。それでも人々は幸せに暮らしている。

　日本もそんな国になるのだろうか。

Part 3

破産国家の例

Bankrupt Nations

Part 3

破産国家の例

国家破産の被害は中流クラスほど大きい

　このPart 3では、これまで世界で起こった国家破産default の例 examples を、いくつか検証してみたい。いわゆるケーススタディーである。というのは、Part 1、Part 2と少々先を急ぎすぎ、国家破産以後のことを書きすぎたからである。つまり、まだ日本国は本当には国家破産していないのだから、この章では、それに備える preparing という意味である。

　ただし、筆者は、「これらのケーススタディーが、ほとんどの人にとって、あまり役に立たないのではないか」と思っている。資産 assets を貯め込んでいるお金持ちの方々は別として、日本人のほとんどを占める中流クラスには、国家破産という未曾有の事態に対して in the face of a historically unexperienced situation、さしたる対抗策などないからだ。

　その理由は、前著『新円切替』に詳しく書いたので、ここではあまりふれない。ただし、現在数多く出版されている「国家破産」「預金封鎖」「ハイパーインフレ」などを題材にし、それへの恐怖感 fear をあおったうえで、最後に「資産の守り方」を解説している本に騙されないでほしいということだけは、いま一度言っておきたい。

　もちろん、これらのなかにはいい本もいっぱいある。しかし、巻末で海外のファンドを紹介したり、金（ゴールド）などの先物業者 futures dealer の紹介をしたりしているのは、ある種の"商売本"であって、本当に読者のことを考えている本だとは思えない。

　真面目な本のなかで語られているのも、資産の分割投資法である

とか、金などの実物資産 tangible assets を持つこと、あるいは賢い海外投資法などである。たしかにそれらは立派な方法論である。しかし、それを有効に使えるのは、億単位の資産を持っている人間であって、実際にはわずかな預金 deposit や不動産 real estate ぐらいしか持たない一般人にとっては、これらの指南本は、なんの役にも立たないだろう。

もし、あなたが仮に100万円単位の預金を持っていて、国家破産時にはそれが払い戻しされないと想定して、外貨預金や海外の投資ファンドなどにお金の預け先を換えたとしよう。そして、いざ国家破産となったとき、どうなるであろうか？

その答を詳しくは書かないが、もしそれが国内の金融機関 domestic financial institution を通してのものなら、まったくのムダ useless である。また、海外での直接の投資だとしても、いざ日本に持ち込むときにはロスが生じる。つまり、資産を逃避 flight させ、なおかつ自分もこの国から脱出 escape from this country しないかぎり、国家破産から完全に逃れる有効な道はないのだ。だから、心の準備をし、危機に備えることは必要だが、他人にそそのかされて清水の舞台から飛び降りるようなことはやってほしくないのである。

人間にとって、他人の知恵 others' wisdom で生きるほど愚かなことはない。よくよく考えて、自分の知恵で行動してこそ、危機をチャンスに変えることができると筆者は考えている。国家破産というのは、中流 middle class の人々がもっとも割を食うのであり、その多くが下層 lower class に転落する。これは歴史的に明らかで、なおかつ、中流のなかでも悪あがきをした人ほど被害 damages は

大きいのだ。

それでは、ケーススタディーに入ってみたい。

Case 1　Argentina's Default
ケース **1**
アルゼンチンのデフォールト

■ワールドカップの敗退が象徴するもの

　アルゼンチンの国家破産については、すでにさまざまなことが語られてきている。最初は地球の裏側の遠い出来事だと思っていた人も多かっただろうが、「日本の将来の姿」とまで言われるようになって、にわかに注目を集めた。

　NHKもドキュメンタリー番組をつくったし、新聞も特集した。そして、経済誌はもとより、総合誌の『文藝春秋』までもがジャーナリスト斎藤貴男氏による「『明日の日本の姿』アルゼンチン惨状ルポ」という記事を、2002年5月号で掲載している。もちろん、海外のメディアも詳しく報道した。

　これらの報道によると、デフォールト後のアルゼンチンでは社会不安 social instability がピークに達し、首都ブエノスアイレス Buenos Aires では治安が悪化、街を歩けばスリ、強盗に会うのが日常化したという。もちろん、国中が失業者 jobless だらけとなり、貧民街 slum(スラム) が各地に誕生した。つまり、人々の生活は徹底的に破壊 destroy されたわけだ。当時、アルゼンチンの凋落 decline(デクライン) ぶりをもっとも印象づけた出来事は、2002年6月のサッカー・ワールドカップ日韓大会の1次リーグで、アルゼンチン代表があっけなく敗退し

Part **3**

Bankrupt Nations

てしまったことだろう。

　このとき、アルゼンチンは最有力の優勝候補だった。だから、国家破産で打ちひしがれていた国民は残された最後の希望として代表チームを応援した。しかし、デフォールト以前から、アルゼンチンの有力選手は衰えた祖国 their mother land を見捨てて欧州に出ており、いまさら祖国のために全力を傾けようとは思っていなかったのだ。1次リーグ敗退で、ビエラ監督は涙を見せ、「経済不況で苦しむ母国を、われわれの力で少しでも励ましたいと思っていたが……」と語ったが、虚しいばかりであった。

　つまり、国ではその日暮らしにあえぐ人々が、欧州のクラブチームで何億円も稼ぐ同胞 their fellows に声援を送る。そんなバカバカしい状況が、ここにはあったのである。

　日本もやがてそうなるだろう。国が傾けば、資本 capital ばかりか有力な人材 human resources はどんどん海外に出ていってしまう。残された国民は、それでも同胞だからと応援する。しかし、一度流出した人材は、祖国への郷愁はあっても、もう祖国への愛国心 patriotism はうすれている。それよりも現地にとけ込むことのほうがよほど大事だからだ。これは、そうした人材を大事にしなかった国家の失政のツケ bill to be paid である。

　すでに、日本の人材流出ははじまっている。イチローや松井秀喜などのプロ野球選手はもとより、青色発光ダイオードの発明者である中村修二氏など、その例は数多い。だから、国家破産となれば、さらに流出するだろう。

　話を戻すと、ワールドカップ1次リーグ敗退が決まった直後から、アルゼンチン各地では暴動 riot が起こった。アルゼンチン第2の都

市コルドバ Cordoba では、試合終了直後からサポーターたちが暴徒化し、通行人に次々と石や酒瓶を投げ、57人が逮捕された。また、沿岸の港湾都市マール・デル・プラタ Mar del Plata ではサポーター約50人が、シティバンクの支店を襲い、4人が逮捕 arrest された。また、首都ブエノスアイレスでもサポーターたちの集団がいくつか暴徒化し、警察隊が出動した。

■預金封鎖、暴動、政権転覆

アルゼンチンが「国家破産(デフォールト)」したのは、2001年の暮れである。この年の12月23日、全閣僚とデラルア大統領の辞任という非常事態のなかで選出されたペロニスタ党のロドリゲス・サー暫定大統領が、ついに1320億ドルに上る対外債務 foreign debt の支払い停止を宣言 declare したのだ。「もう支払うお金がありません。よって、支払いを勘弁してほしい」と、世界に向かって宣言したわけである。

もちろん、ここにいたる前の12月1日に、政府は「預金封鎖(バンクホリデイ)」を実施していた。この預金封鎖により、アルゼンチン国民は自分の預金 savings なのに、引き出せる額は1週間に250ドル（米ドル）までと制限されてしまった。さらに、緊急措置

2001年12月29日、アルゼンチンの首都ブエノスアイレスで預金引き出し規制などに抗議する数千人規模のデモ隊の一部が暴徒化、国会議事堂に乱入するなど騒乱状態となった（写真／共同通信）

として、キャピタルフライト防止のため、海外送金は貿易取引をのぞいて1日1000ドルまで、また、銀行貸し出しはドル建てのみとされてしまった。クレジットカード、デビットカード、小切手の使用は制限がつかなかったが、これで国内通貨のペソ peso はすべて紙くずとなった。

すでに、アルゼンチンでは1991年から1ドル＝1ペソの固定相場を採用してインフレを抑えてきた。しかし、これで国際競争力 international competitive edge が低下し、債務はどんどん膨らんでいた。IMF は変動相場 floating exchange system に移行（つまりペソの切り下げ）するように何度も勧告 advice していたが、そうすると、今度は政府 public sector も民間 private sector も対外利払いができなくなり、IMF は融資 loan が回収できなくなる。だから、IMF としてもジレンマに陥り、アルゼンチン政府もその状況に甘えてきたのである。

もし、日本が預金封鎖などの事態にいたれば、アルゼンチンのように政権はいっぺんに吹っ飛ぶだろう。そうして、いくらおとなしい国民とはいえ、暴動も起こりかねないだろう。実際、アルゼンチンでは「デラルアは即刻辞任しろ！」という大デモが起こり、デラルア大統領は政権交代を発表すると、大統領官邸からヘリコプターで逃げ出している。

預金封鎖はその後も続き、年が明けた2002年の春からは、引き出せる額が月500ドル（$500-a-month limit on withdrawals）となったが、大手銀行の前にはいつも長い人垣 line ができた。そして、そのたびに資金が不足したので、たまりかねたアルゼンチン中央銀行は、4月19日に「すべての銀行の一時封鎖」closing all banks を

発表したのである。このとき、怒った国民は銀行に押しかけATMなどを破壊したので、アルゼンチンの銀行システムは10%ダウンしたと、BBCのレポートは伝えている。

> Argentina closes all banks
> Argentina has closed all the country's banks indefinitely amid fears of a financial collapse.
> The move, announced by the Argentine central bank on Friday, is aimed at stemming a rush by savers to withdraw funds which could break overstretched commercial banks.
> Huge crowds gathered outside banks as people tried to cash their salary cheques and get money from automated teller machines.
> （金融崩壊の恐れから、アルゼンチンはすべての銀行を無期限に閉鎖することになった。アルゼンチン中央銀行が金曜日に発表したこの措置は、過剰な払い戻しをしている商業銀行への預金者の取り付けを防ぐためのものである。人々は給料の小切手を現金化し、ATMから現金を引き出そうと、銀行の外に群れをなして押し寄せた）
> （BBC News Saturday, 20 April, 2002）

アルゼンチンの預金封鎖が解かれることになったのは、それからしばらくしての2002年6月1日であった。

新大統領となったドアルデは、「段階的に預金封鎖を解除する」と発表したが、その内容を知って国民は息をのんだ。なんと、そ

れは事実上の預金没収 confiscation of savings だったからだ。つまり、預金を10年物国債で払い戻す（convert depositors' savings into 10-year bonds）というのである。すでに国家破産した国の国債に価値 value などあるはずがない。ただの紙切れである。これで、国民の怒りがまた爆発したのは言うまでもないだろう。

アルゼンチンではその後また大統領が代わり、いまではなんとか経済も立ち直りを見せてきた。2002年に41%まで上昇したインフレ率も2003年には2.5%前後と落ち着き、一時、1ドル＝4ペソ近くまで下落した為替は、1ドル＝2.8ペソ前後まで回復 recover した。

しかし、いったん地に落ちた国民生活はそう簡単には戻らない。国は必死に支出を抑えるという緊縮財政 fiscal austerity をやり、現在の大統領キルチネルの給与は月額3000ペソ（約12万3000円）という、南米の国家元首のなかでも最低という状態が続いている。これで、彼は国民に「これ以上海外からの援助に頼らずに自立していこう」と呼びかけているのだ。

しかし、国の借金体質は改まっていない。銀行に補填した国債のほか、国民の不満 complaint を抑えるために、預金者にも為替レートとの差を国債で補うことをしているからだ。また、各州の借金を国につけ替える措置もあり、公的債務 public debt は増え続けている。

そんなわけで、首都ブエノスアイレスでは、若者たちが海外に出稼ぎに出ようと、各国の大使館前にビザ待ちの列をつくっているという。もちろん、ヨーロッパがいちばん人気があり、なかでも祖先の地スペインに行く若者が多い。

Part 3

破産国家の例

　日本でも国家破産となれば、いまの若者ならどんどん国を出て行くだろう。まずは、国内に雇用jobがなくなる。そして、円はひどく弱くなる。アルゼンチンとちがい、債権国だといばってみても、政府が破産したら円安は避けられない。健康保険も失業保険もなくなる可能性がある。こんな状態となれば、残る道は海外出稼ぎしかない。

　もはや、日本の若者は、「自分発見の旅」などとしゃれたことなど言っていられない。なぜなら、親の世代は、それまで貯め込んできた貯金や国債など、ほぼすべての資産を失うので、子供を援助supportする余裕などなくなるからである。だから、今後、若者の「自分発見の旅」は「仕事発見の旅」に変わるのだ。となれば、日本の貿易収支は赤字になり、海外資産を取り崩すから、債権国から債務国へと転落し、円はさらに弱くなってゆく。

■腐敗が国を滅ぼす

　ところで、アルゼンチンにはそんなに借金があったのだろうか?
　「国家破産をするくらいなのだから、日本以上に借金を抱えていたのだろう」と、誰もが思うだろう。
　しかし、これはとんでもない誤解である。なんと、アルゼンチンの公的債務は約1400億ドル、日本円に換算して15〜16兆円といったところだった。アルゼンチンのGDPは3000億ドルほどだから、その借金は対GDP比で約半分にすぎないのだ。
　これに対して現在の日本は対GDP比で少なくとも2倍の借金を抱えている。つまり、絶対額ではなく比率で言えば、日本はアルゼンチンの約4倍の借金がある状態なのだ。したがって、日本が倒産

しないほうが不思議なくらいなのである。もちろん、それに見合う個人資産があるから大丈夫ということになっているが、これすら本当かどうかわからない（郵貯の3分の1は不良債権だろう）。しかも、国家破産となれば、この個人金融資産が全部吹っ飛ぶのである。

では、なぜ、こんな状態でアルゼンチンはデフォールトしてしまったのか？

その原因は、直接的には IMF の融資引き揚げだが、長期的に見ると、国家そのものが腐敗 corrupt していたからである。官僚、政治家、軍人などが国民をないがしろにして、私腹を肥やしてきた line their own pockets からだ。

アルゼンチンは、19世紀の後半に大発展した国だった。スペインの植民地 colony から独立して半世紀で、「20世紀の主役になる国」と称されたほどだった。アルゼンチンの大発展は、「パンパの革命」Revolution on Pampa と呼ばれ、首都ブエノスアイレスの港が整備され、そこから広大なパンパへ放射線状に鉄道網が伸びるにつれて経済の大発展が起こった。鉄道を起点に、農業と牧畜が発展し、小麦、トウモロコシ、亜麻、羊毛、食肉がアルゼンチン発展の原動力となった。この豊かなアルゼンチンから、欧州各国は食料を輸入 import し、アルゼンチンはますます栄えたのである。

つまり、アルゼンチンの大発展は、日本が明治維新 the Meiji Restoration で近代化 modernization して大発展をとげたのと期を同じくするのである。

しかし、この豊かなアルゼンチンは、第2次世界大戦が終わるとじょじょに姿を変えていった。大戦中に中立政策 neutral policy をとったことでアメリカの怒り anger を買い、アメリカによる締めつ

Part 3 破産国家の例

けが始まると、ナショナリズムが台頭 rapid rise したからである。この流れに乗って登場したのがペロン大統領 Peron, Juan Domingo（1895〜1974）で、彼は好景気 economic booming におされて自由化路線を捨ててしまった。つまり、ナショナリスト特有の「自国中心主義」をとったのである。

ペロンは次々に外国資本を国有化 nationalization し、農業より工業に重点を移して、貿易黒字 export surplus で国内産業を手厚く保護 protect した。そうして、国内企業との癒着 collusion（カルージョン）を強めて政権を強化したため、政治の腐敗が進んだのだった。当然、農業と牧畜は停滞し、アルゼンチン経済は悪循環に陥った。

アルゼンチンの腐敗を象徴したのが、くり返される民政と軍政の対立だった。クーデターもくり返され、経済を支配しようとする保守層の腐敗はどんどん進んだ。ペロン失脚以後もペロン派と反ペロン派の対立 tug-of-war は長年にわたり続き、夫人のイサベラ・ペロンが大統領になったこともあった。しかし、このイサベラ時代にアルゼンチンの腐敗はますます進んでしまった。

つまり、国家破産は政治の腐敗が引き起こしたのである。軍政がしかれた以後のアルゼンチンでは、なにをするにも賄賂 bribe（わいろ・ブライブ）が必要になった。役人は賄賂を公然と要求し、政治家はビジネスの仲介 mediation（メディエイション）で私服を肥やすという「発展途上国」developing country の段階まで、アルゼンチンは後退してしまったのである。

国民を無視した腐敗があれば、そこで膨大な富が浪費される。また、一部の産業と政府の癒着があれば、富は再分配 redistribution されず、やがて巨大な借金を発生させてしまう。そして、その腐敗が他国につけこまれると、どうなるか？ ますます腐敗が進み、政

府は国民 people のことなど考えなくなる。アルゼンチンの場合、軍事政権になって以来、アメリカにいいようにつけ込まれ、アメリカ一辺倒政治を続ける一方、内部の腐敗がますます進み、ついに国家破産したのである。

どこかで聞いたような話ではないだろうか？

いまの日本人に、このアルゼンチンの国家破産を笑う資格などないはずである。

■破局への道

アルゼンチンの国家破産で大事なことは、IMF がどういう役割 role を演じたかということである。前記したように、破産の引き金を直接引いたのは IMF であった。IMF というのは、国際機関とはいえ、ほぼアメリカの国際金融機関と考えてよく、その資金や人事の主流は、ニューヨークの複数の金融財閥が握っている。つまり、IMF はウォールストリートの代理人 deputy と考えていい。この IMF は世界銀行 World Bank（アメリカ財務省が 51% を握っている）とともに、アメリカ財務省 U.S. Treasury Department と連携して世界の金融を管理しているのだ。IMF と世銀の関係には微妙なものがあるが、IMF の権力のほうがより中枢的である。

じつは、アルゼンチンは 1976 年に軍事政権が誕生して以来、IMF の「もっとも忠実な生徒」だった。ラテンアメリカ諸国というのは、アメリカを帝国 empire としてとらえれば、すべてアメリカの属国 client state である。だから、アメリカはここをバックヤード（裏庭）backyard と呼んでいる。

こう言うと中南米の方々は怒るのだが（『新円切替』での同様な指

破産国家の例

摘に対してチリ在住の日本人の方からお叱りの手紙をいただいた)、大局的に言ってこれは間違いない。つまり、アルゼンチンはアメリカ政府の要望には忠実に従い、湾岸戦争にも軍を派遣 send their troops し、アフガニスタンにも国際平和維持軍を送ってきた。そして、財政政策もアメリカ財務省の言うがままの政策 policy をとってきたのである。

　だから、経済が悪化すると、IMF は、インフレ対策としてペソをドルにペッグさせ、均衡財政政策を実行させ、公共料金の値上げを命じた。その結果、ペソは他国通貨に対しての競争力を失い、輸出は激減したうえ、アルゼンチン企業はどんどん衰退してしまった。つまり、輸入したほうがトクだから、消費者は安くなった海外製品を大量に購入した。このように経済がいったん悪循環 vicious circle に陥り、国内の産業が衰えると、対外債務は加速度的に増加してしまう。

　こうなると、いくら緊縮財政をとり、増税をしようと追いつかない。だから、アルゼンチンは IMF から融資 financing を受け続けた。これは、IMF にとっては儲け話だから、融資をくり返す。つまり、貸し込んで、もうダメだとなるまで貸し込み続けたのである。しかも、アメリカはアルゼンチンからの輸出に対し高率の関税 tariff を課していて、それをゆるめようという気配も見せなかった。

　これでは、IMF が融資を止めれば、アルゼンチンが国家破産をするのは当然である。事実、IMF は土壇場で約束してあった融資を拒否 refuse した。それが、2001 年暮れの国家破産の直接の引き金になったのである。

　2001 年 12 月 25 日、クリスマスの当日、ニューヨークタイムズ

紙は、アルゼンチンの経済破綻を伝える記事のなかで、BCP証券のあるリサーチャーのこんなコメントを掲載している。

「アルゼンチンを断崖の上に連れて行って突き落とした push over a cliff のがアメリカ財務省であることはあまりにも明らかだ。責任追及が行われて当然であろう」

■ 画一的な IMF モデル

2001年度のノーベル経済学賞受賞者ジョセフ・E・スティグリッツ氏 Joseph E. Stiglitz（現コロンビア大学教授、1997年から2000年まで、世界銀行のチーフエコノミスト、副総裁）は、アメリカ財務省と IMF、世界銀行の政策に対して、これまで何度も批判 criticism をくり返してきた。スティグリッツ氏自身が、その政策に疑問を感じて世界銀行を辞めたのだから、これは当然だった。

では、氏はなにが問題だと主張 insist したのだろうか？

スティグリッツ氏が世界銀行を辞めた直後に政治評論誌『ニュー・リパブリカン』(2000年4月17日)に発表した論文を読むと、ウォールストリートの金融人たちがなにを考えているのかがよくわかる。すなわち、彼らはどの国についても、それぞれの歴史 history、文化 culture、社会的背景 social background などを考慮せず、彼らが普遍的であるとする経済モデルで処方箋を書いてしまうのだ。

たとえば、ある国から IMF に対して融資申請があると、エコノミストの一団が現地調査におもむく。そうして、報告書を作成したうえで再建計画書ができるわけだが、その調査の実体は「その国にある5つ星ホテルの調査」程度のものだという。したがって、と

きにはワープロの検索・置換キーがうまく機能せず、前回の調査を行った国の名前が、次の報告書の文中に残ってしまったこともあったというのだから、あきれるしかない。

だから結局、彼らの政策は、財政均衡 balanced budget、公的支出の管理 control public spending、公共事業の民営化 privatization、金融の自由化 deregulation of finance などのワンパターン。これを実行しなければ、融資をしないということになる。つまり、そうしなければ必ず融資が焦げ付く（good money becomes bad money）と考えるのである。この点で、彼らはその国の現状を見るよりマニュアルを優先する官僚主義 red tape に陥っている。

しかし、この画一的なプランを実行すれば、景気はますます悪化し、生活コストの増大から社会不安が起こる。スティグリッツ氏は、その典型的な例として、インドネシアやロシアをあげている。そして、韓国とマレーシアは、比較的独自の方針を貫き、IMFの処方箋に盲従しなかったので被害は軽かったが、タイのように、忠実 the loyal to IMF だった国はひどい目にあったのだとも述べている。

アルゼンチンが国家破産したのは、このスティグリッツ氏の指摘の半年以上後だが、やはり同様なケースだったのだ。

■ IMFはハゲタカ

英国『オブザーバー』紙（The Observer 2001年10月10日）がスティグリッツ氏とのインタビューを中心にまとめた記事によると、IMFと世界銀行は、経済が弱体化した国家に対して、常時4段階のプログラム（貧困撲滅戦略と呼ばれている）を用意しているという。

第1段階：民営化

　民営化というのは、国有財産の売却のことにほかならない。ロシアの場合、こうして売りに出された国家の資産は、少数の新興資本家の手に渡り、実体経済 real economy は一気に半分ほどに低下。激しいインフレと景気後退 recession が国を襲った。

第2段階：資本市場の自由化

　これは金融ビッグバンと言えばわかりやすい。つまり、資本 capital が国境を越えて自由に動けるようにすること。この結果、インドネシアやブラジルの場合、資本は一方的に海外へ流出した。入ってくるのは不動産と外国為替市場を狙った投機資金という名のホット・マネー hot money のみとなってしまった。

　しかし、このホット・マネーはなにか事が起これば、いっせいに引き揚げられる。すると、IMFは、海外からの資本を誘い込むために、利率 interest rate を30％、50％などと法外に引き上げることを要請する。これを受け入れると、国内の資産の価値は低下し、工業生産は衰退し、国庫 national purse は空っぽになる。

第3段階：市場原理の徹底

　IMFは市場原理主義者集団で、国内価格の市場原理 market mechanism に基づいた適正化を要求する。すなわち食料品、ガス、水道などの基礎的な生活財に対する政府の補助金 subsidy を廃止させ、民営化を進めさせる。こうすると、途上国では、必ず、公共料金が値上がりする。そして貧困層は暮らしてゆけなくなる。

　1998年のインドネシア、2000年から2001年にかけてのボリビア、

あるいはエクアドルで起こった暴動は、いわば「IMF暴動」であり、いずれも「IMFの計画」への国民の当然の反応であった。

たとえば、エクアドルでは、米ドルを通貨 currency としたことによって、国民の50%が貧困所得線 poverty line（ポヴァティー・ライン）以下に落ち込んだ。もちろん、金融危機に陥った国家にはIMFは特別融資を実施する。

インドネシアでは、IMFも世界銀行も、銀行の債務救済のための特別な追加融資 additional lending を行った。さらに資金が必要とされれば、アメリカや他の先進諸国の銀行も動員されて、何十億ドルもの融資が実行される。この融資は、いつかは融資された国の国民の税金で返済 repay されるのだから、IMFは傷つかない。

こうして見ると、IMFというのは国際金融資本のための強制執行者 enforcer にほかならない。

第4段階：自由貿易

これも、WTOと世界銀行の唱える原則 fundamental rule である。しかし、アメリカが唱える自由貿易というのは、資金力にものを言わせた戦争であって、アジア、アフリカ、ラテンアメリカ市場の貿易障壁 trade barrier をなぎ倒す一方で、第3世界 the Third World からの農業生産物に対してアメリカ国内市場のバリケードを高くしておくことを意味している。これはEUも同じで、国内の農産物には完全な保護主義 protectionism をとっているから、偽善的政策とも言える。

スティグリッツ氏は、IMF・世界銀行・米国財務省の「貧困撲滅

戦略」は、「第3世界の民主化を目的としているが、結果はその逆で、むしろ民主政治の土台を掘り崩し続けている」と言う。それは、IMFの指導に従ったブラックアフリカを見れば明らかで、貧困はますます進み、民主政治はまったく機能していない。ただ、ボツワナだけが例外で、それはボツワナがIMFの「援助」を断ったからだと述べている。

ボツワナで思い出すのが、日本国債の格付け(レイテイング)がいまではボツワナ以下だということだろう。この格付けがなされたとき、当時の塩川正十郎財務大臣は、口をとがらせて抗議 lift up his voice した。しかし、日本がそんなことを言っていられるのも、いまのうちだけだろう。

Part 2の未来シナリオで述べたように、IMFが直接日本に乗り込んでくる可能性は限りなく大きいからだ。

■アルゼンチンの教訓

さて、ここまでくれば、読者もアルゼンチンのケースからなにを学んだらいいのかはおわかりだろう。それは、いままでの国家破産本が書いてきたような「資産防衛法」などでは、けっしてない。まして、一部の経済本にあるような「安易なIMF批判」「反アメリカ」的な考え方も、的をはずれている。

もちろん、IMFはとんでもない"ハゲタカ"である。しかし、援助機関といっても、救済機関ではない以上、これは仕方のないことだ。お金を借りる以上、貸し手 lender の条件に従うのは当然のことだからだ。つまり、ハゲタカからお金を借りるような状況を招いてしまった本人のほうが、貸し手より批判されてしかるべきだか

Part **3**

破産国家の例

らだ。こうした反IMF、反アメリカ感情のみをベースにしてナショナリズムを煽り、日本再建をうたい上げれば、その罪はもっと重くなる。なぜなら、そこには被害者意識しかなく、自分たちの失敗failure〈フェイリャー〉は棚上げされてしまうからである。じつはそれこそ、責任を負うべき政治家や官僚の思うつぼである。

あなたは、日本が国家破産するしかない現実を招いた原因は、どこにあるとお考えだろうか?

アルゼンチンの国家破産の原因は、これまでに述べたように直接的にはIMFにあった。しかし、その根本原因 deep cause は、アルゼンチン政府がアメリカに手玉にとられるほど腐敗していたからである。国民のためを考えない官僚組織と、財政に無知で私服を肥やすことしか頭にない政治家が、安易にアメリカと結びついて国を運営してきたからである。

1980年代からの日本は、すでにもう1つのアルゼンチンではなかったのか?「経済1流・政治3流」という言葉があったが、まさにそのとおりではないだろうか。無責任な官僚と低能な政治家に、国家の運営をさせれば、国家破産などあっという間なのだ。しかも、彼らを選び続けたのは、われわれ国民自身である。官僚や政治家にどんな腐敗があろうと、結局は許し続けてきたわけだから、最後に自分のお金がとられるのは、自業自得(serve you right)とも言えるのだ。

そこで、アルゼンチンがわれわれに教えてくれる最大の教訓は、「国から腐敗を一掃せよ」ということになる。残念ながら小泉首相の任期は2006年9月までであり、衆議院総選挙は2007年までやる必要がない。つまり、このまま行けば、国民が国家破産から逃れる

ために政治の腐敗 political corruption を一掃 sweep out するチャンスはこのときにしか訪れない。しかし、その最後のチャンスとも呼べるときに、若者がいままでのように選挙に行かず、中高年層が従来の政治家を選ぶとしたら、どうなるだろうか？

やはり、日本はベンジャミン・フルフォード氏が書いたように「アルゼンチン・タンゴを踊る」しかなくなるだろう。

Case 2　Collapse of the Soviet Union
ケース **2**
ソビエト連邦の崩壊

■冷戦終結の意味

1991年にソビエト連邦 Soviet Union が崩壊したとき、その歴史的、経済的意味が理解できた日本人はほとんどいなかった。冷戦 the Cold War が終わったと言っても、実際に戦争があったわけではないから、日本人のほとんどが、パラダイムが変わったこと paradigm shift にすら気がつかず、政府は昔のままの政策を続けてきた。

しかし、やはり世界はあのとき劇的に変わってしまったのだ。冷戦の終了というのは、要するに、ソ連が戦争に負けたということであり、日本の第2次大戦の敗戦 defeat にいちばん近い例と思えばよい。

つまり、日本もソ連もアメリカと対抗して、帝国の版図を広げすぎ、その生産力 productivity より帝国のメンテナンスコストが大きくなりすぎて、ついに崩壊 collapse したのである。ソ連の場合、1979年のアフガン侵攻が、帝国をいちばん拡大したときである。

Part 3
破産国家の例

そして、ソ連も日本も官僚が支配する官僚主義国家だったことを思えば、その後の展開はある程度予想できたことである。

世界一の官僚帝国 bureaucratic empire・ソ連の崩壊は、その後に世界ナンバーツーの官僚帝国・日本も崩壊する、その前兆であると考えるべきであった。筆者は当時、そう主張したのだが、指導者は誰も耳を傾けてくれなかった。

日本は戦後もずっと官僚独裁を続けてきたのだから、そのシステムが行き詰まるのは目に見えていた。しかも、アメリカはソ連という敵を失ったのだから、新しい敵 new enemy を必要とする。歴史上、敵というのは、自国とはまったく違ったシステムで運営されている国である。なぜなら、この世界に民主国家が登場して以来、民主国家同士の戦争はきわめて稀だからだ。とすれば1990年代のアメリカの新しい敵は、日本以外にはなかったのである。冷戦時代には味方にしておくしかなかった日本は、気がつけば異様な資本主義システムで繁栄 prosperity を謳歌しており、アメリカに次ぐ経済規模を誇っていたからだ。バブル崩壊と冷戦終結が同時であったのは、まったく偶然ではないのである。

戦後、アメリカは日本を共産化 turn communist させないために、当時はまだ幼稚な産業だった日本の自動車産業などの製造業を潰さなかった。また、非合理な農業生産システムも見過ごした。さらに、資本主義システムの異質性も放置し、ともかく、対ソ連の防波堤 breakwater（ブレイクウォーター）にすることに専心してきた。「太平洋戦争」で示した日本人の能力を高く評価したからである。これは、西ドイツの場合も同じだった。ジョージ・ケナンの「X論文」のときからもう明らかになっているように、これはアメリカの世界戦略の要 the key だった。

しかし、冷戦崩壊で、それがなくなったのだから、その後はとんでもないドラスティックなパワーシフトが来る。それをわれわれは予想し、ソ連の崩壊をじっくりと調査・研究 research and study すべきだったのではなかろうか。

これはいまなら誰でも言えることだが、日本は冷戦という環境に、もっとも適応 adapt した国だった。過剰適応とも言ってよい。「冷戦に勝ったのはアメリカではなく日本だ」と言われたのもこのためであり、その姿は、まるで、グロテスクな恐竜 dinosaur のようだった。恐竜は環境に過剰適応しすぎて、環境激変に耐えられず滅んだと言われている。日本は冷戦時代に巨大化した"経済恐竜"であったのだ。

だが、われわれは、恐竜と違って知恵 wisdom という武器 weapon を持っている。ならば、滅亡は防げるはずである。筆者は、日本には本当のサイエンスがないと書いたが、それはこのことである。学者 scholars も専門家 experts もいるのに、なぜその知恵を危機に対して使おうとしないのだろうか？

ソ連と同じ官僚支配体制とはいえ、ソ連は共産主義国家であり、資本主義 capitalism と市場経済 market economy を否定した国であった。だから、帝国が行き詰まっても、処方箋を書く人間がいなかった。改革者・ゴルバチョフは登場したが、彼にも彼のブレーンにも、次の時代の処方箋を書ける能力 ability はなかったのだ。

そして、わが日本はどうだろうか？　その答は書くまでもない。

■ 10年にわたる大混乱

経済的な面から見ると、ソ連は帝国の崩壊にいたるまでの間、ア

Part 3
破産国家の例

メリカのレーガン政権 Regan administration が仕掛けた軍拡競争という罠 trap にはまり、莫大な財政赤字を積み上げた。

だから、統制経済の崩壊後は、猛烈なインフレーションがやって来た。1990年から1991年の経済破綻のインフレ第1波のときは、インフレは年率7000%というすさまじさだった。つまり、物価は1年で70倍にもなった。簡単に言えば、卵1個が10円だとしたら、1年後に700円になっていたということだ。そして、このすさまじいインフレで、まさに国民生活は危機に瀕した。

モスクワの厳しい冬。その寒気のなかで、食料を求めて長い列をつくるモスクワ市民の姿を、読者もテレビで見た記憶がおありだと思う。こうした光景を背にして、テレビレポーターたちは「はたしてモスクワ市民は厳しい冬を越せるでしょうか?」と決まり文句を言っていた。

さらにその後、政府はインフレ対抗策として、デノミ denomination(通貨呼称の切り下げ)を強行した。1994年、ロシア政府は突然、1000分の1のデノミの実行を発表した。旧1000ルーブルは新1ルーブルとなった。これは、先行するインフレにルーブルの価値が、ドル、マルク等の通貨に対して1000分の1単位にまで減価し、紙くず同然になっていたことを意味する。デノミが悪いのではなく、先行するインフレがルーブルを無価値にしてしまっていたのだ。

■ロシアのインフレ率の推移(対前年同期比) (単位:%)

(年)	1992	1993	1994	1995	1996	1997	1998	1999	2000	2001	2002	2003
消費者物価	26.1倍	9.4倍	3.2倍	2.3倍	21.8	11.0	84.4	36.5	20.2	18.6	15.1	12.0

※外務省Webサイト「ロシア経済データ」より
注:1992年1月の価格自由化の結果としてのハイパーインフレは1995年まで継続。
いったんは鎮静化したが1998年の金融危機後に再び増加した。

Part **3**

Bankrupt Nations

　国家破産のような事態になれば、通貨など信用してはいけない。インフレが来ても、デノミが行われても、減価しないもので資産を持つしか対抗策はないのである。このとき、ロシア政府は新ルーブル紙幣を併せて発行し、いわゆる「新札切替」までやったから、旧ルーブルは本当に紙くずになってしまった(148ページの表『ロシアのインフレ率の推移』参照)。

　では、人々はどう生活していたのだろうか？　それは、やはり物々交換 bartering によってである。ハイパーインフレやデノミ、新札切替などのもとでは、貨幣は明日もそのまま同じ価値があるとは限らない。とすれば、必要なものと必要なものを物々交換するしかない。これは、戦後の混乱期の日本でも起こったことだった。また、働いた報酬 returns、つまり給料 wage も、もので支給するということが日常化した。

　こうした大混乱からわれわれはなにを学べばいいのか？　まず、特記すべきことは、旧支配層の没落である。旧共産社会では土地の私有制は認められていなかった。しかし、共産党幹部はみないい物件に住んでいて、ソ連が崩壊すると、それは自分のものになった。しかし、彼らはルーブルでしか資産を持って

1998年10月7日、金融・経済危機の深刻化で国民の不満が高まるなか、労働者と左派勢力、市民らがモスクワをはじめ極東、シベリアなど全国各地で抗議のデモやストライキを展開した(写真/共同通信)

いなかったので、ルーブルが紙くずになると、食料にも困って、物件を手放さざるをえなくなった。もちろん、優良物件は二束三文で買い叩かれた。つまり、国家と運命をともにする人々、日本で言えば公務員、官僚ほど没落するということである。

そしてもう1つ、特記すべきことは、ルーブルではなく、ドルを貯め込んでいた saving U.S. dollars 人々がいたことだ。一般国民は手が出なかったが、機を見るに敏な金持ち層は崩壊以前から資産をドルに換えていて、このときとばかり、資産を買いまくった。つまり、ここでの教訓(レッスン)は、国が傾いた decline と見たら、いち早くなんらかの手を打って、資産を自国通貨以外のより強い通貨に換えることである。しかし、そんなことができるのは、一般庶民や小資産家の中流層でないのは言うまでもないだろう。

1998年、ロシア国民に3度目の試練のときがやって来た。それは、「ロシア危機」Russian Crisis と呼ばれたロシア国債のデフォールトである。つまり、このときがロシアの完全なる国家破産である。

このときロシア政府がとった措置 measures は、「預金封鎖」と「貸し金庫の没収」だった。これはインフレよりひどい、国民預金の完全な没収だった。これにより、ルーブルで預金していた人たちは、ほぼ完全に全財産を失ったからだ。とくに、まだ細々と年金 pension をもらっていた老人たちの被害は大きく、絶望のあまり自殺する人が続出したという。ロシアではこのとき、全国で約3割の人間がホームレス同然になってしまったという話まである。

■超引き締め政策の大失敗

ロシアの経済再建計画も、IMFの主導で行われた。ロシア人は、

それまで資本主義経済を知らないできたわけだから、資本主義(キャピタリズム)のベテランIMFにとって、彼らは格好の生徒だった。IMFのエコノミストたちは、ここでもロシアの文化や伝統を無視したうえ、実体経済の状況を顧みることなく、市場主義経済一辺倒の政策をとった。

つまり、後に国家破綻するアルゼンチンや、それ以前に破綻したラテンアメリカ諸国と同じようなレシピを書いたのである。財政規律を厳格に適用し、超引き締め政策を採用し、国家資産の投売りによる民営化を進めた。このため、ロシア経済はエリツィン時代に必要以上に苦しんだのだった。

ロシアの場合というのは、ある程度のインフレは起きざるをえなかった。というのは、それまでが共産主義下の統制経済 controlled economy だから、物価は公定価格 fixed price であり、本当の市場価格 market price である闇価格との間には、だいたい4〜5倍の差があった。つまり、自由化すれば、どうしても物価は4〜5倍にならざるをえない。ところが、それをはるかに超えるインフレが起きたのは、IMFが徹底した財政均衡 fiscal balance を図り、引き締め monetary restraint で通貨流通量を減らしたからだった。

ロシアには食料を自給できる農業と生活必需品を生産できる基本的な産業力はあった。つまり、供給力があったにもかかわらず、急激な引き締めをやったために、生産力が落ち、調整インフレではすまないハイパーインフレが発生してしまったのである。

当時のロシア経済の状況を詳しく知りたい読者には、『最新ロシア経済入門』(大島梓・小川和男共著 日本評論社 2000)という本を推薦する。ところで、このロシアの引き締め政策は、第2次大戦後の日本を一時期苦しめたドッジラインによく似ている。

Part **3**

破産国家の例

　じつは、日本の戦後というのは、生産の復活 revitalization of production は意外にも早く、1948年の夏、つまり敗戦して3年ほどで繊維産業を除く他の生産力は8割がた戦前と同じレベルまで回復していた。

　なぜ繊維産業を除くかと言えば、繊維産業が戦前のいちばんの輸出産業 export industry だったからだが、そんな状況にもかかわらず、インフレ退治のためにドッジラインが実施されたのだった。ようやく生産が回復したのに、無理やり金まわりを悪くしたら、どうなるか？　ひどい政策不況がやって来たのだ。もし、その後に朝鮮戦争 the Korean War による特需 special boom がなかったら、日本もロシアと同じように苦しんだ可能性がある。

　超引き締めによるロシアのGDPは、ソ連崩壊以後、マイナス成長期に突入した。「マイナス成長」というのはおかしな言葉だが、要するにダウンに次ぐダウンを続けたわけだ。1992年は、なんとマイナス14.5％。ようやく1997年に0.8％となったが、1998年には、またマイナス4.6％と落ち込んだ。だから、ロシアが本当に回復したのは、いまのプーチン時代になってからである。

　当然、インフレによる消費者物価上昇率は、前記したように、1992年の2510％を皮切りに、とんでもない水準に達した。

　これをルーブルの価値で見ると、デノミを考慮しないと、1991年の1ドル90ルーブルが、1999年には1ドル2万4000ルーブル（1000分の1のデノミで額面上は24ルーブル）にまで下がってしまった。90ルーブルが2万4000ルーブルというのは、267倍である。つまり、ドルに換算したロシア人の資産は、267分の1に減価 depreciation してしまったのである。

Bankrupt Nations

■ロシア国債のデフォールト

1998年1月1日、1000分の1のデノミが実施された後、ロシア経済は、株式 stocks、債券 bonds、通貨 currency が軒並み全部急落するという大危機に見舞われた。そして、1997年のアジア通貨危機が飛び火し、1998年8月には、ついに国債のデフォールトまで追い込まれた。

資金に困っていたロシアは、それまでルーブルを自由フロート制にして、国債金利を上げることで、海外から資金を呼び込んでいた。このロシア国債を買い込んだのがウォールストリートマネーで、彼らから言えば、ロシアに貸し込んだわけだ。

しかし、1997年にロシアの国営石油会社ロスデプチが民営化に失敗すると、アジア通貨危機もあって、今度はロシア国債が危ない risky ということになった。石油はロシアにとっていちばんの外貨獲得源だから、原油価格が急落 sudden fall すれば、それで担保されるロシア国債の信用 credibility（クレデイビリテイ）も落ちる。だから、このときからロシア国債は売られ、ロシア国内から資金が引き上げられ、デフォールトとなったのである。

もちろん、このときロシア国債に投資していたアメリカのヘッジファンドも多大な損害を被った。ヘッジファンドの帝王ジョージ・ソロスが20億ドル、タイガーファンドが6億ドルの損をしたと言われている。しかし、最大の損失は、LTCM（ロングターム・キャピタル・マネージメント）であり、これに慌てたアメリカ財務省は、ニューヨークに米欧の大手銀行15行を集めて、LTCMを救済した。LTCMは、36億ドルの救済融資をしてもらい、なんとか倒産

insolvency(インソルベンシー)を免れたのである。

　この救済措置の中心人物は、ニューヨーク連銀総裁のマクドナーで、彼は「私は幹事として各行を集めただけだ」と言ったが、実際は焦げ付きを恐れて、各行に奉加帳をまわしたのだ。この奉加帳にモルガン銀行もチェース銀行もバンカーズ・トラストも、みな応じたというわけだ。

　IMFは1998年7月、ロシアに48億ドルの緊急融資を実行した。8月、9月、10月に国債償還のピークを迎えるのを見越しての措置だったが、この48億ドルを、ロシアは財政赤字補填に10億ドル、残りの38億ドルを中央銀行がルーブルを買い支えることに使った。つまり、ルーブル買いドル売り介入のための資金だったが、それでも持ちこたえられずに、ルーブル切り下げということになってしまった。

　国債が償還不能 irredeemable になると、通常、IMFに泣きつくしか方法がなくなる。日本も償還不能が迫っているわけだから、「ロシアで起こったことは他人事」ではすまされない。しかし……。

■史上例がない「国民に対するデフォールト」

　ロシアが国債償還不能になった金額は48億ドル、つまり5000億円ほどである。それに対して、もし日本で同じことが起これば、その額はとてもロシアの比ではない。

　しかし、日本国債がロシア国債と違うのは、払い戻しできない先が、ロシアのように外資ではなく、ほとんどが国内金融機関、あるいは日本国民個人という点だ。ふつう、国債のデフォールトは、メキシコや韓国などを見ても対外債務に対して起こり、このときは国

の外貨準備が底をつく hit the bottom。しかし、日本は外貨準備も豊富にあるから、ロシアのようなケースは考えられない。つまり、IMFから融資を受けるなどという緊急事態が起こるとは想像 image ができない。要するに、日本の場合は、国民に払えないという「国民に対するデフォールト」しかないのである。

ところが、筆者も頭を痛めているのは、こういうケースが歴史上ないことである。実際、すでに日本国は国民に対して払えない状態にまで債務を膨らませている。そして、いまのところ国民がそれを「返せ」と言わないから生き延びているだけなのだ。

ここで、日本が戦前に発行した戦時国債について考えると、これは戦後に償還 redeem されたのである。とはいっても、そのときは、「預金封鎖」「新円切替」とともに急激なインフレが起こったから、紙くずとして償還されたと言っていい。とすれば、今後の日本で、これと同じことが起こるのだろうか？ もちろん、ロシアのようにハイパーインフレが起こり、デノミを実施すれば、国債など容易に償還できる。政府の借金など、チャラに wash away できる。

しかし、現状では、よほどのことがないかぎりハイパーインフレなど起きようがないから、筆者も悩んでしまうのである。

そこで、筆者が想像できるのは、国が最後には国債を塩漬けにしてしまうことである。とりあえず、10年債を20年債にするなどして、最後には永久債にしてしまうということだ。これはかたちを変えた「徳政令」である。

じつは、イギリスでも昔、こうした徳政令的な方法がとられている。それは、コンソール債というもので、英国王室の借金がかさんだとき、王室が出した債券をロスチャイルド財閥が全部買い取った

ことがあった。王室の借金をコンソール console (「慰め」という意味) ということにして、毎年利息だけは払ってもらうが、元本の償還はしないというものである。

この場合、日本ではコンソールするのは日本国民であるから、帳簿上は残っても現実の国民資産は全部吹っ飛ぶということになる。やはり、これは日本の国家破産のパターンである。現在の60年償還は100年償還、200年償還にと変わっていくのではないか。こうなると、もう最初の貸し手も借り手もこの世に存在しないから、資本主義も市場経済もない。日本は世界史上、ありえない異常 extraordinary な国家ということになる。

もし今後インフレに転じ、年率2%のインフレが続くとしたら、それも10年続けば、国債は相当目減りする。100年も続けばないも同然である。しかも、その間、経済情勢はどう変化するか誰もわからない。第3次石油ショックで原油高騰、10%以上のインフレもないとは言えない。というわけで、つまるところ、日本の財政政策はサイエンスの裏づけのない「神頼み」ということになる。

いずれにしても、日本国の国債は、すでに現在の時点で、もう紙くずである。

■飢えて死んだ人間はいない

さて、これほどの経済的大混乱に陥ったというのに、ロシア国民が餓死 starving to death したというニュースはついに聞かれなかった。「厳しい冬が越せるかどうか」などと言っていたレポーターたちの予測は見事にはずれたのだ。

では、ロシア国民はどのようにして日々の暮らしをしていたのだ

Part **3**

Bankrupt Nations

ろうか？

　まず言えることは、ロシアでは決して統計 statistics には現れてこない実体経済があったということである。表の経済指標 economic indicators がどんなに悲惨でも、その向こう側にある実際の社会では、見事なショックアブソーバーが機能していたのである。

　前記した『最新ロシア経済入門』によれば、ロシアの物価は驚くほど安いのである。モスクワなどの都市は別にして、地方に行けば、収入 income が低くても食べていけるだけの物価の安さが存在していた。たとえば、モスクワから 330 キロ離れたイワノボという町に行っただけで、レストランでの食事代金は、モスクワの 5 分の 1 から 6 分の 1 になるという。

　それから、ロシアの都市住民 city-dwellers にしても、ほとんどが地方にダーチャというものを持っていた。これは、別荘のように思われているが、ようするに小さな畑付のコテージである。だから、ここに行き、ジャガイモをつくったり、鶏を飼ったりしながら、食べることだけはなんとかなったというのだ。ロシアの全世帯の 4 分の 1 が、自家菜園の生産で自給自足 self-sufficiency していたというから、これは民族の知恵だろう。ロシア農業食料省の統計では、約 1 億人がジャガイモを自給し、約 5000 万人が肉を自給していたという。これは、日本とはまったく違う点である。

　さらに、ロシアでは共産主義時代に、国家事業 public works としての「5 カ年計画」などで生活インフラが整い、そのうえ公共料金が安かった。電気、ガス、水道というのは、ほとんどタダ同然だったから、公共料金のバカ高い日本とは状況が違っていたのだ。ということは、日本では国家破産となれば、公共料金も払えない人間が

続出するということだろう。

　この公共料金の安さとともに、ロシア社会がもともと安上がりで暮らせるようにできていたということも特筆できる。

　つまり、国営企業は潰れて民営化されても、その設備 facilities はワンセットで残った。こういうところには、生産設備以外に、病院があったり、保養施設や学校まであったから、給料が出なくともなんとか暮らせたのだ。このため、ロシアの失業率 jobless rate は、統計上は2％ととか3％とかいうバカげた数字しか出てこない。つまり給料は出なくとも、ある企業に所属していれば、病院などの付帯施設が利用できるので、統計をとるといろいろ非現実的な数字が出るのだ。

　しかし、隠れ失業者は山ほどいたわけで、彼らは、共産主義時代から副業 side business をしていて、表には出ない仕事を2つも3つもかけ持ちしている人も多かった。担ぎ屋になって、東ヨーロッパやトルコ、満州などへ買出しに出かけたり、インテリも語学力を生かして副業に励んでいたから、危機が来てもなんとか生き延びられたのである。こういったたくましさは、昭和20年代の日本人は持っていたが、いまの日本人は、この種の生活力をもはや失ってしまったのではないか。

　そしてさらに、ロシアでは共産主義時代を通しても、家族は崩壊していなかった。日本のように核家族化が進み、そのうえ少子化で、世代間扶養ができなくなってしまうようなバカなことは起こっていなかったのである。つまり、危機が来ても、家族間における相互扶助 helping one another が機能して、親戚・家族で助け合ったのである。たとえば、ロシアでは危機の間も年金が細々でも支給されて

はいたから、足りない分を子供が援助して、お年寄りを食べさせていた。

これは、統計上でも明らかで、月平均の年金支給額というのがあるが、1998年でいうと、その額は399ルーブルである。これに対して、1人当たりの月平均最低生計費が493.3ルーブル。ということは、約100ルーブル足りないだけなので、この分は「世代間扶養」＝「家族の助け合い」で補っていたのである。そうでなければ、ロシアではお年寄りの餓死者が続出していたことになる。

こうしてみると、ロシア人というのは、伝統的に「サバイバルに強い国民」ということが言えよう。しかし、戦後何十年にもわたって平和ボケした日本人に、はたしてロシア人の真似ができるであろうか？

Case 3 　　　　　　　　　　　　　　　　　　Korea's Money Crisis
ケース **3**
韓国の通貨危機

■デフォールトまでの経過

1997年の韓国の通貨危機は、その後の社会の大変化を見ると、おそらく日本でもこれから起きそうなことばかりである。

韓国の破綻をひと言で言えば、官民両方の経済が潰れたわけだが、主に民のほうの経済が激変したということだろう。いわゆる財閥中心の経済が完全に崩壊collapseし、その後、非常に極端な競争社会competitive societyが到来したということである。韓国では、危機以後数年間で、33あった主要銀行major banksが15に減り、結局

最後には3つになった。30あった主要財閥 chaebol は14に減ったのである。

1997年11月21日、当時の林昌烈(イムチャンヨル)副首相兼財務経済省長官は、「現在の難局を乗り切るためには、IMFに誘導調整資金の支援を要請するしかない」と表明して、全国民、企業、金融機関などに、国民の一致団結 national solidarity を呼びかけた。このときから、韓国もまた、IMFの管理下 under control に入ったのだ。

韓国がIMFの管理下に入る前、すでにタイとインドネシアもIMFに緊急支援を要請している。いわゆるアジア危機の流れが韓国にまで押し寄せたのだった。

1997年の12月3日、IMFのカムドシュー専務理事が韓国を訪れ、その場で緊急融資を決めた。IMFと世界銀行と日本が、それぞれ100億ドル。それ以外にアメリカが50億ドル、アジア開発銀行が40億ドルなど、総額550億ドルが韓国に緊急融資されることになった。

このとき、IMFが出した条件は、1998年の経済成長率は3%に保つこと、物価上昇率 inflation rate は5%以内に抑えること、財政は均衡または若干の黒字 surplus(サープラス)を維持することなど、他国に要求したこととほぼ同じだった。そして、民間経済 private sector に対しては、ほぼ強制的に一気の改革 reform(リフォーム)を迫った。すなわち、それまで26%までだった外国人の株式投資限度枠を1997年中に50%に、1998年には55%に引き上げさせた。要するに完全に外資に開放 open the door させた。そして、金融機関の閉鎖、合併、買収に関する制度を整備し、財閥の解体と金融機関の再編を促したのだ。

Part 3

Bankrupt Nations

　それまでの韓国経済と言えば、日本モデルに追随 follow up して、成長を前提とした「行け行け経済」だった。しかし、その実体はバブルで、企業も金融機関も不良債権 bad loans を抱えていたのである。だから、アジア危機の波が押し寄せると、韓国ウォンも株も債券も買い叩かれて、トリプル安になってしまったのだ。

　韓国の危機はすでに1997年の年明けから判明していた。それは、財閥企業の連鎖的倒産で幕を開けた。まず、1997年1月23日、財閥資産規模14位の韓宝鉄鋼が破綻した。韓宝鉄鋼はもともと金泳三政権に近い財閥で、この破綻によって金泳三政権も弱体化した。

　3月になると、財閥規模26位の三美グループの主力2社が破綻。4月には、財閥規模19位であの有名な焼酎の真露(ジンロ)のグループが破綻。16位の漢拏や34位の大農など、まるで財閥ドミノ倒しのような状況になった(161ページの表『韓国の財閥資産規模ランキングと

■韓国の財閥資産規模ランキングとその後の推移

順位	財閥	とその後
1	現代	解体
2	サムスン	
3	LG	
4	大宇	破綻、解体
5	鮮京	
6	双龍	破綻、解体
7	韓進	
8	起亜	'97年破綻、現代自動車が買収
9	ハンファ	
10	ロッテ	
11	錦湖	
12	斗山	
13	大林	
14	韓宝	'97年破綻
15	東亜建設	
16	漢拏	破綻
17	暁星	
18	東国製鋼	
19	真露	'97年破綻
20	コーロン	
21	東洋	
22	ハンソル	
23	東部	
24	高合	
25	ヘテ	'97年破綻
26	三美	'97年破綻
27	韓一	
28	極東建設	
29	ニューコア	'97年破綻
30	碧山	

※玉置直司著『韓国はなぜ改革できたのか』P158より
出所:韓国公正取引委員会

その後の推移』参照)。

　そして7月に財閥8位の起亜自動車の経営危機が表面化して、主要取引銀行の第一銀行も危機に陥り、本格的な金融危機 financial crisis に発展してしまったのである。この起亜自動車の処理問題は二転三転して、最終的には現代自動車に買われたが、国営化から外資への売却までがオプションとして並んだ点、日本のUFJ問題やダイエー問題となんら変わらない。もちろん、IMFは政府介入に反対した。

　こうした危機の進行を受けて、韓国ウォンの為替レートは11月1日には1ドル1000ウォンを超えた。それまでウォンはずっと安定していて、800〜900ウォンが相場だった。しかし、1997年12月24日のクリスマスイブには1965ウォンまで下落してしまったのだった。この年、韓国は大統領選挙の年で、政権は金泳三から金大中に代わったが、彼はIMFの言うことを100%聞くしかなくなり、その政策を実行することに専念し、それまでバラバラだった金融を監督する省庁を1つにまとめた。つまり、金融監督院、証券監督院など4つの行政機関を、金融監督院として統合し、監督権を行使する金融監督委員会を新設して、大統領傘下の独立組織としたのだ。いまの日本と酷似しているのがおわかりいただけると思う。

■ 激変した韓国社会

　国家が財政破綻すると起こることは、どこの国でもそう変わらない。失業者が増え、物価が上がる。韓国では、1998年には失業者が150万人を突破し、ウォン安のため輸入品価格は急騰した。ガソリン35%、砂糖43%、食料品27%、灯油77%。生活必需品がこれ

だけ値上がりすれば、当然、社会不安が起こり、強盗 robbery、空き巣 sneak thief、詐欺 fraud などの犯罪も急増した。

しかし、韓国社会の立ち直りは予想以上に早かった。それは、おそらく1回全部潰れてしまったので、ゼロベースから再建が進んだからだろう。日本のように先送り、先送りで事態をよけいに悪化させるヒマもなかったのである。いわゆるハードランディングである。日本はこれまでずっとこれを避けてきたから、クラッシュするときは韓国以上の痛みを伴う可能性がある。

では、ここから韓国に起きて日本にも起きるであろうことを順番に挙げてみたい。

まず1番目には、前記したように失業者の増大である。

2番目が物価高。いわゆる景気が悪いのにインフレ経済となり、輸入品が値上がりして、生活苦に陥る人間が激増する。

3番目は、完全な競争社会の到来である。つまり、勝ち組と負け組の2極化である。韓国の場合、5%ルールというのが一般化した。これは、トップ5%の社員は優遇 warm treatment するが、下位5%の社員はもう即刻退職勧告だということだ。現在の韓国企業は、ほぼ完全な「成果主義」performance-based pay である。現在、日本企業でも約7割が成果主義を導入しているが、それは必ずしもうまくいっておらず、弊害のほうが多いという。しかし、韓国の場合は、社員は確実に順位付けされ、下位5%に落ちれば、即3カ月か6カ月の転職準備期間を経て強制退社させられる。

4番目は、定年の早期化。大企業だと、定年 retirement age は、なんと38歳だというから驚く。つまり、以前は日本を見習って財閥系企業はほぼ終身雇用 life-time employment だったが、それが

Part **3**

破産国家の例

完全になくなったのである。ということは、日本以上の受験地獄を勝ち抜いても、人生は一生安心であるという保証 guarantee が得られなくなったということでもある。つまり、40代になる前に企業内での先が見えてしまうのである。40歳で取締役になれなければ退社せざるをえないので、事実上の定年が38歳ということになったのだ。そこで、会社を辞めて独立起業 set up new business する人間も増えた。じつはこれが、5番目の変化で、ベンチャーが多くなったということだ。これは経済学的に言うと、労働市場の流動化である。韓国社会は、こうして人々の移動「モビリティ」mobility の激しい社会に変わったのだ。

6番目は、若者の大変化である。韓国では大卒でちゃんと就職できる人は5人に1人ということになってしまい、若者の生き方が大きく変わった。就職がダメなら、大学院進学、弁護士などの資格の取得、あるいは海外留学しかないということになり、空前の英語ブームと留学ブームが起こった。実際、韓国の海外留学者数は激増していて、短期留学、研究まで含めた総留学者数は、1999年には約20万人、2002年には約34万人となり、3年間で14万人も増えている。

7番目は、6番目に象徴されるように、人材流出である。これは、優秀な人間ほど先に国を捨てていくということではなく、本当に外国への移民 emigrant が増えたということだ。2001年の韓国からの移民者数は、1万3953人。2000年代に入ってからほぼ同水準で推移しているので、韓国では毎年1万4000人近くの人間が、外国に移民しているのだ。日本やアメリカはもとより、意外なところでは、中南米にも相当数が行っている。

そして最後は、このような社会の大変化が、韓国の伝統社会 traditional society を変えてしまったということである。企業社会にこれまであった労使協調はなくなり、ストも多発することになった。

これをさらに言えば、伝統的な儒教 Confucism の教えに縛られた社会が、完全な個人主義 individualism の社会に変わったということだろう。ただ、この変化に旧世代、お年寄りはついていけないでいる。

Case 4 Breakdown of Mexican Economy
ケース **4**
メキシコ経済の破綻

■アメリカの植民地

私事に及んで恐縮だが、筆者の妻はメキシコ人 Mexican である。したがって、筆者がもっとも身近に知っている国家破産の例は、メキシコのケースである。前著『新円切替』でも書いたが、メキシコの国家破産というのは、自国通貨のペソの大幅な下落と、完全なアメリカの属国化を引き起こした。メキシコがデフォールトしたのは、もう20年以上前のことだが、当時のペソは現在のペソと比較すると、500倍の価値があった。つまり、メキシコではこの二十数年でペソはドルに対して500分の1になったのである。

読者は、円がドルに対して500分の1になるなどということが想像できるだろうか？ これを簡単に言えば、円を持っているといつも不安で仕方がないということである。つまり、メキシコ人はペソを信用していない。だから、ちょっとした資産はすぐにドルに替えてしまう。最近インフレはだいぶん落ち着いている。しかし過去

Part **3**

破産国家の例

の経験から、長期のものはなるべくドル資産で持つという暮らし方をしている。

　筆者はメキシコを訪れる際、航空券の購入 purchase やホテルの予約 reservation をメキシコシティ Mexico City 在住の日系人がやっている旅行代理店に依頼する。そこでは、料金の受け渡しは、少額の場合には空港でキャッシュで支払ってほしいと言われる。もちろんドルである。そして、少々額が多くなると、ロサンゼルスにある銀行口座に振り込むよう言われる。これももちろんドルだ。だから、ペソを使うのは、メキシコ国内で日常品 daily goods を買うときだけである。

　このように、とにかくメキシコの場合、日常生活でペソ通貨は流通しているものの、産業はほぼすべてドル建てでやっている。北米自由貿易圏 NAFTA が成立して、メキシコはいまやアメリカ経済に完全に組み込まれている。メキシコを愛する筆者としては言いにくいのだが、客観的に見れば、メキシコはアメリカの完全な経済植民地 economic colony である。メキシコはほとんどアメリカの一部 a part of U.S. なのだ。

　アメリカから見てメキシコの最大の役割は、なんといっても、低賃金労働者 cheap laborers と天然資源 natural resouces の供給である。じつは、メキシコは非常に豊かな国で、食料もアメリカより安いし、膨大な量の石油も出る。だから、メキシコをアメリカは自分の裏庭として確保したと言うことができるだろう。

　しかし、日本にはなにがあるだろうか？　いまでも日本の平均労働賃金はアメリカよりも高い。しかも、日本には資源などない。肝心の製造業はどんどん海外に逃げている。つまり、日本が国家破産

して、国内産業がダメになってしまえば、日本はメキシコより惨めな植民地となる可能性もあるのだ。

■日本と同じ一党支配

メキシコというのは、長いこと「もっとも発展した低開発国」と言われてきた。英語で言えば、「Most Developed LDC」。LDCというのは、「Less Developed Country＝低開発国」ということである。つまり、メキシコは低開発国のなかでいちばん進んだ国と思っていただければいい。しかも、1982年のメキシコの破綻というのは、第2次大戦後にあって、規模の大きな国がデフォールトした最初の例なのである。では、なぜメキシコは破綻してしまったのか？

その最大の原因は、擬似社会主義 quasi-socialism だったからである。メキシコというのは経済構造的には日本とは違っても、政治構造的に考えたら驚くほど日本に似ていたのだ。メキシコには71年間も与党をやっていた制度的革命党 Institutional Revolutionary Party という政党がある。英語を直訳すると「制度的革命党」となるが、スペイン語の頭文字ではPRI（Partido Revolucionario Institucional）という。筆者としては「立憲革命党」と訳すのがいいと思うが、この政党が日本の自民党のように、長いこと一党支配 one-party rule を続けてきたのである。

現在のメキシコ大統領のビセンテ・フォックスは、PAN（Partido Accion Nacional＝国民行動党）という政党に属し、PRIは野党となったが、このPRIの政策と腐敗が、メキシコを国家破産させたと言えるのだ。現在の与党のPANは、アメリカの共和党 Republican Party に近い保守派の党で、つまり自由主義、市場経済主義である。

しかし、PRIは日本の自民党のように、保護主義的でかつ富 wealth の社会的再配分を目指す、疑似社会主義政党 pseudo-socialist party とも言うべき政党だった。

こう言うと読者は驚くかもしれないが、日本の自民党というのは、アメリカの共和党の基準で考えれば、完全な左 left-wing の政党である。

■自民党的社会主義政策

たしかに自民党は市場経済を支持しているし、金持ちと貧乏人を完全に平等化しろと主張しているわけでもない。しかし、先進国と低開発国とを問わず、日本ぐらい富の配分が社会的に平準化した国はない。外国人から"社会主義国より社会主義的"と評されたのはもっともだった。バブル崩壊前の時点では、国民の9割が自らを中産階級であると自己認識していたのだから、日本の富の平準化は、自他ともに認める現実であったわけだ。

自民党は大企業から中小零細企業、農民、商工業者、労働組合にいたるまで、ネットワークを拡げ、彼らの要求を吸い上げ、経済政策に反映させてきた。ヨーロッパなら本来、社会民主党 social democratic parties がやるべき役割をも、自民党は自らのうちに取り入れていたのである。そうすることによって、社会党が伸張するのを先制攻撃 pre-emptive attack 的に防いできたとも言える。

自民党はもちろん、冷戦下では、アメリカ＝資本主義陣営を支持していた。しかし、イデオロギーはさておいて、実行している経済政策は当初から著しく修正資本主義的であった。「どんなお金持ちも三代相続したらなにもなくなる」とまで言われる過重な相続税な

ど、他の資本主義国ではありえないことであった。自民党統治下の日本は、所得税50%で福祉政策の充実しているスウェーデンなどの北欧福祉国家とはまったく異なる意味合いで、著しく"社会主義的"であった。

全盛時の自民党は"天下党"と呼ばれ、ハト派もタカ派も市場経済の信奉者も社会民主主義の信奉者も、まことに無原則 non principle に抱え込んでいた。

そもそも日本の右派 right wing の思想のなかには、戦前から国家社会主義 national socialism 的な要素 element が、存在してきた。戦後はこれが官僚に受け継がれ、占領軍で来日したアメリカのニューディール派 New Dealers などとは大いにウマが合ったのである。自民党は、「反共主義」という点では"右"だが、「経済の公的部門の拡大を通じた社会的富の再配分を目指す」という点では、著しく"左"的傾向を持った官僚主導的疑似社会主義政党であった。

自民党に唯一疎外されてきたのは、都会のサラリーマン＝ホワイトカラー層であったに違いない。しかし彼らは高度成長の受益者でもあったから、高い税金や住宅価格の高騰に不満を持ちつつも、自民党政治に反旗を翻すまでにはいたらなかった。この自民党でも、もっとも"社会主義的"な政治家が田中角栄その人であった。

角栄は首相に就任するや、道路財源特定化法案、官公需法、生産者米価の政治加算、百貨店法の大店法への改編など、社会主義的「弱者保護政策」を次々と実現させた。これらは、完全な社会主義政策 socialistic policy であり、ひとことで言えば「経済の中の公的部門を拡大して社会的平等を図る」という政策である。

Part **3**

破産国家の例

『日本列島改造論』のスローガン「国土の均衡ある発展」というのは、ソ連の計画経済 planned economy と同質のものだ。つまり、彼は日本をそれまでの修正資本主義経済から社会主義主導経済に変えてしまったとも言える。それゆえ日本の高度成長 rapid growth はストップしてしまい、現在の衰退の原因をつくったのである。

この見方は、筆者特有のものではなく、HSBC 証券のシニアアナリストの増田悦左氏が、『高度成長経済は復活できる』(文春新書 2004) のなかで鮮やかに論証している。増田氏は田中角栄を「体制内革命を成就した革命家」とまで言い切っている。この角栄がやったことが、バラマキ money scattering 福祉と金権政治 money politics だった。このときから日本は国家破産するように運命づけられたと言っても過言ではない。角栄の疑似社会主義経済政策は竹下登に完璧に受け継がれた。

メキシコの PRI(プリ) がやったことも、本質的に角栄と同じである。その政策は家父長政治と言われた。「家父長支配」、英語で言うパトリアーキー (Patriarchy)。これは社会の有力者や政府が社会の弱者を保護しつつ統治するシステムで、伝統的エリートの支配と共存する疑似社会主義である。20 世紀初めのメキシコ革命は、こうした精神 spirits のもとに成立した。つまり、メキシコのように貧富の差の大きな国では、貧農 peasants や労働者 laborers は保護しなければならない。だから、大土地所有者から土地を取り上げ、それを払い下げて、貧農に配った。また、労働組合を認めて、労働者の権利をある程度保護し、最低賃金 minimum pay を保障した。

メキシコではトルティーアといって、トウモロコシを挽き割りにしたパンが主食だが、これに公定価格を設定し、どんな貧困層も最

低限、食べてゆけるようにした。要するに、自民党的「親方日の丸」主義で、弱者保護をやって国民から独立心 independence を奪い、政府に依存させる一方で、エリートたちは利権を山分けしたのである。

さらに、PRIの党首が大統領になって6年間大統領をやると、その大統領が次の大統領を指名するという"禅譲システム"まで、自民党とよく似ていたのだ。

このPRIは反米主義者の集まりでもあった。自民党が全体として親米であるにもかかわらず、「田中派→竹下派→橋本派」が親中反米的要素を持っているのとよく似ている。

■アンチ・アメリカニスモと石油

メキシコは石油産出国 oil-producing country である。ほかの地下資源にも恵まれている。それで、メキシコ憲法ができたとき、「地下資源はすべて国有財産なり」と憲法条文に明記された。これは、かつての敵国アメリカを意識して、石油などをアメリカにとられないための措置でもあった。

もし、メキシコが戦争で負けず、アメリカにテキサス Texas とカリフォルニア California を奪われなかったら、現在のアメリカ帝国 American Empire は存在しなかったのだから、メキシコの反米は筋金入りだ。ラテンアメリカ諸国は経済の現実は対米依存だが、いやだからこそ「北の巨人」に反発する気分が強く、反米主義も広く行き渡っている。それをスペイン語で「アンチ・アメリカニスモ」Anti-Americanismo と言う。

国家破綻するまで、歴代のPRI大統領はみな反米で、とくルイ

Part 3 破産国家の例

ス・エチェベリアという大統領は、完全な反米主義者だった。彼は1970年から1976年まで大統領をやったが、その間の1973年から1974年に第1次石油ショックが起こったため、メキシコの石油収入が急増した。それで、彼は国内的には、社会保障政策を充実させ、対外的には強烈な反米自主外交を展開した。エチェベリアはその「ばらまき福祉」で、大衆には人気があった。

たとえばエチェベリアは、1975年にアラブ側に加担して、シオニズムZionismを非難する国連決議の支持にまわった。また、キューバのカストロ政権と親しい関係をつくり、キューバを公式訪問した。さらに、チリの社会主義アジェンダ政権を支援。アメリカが中国と外交を樹立する前に、台湾と外交関係diplomatic relationsを断絶し、中華人民共和国People's Republic of Chinaと外交関係を結ぶなど、アメリカを怒らすことばかりやったのだ。エチェベリアの反米左翼外交は、どこか田中角栄と似ている。

しかし、こうした反米独立路線も石油収入の変動によって、ガラリと変わってしまうから、経済というのは恐ろしい。ルイス・エチェベリアの次、1976年から1982年まで大統領をやったロペス・ポルティーヨの時代に、メキシコはデフォールトした。

1979年の第2次石油ショックまでは、メキシコの石油収入は増え続けた。それで、歳出を拡大し、なんと公務員数を2倍にするなどという大胆なことをやった。さらに、石油埋蔵量の調査で、それまでの63億バレルから、一挙に720億バレルにまで埋蔵量が膨れ上がると、新油田を開発しようと、外資foreign capitalの導入に踏み切った。

だが、1981年から石油価格は急落し、1バレル35ドルから20

ドルになると、石油頼みのメキシコの財政は一気に悪化した。翌1982年も石油価格は下落し、メキシコは対外債務を返済repayできないところまで追い込まれた。それで、1982年の1月には1ドル22ペソだった通貨を同年2月に57ペソに切り下げた。しかし、8月には150ペソになり、ついにデフォールトしたのである。

　筆者が初めてメキシコを訪れたのは、1981年12月だったから、その後のペソ切り下げで、メキシコ国民の暮らしが日ごとに貧しくなっていくのを実感として受け止めることができた。

　メキシコの国家崩壊は、こうして見ると、韓国とはまったく違って、民ではなく官の崩壊である。どちらかと言うと、ソ連型に近く、石油産業という国家産業を同じく国家産業である公共工事に置き換えれば、日本に近いかもしれない。やがて来る日本の国家破産は、土建国家の崩壊とも言えるからだ。

　メキシコにはおもしろい言い方があって、PRI（プリ）の職業政治家のことを「ディノサウリオ」という。これは、英語のダイナソー、つまり、恐竜のことである。地球環境の変化に適応できずに絶滅extinctした生物に彼らをなぞらえているのだ。これは守旧派全体を指す用語でもあり、彼らはデフォールトの戦犯だから、その後国民の支持を失い、やがてPAN（パン）に政権を奪われることになった。しかし、現在の日本には、まだディノサウリオがうようよしている。

■ NAFTAとアメリカナイゼーション

　1982年のデフォールト後、PRIから3人大統領が出たが、いずれもそれ以前とはまったく異なる経済テクノクラート・タイプの政治家だった。ミゲル・デラマドリ（1982〜1988年）、カルロス・サ

Part **3**

破産国家の例

リーナス(1988〜1994年)、エルネスト・セディージョ (1994〜2000年) の3人である。

　デラマドリとサリーナスはハーバード・ビジネススクール留学組。セディージョはエール大学の出身。つまり、みなアメリカでエリート教育を受けた人物であるから、メキシコは劇的に変わってしまった。反米から親米への180度の転換 turnabout だ。

　これまでの家父長的な風潮は消滅し、弱者である貧農や中小企業者、労働者を守るという保護主義的な政策は放棄 abandon され、市場経済主義が原則になった。そして、2000年の大統領選挙で当選したビセンテ・フォックスは、71年振りのPRI以外からの大統領となった。彼はアイルランド移民の出で、出身は貧しい。コカ・コーラに勤め、末端のコカ・コーラの配達員から出世 clime up the ladder し、ついにメキシコ・コカ・コーラ社の社長 president になった人物である。つまり、メキシコはこれで、完全にコカ・コーラ・アイゼーション(コカ・コーラ化=アメリカナイゼーションと同義)されたのである。

　必ずしも国家破産後の日本が完全にアメリカナイゼーションされるとは言い切れないが、いまは間違いなくその道を歩んでいる。そこで筆者が思い浮かべるのが、メキシコでよく知られたポリティカル・ジョークである。

「メキシコというのは、哀れな国である。それは天国からあまりに遠くて、アメリカにあまりに近いからだ」

　メキシコのアメリカ化の完成を語るには、NAFTA(ナフタ)のことは欠かせない。

　北米自由貿易協定(North American Free Trade Agreement =

NAFTA）は、アメリカ・カナダ・メキシコを1つの市場に統合する歴史的な協定だ。メキシコはこの協定に1992年に署名して、1994年1月から、この世界最大の自由貿易圏に組み込まれた。その結果、ほとんどの企業 firms はアメリカ企業 American firms の資本の傘下に入り、銀行も1行を除きすべて外資に買収された。現在、メキシコには民族資本の銀行は、バンノルテ BANORTE という銀行1行しかない。これは、その名（北＝ノルテ）のとおり「北部銀行」で、北部の工業都市モンテレーを中心に、セディージョ前大統領時代に、新しく設立された銀行である。

そして、最大の産業である国営の石油会社はどうなったかというと、これもアメリカ資本に組み込まれる寸前まで来ている。いわゆるメキシコ石油公社、通称ペメックス PEMEX は、かつては既得利権 vested interest の巣窟で、労働組合 trade union の力もきわめて強かったが、一刀両断、ばっさりと切り崩されて、合理化 rationalize された。また、昔は反米主義からイギリスとオランダのロイヤルダッチシェルが人材とノウハウを提供していたが、この人脈 human network とノウハウも一掃されてしまった。もちろん、まだメキシコ最大の国営独占企業だから、部分自由化の段階で踏みとどまっている。そのおかげで、産油国であるにもかかわらずガソリン代がけっこう高いが、アメリカ資本は PEMEX の株の買収を狙っている。

すでにテキサコが経営に参加しているので、そうなるのは時間の問題だろう。PEMEX の買収こそアメリカにとって NAFTA のもたらす最大の宝の山である。なぜなら、それはメキシコの有する全原油を手中に収めることを意味するからだ。

Part 3

破産国家の例

■メキシコはよくなったのか？

　筆者はメキシコの破産以後を日本と比較していろいろと考えているが、これが、なかなか結論が出ない。国家破産から20年あまり、たしかにメキシコは変わった。人々の暮らしは一時期落ち込んだが、アメリカ化が進むにつれて一般的にはじょじょによくなっている。かつては貧富の差が極端な国だったが、都市部にはたしかに中産階級の人々が増えてきている。これが万年与党のPRIからPANへの政権交代の原動力になっている。

　たとえば、首都のメキシコシティは、1968年にオリンピックを開催した当時は、まだ貧民窟がいっぱいあった。スラム街と言えば、向こうではダンボールハウスで、それがズラッと並んでいた。しかし、最近ではそれが減り、造りはまだ貧弱だが、日本で言えば2DKのような小さな家が並ぶようになった。これは、山ほどダンボールハウスがあるキューバよりは断然マシだ。メキシコはもともと生活物資、とくに食料は安く、食べるには困らなかった。それが、最近は庶民でも月に外食の1、2回はできるようになった。生活物資の安さに比べて工業製品はまだ高いが、最近は小型車ぐらいなら、庶民でも買えるようになった（トヨタ、ダットサン、ホンダも工場を持っている）。

　現在、メキシコでは大学卒の初任給が月に800〜900ドルぐらいである。たとえば筆者の息子は、今年、大学を卒業してメキシコの日系2004年の7月から働き始めたが、月給は約900ドルであった。これは初任給としてはよいほうで、月に1000ドルあれば、メキシコでは安いアパートを借りて、結婚して子供が2人できてもなんと

か生活していける。ローンを組めば、いちばん安い車だったら買えるのだ。

そしてもう1つ、メキシコがアメリカに組み込まれてよかったと思えるのは、アメリカに出稼ぎに行っている人たちの身分保障がキチンとされるようになったことだろう。アメリカとの間で交渉 negotiation が可能になったのだ。筆者の妻は14人兄弟で、そのうち半分がアメリカで暮らしている。しかし、昔はほとんどイリーガル・ステイ illegal stay（不法滞在）で、見つかればただちに強制送還 forced repatriation された。それが最近のアメリカ政府のアムネスティー（寛容政策）で、グリーンカード permanent residence（滞在許可証）が取れるようになった。結婚してアメリカ国籍をとった者もおり、彼ら（筆者の義理の兄弟姉妹）はいまや皆、合法的にアメリカで働き生活している。

こうしてみると、文化的なアイデンティティの問題を除けば、アメリカ化はいいことばかりのように思える。しかし、このまま突き進めば、メキシコはやがてメキシコではなくなってしまう恐れもある。これは、同じ NAFTA に参加しているカナダにも言えることで、カナダとアメリカの違いをズバリ言える人など、そうはいないだろう。しかし、これはアメリカ側にも言える心配なのだ。つまり、1億人以上のスペイン語を話すカトリック教徒をアメリカが抱え込むということは、アメリカ自身も必然的に変質することを意味する。

日本はメキシコと FTA を結ぶことで合意した。ということは、いずれわれわれも、NAFTA に組み込まれるということである。国家破産となれば、どっとアメリカ資本が入るから、メキシコ以上にアメリカ化が進むかもしれない。しかし、それが最終的にわれわれ

になにをもたらすかは、残念ながら、筆者には明確な結論が出せない。

ともかく、日本人が日本文明のアイデンティティを持ち続けてゆくことが大事だ。アメリカ文明も行き詰まりを見せている。日本の文明のあり方が、案外アメリカを救うことだってありうるのだ。

ロシア復活の鍵は石油利権の国民への返還にあった

さて、この Part 3 の結論 conclusion（コンクルージョン）として、再度述べておきたいことがある。それはまず、国家破産が"どういう国で"起きたかということである。アルゼンチン、ソ連、韓国、メキシコなどに共通していたことは、なんであろうか？

答は簡単である。それは、これらの国の政権が腐敗 corrupt（コラプト）していたということだ。支配層 ruling class が自分たちの利権を守るためにだけ政治を行い、国民の真の利益を顧みなかったことである。

つまり、こういう構造がなければ、国内改革はもっと早く行われ、少なくとも国家破産というような最悪の事態だけは招かなかっただろう。

これは、現在の日本にとって、もっとも大きな教訓（レッスン）ではないだろうか。日本では中産階級の一定部分までが、この腐敗構造の受益者 beneficiary（ベネフィツシヤリー）であるため、改革はより困難である。あなたは、いまこの国で本当の改革（リフオーム）が行われていると思っているだろうか？　日本ははたして先進国であろうか？　このクエスチョンに対する答を、筆者としてはもう一度書く気にならない。

そこで、この Part の終わりとして、現在のロシアと韓国の状況

を再度書き、そのうえでタイの例にも言及したい。

　ロシアは1998年にデフォルトしたときは、経済の早期回復は絶望的とさえ思われていた。しかし、1999年のGDP成長率は前年のマイナス5.3％から、いきなり6.4％に転じ、それ以降は5年連続で平均6.7%のプラス成長を達成している。ロシアの国家予算の規模は日本の8分の1にすぎないが、2002年度、2003年度と黒字surplusが計上されるまでになり、2004年度も黒字を達成 go into the blackするばかりか、歳入・歳出とも前年比13%以上増加した。

　このため、プーチン大統領は2004年8月に、ロシアの公務員の給料を引き上げ、最低でも50％、最高では200％もアップさせた。国家破綻以後のロシアでは公務員給料は下がりに下がったが、ここで初めて上昇に転じたのである。

　では、なぜ、ロシアはここまで回復したのか？　その理由は、一にも二にも石油である。瀕死のロシアを救ったのは石油価格の上昇と石油生産の伸びで、いまではサウジアラビアに匹敵する埋蔵量reserveを誇るロシアの石油は、ロシアの輸出総額の約60％を占め、かつて1500億ドルもあった対外債務を1100億ドルまで減らし、外貨準備高も2004年4月1日現在で846億ドルまで積み上げたのだ。

　しかし、これを単なる幸運ととらえてはいけない。読者は、ロシア最大の石油会社ユーコスの社長ミハイル・ハダルコフスキーが、脱税 tax evasionなどの容疑で逮捕された事件をご存知だと思う。彼はこれまでエリツィン前大統領と組んで石油利権 oil concessionを山分けし、国民に還元 redistributeしてこなかった。ロシアが金融危機をずっと続けたのは、このように、国家破産後に勃興した新興財閥 new richが支配層と組んで国家財産を独り占めしてきたこ

とにあった。こういった寡占支配層をオリガルヒアと言う。

これにメスを入れたのが、プーチンであり、ユーコス事件だった。プーチンはハダルコフスキーから追徴課税として3200億円を取り上げ、それを公務員に配ったと言ってもいいのである。

ロシア経済はいまでもヤミ経済 underground economy の規模のほうが、実体経済を上まわっているのではないかと言われている。前記したように、相次ぐ政変と金融危機でロシア人がすっかり国家を信用しなくなったからである。国家を信用しなければ、国民は税金を払わない。その結果、ロシア人は「表の本業」の収入より「裏の副業」の収入のほうが多い暮らしを続けてきた。

しかし、大統領がプーチンになってからは、税金を払うようになってきたのである。それは、腐敗がじょじょになくなり、政治が信頼されるようになったからである。プーチンは偉大な愛国者 patriot であり、改革者である。メディアを通じて伝えられるプーチン像は、圧倒的に「独裁的で冷酷な男」というものが多い。しかし、彼はロシアの最近のリーダーでは、もっともロシアとロシア人を愛していると言える。

一気に若返った韓国が教えてくれること

韓国は前述したように1997年のアジア通貨危機で、深刻な不況 severe recession に陥った。財政は破綻し、IMFの緊急融資を受けた。しかし、その後V字回復をとげたのだから、国家破産という劇薬は韓国の国民に未来をもたらしたと言ってもいい。

われわれ日本人も国家破産に怯えて萎縮するばかりが能ではな

い。ただ、この韓国の復活もまた、腐敗した旧体制が一新されたから可能になったことを忘れてはならない。

韓国経済はV字回復をとげたとはいえ、2002年のサッカーのワールドカップ開催をピークに、再度停滞し始めた。2002年は7.0%の高成長を実現したが、その後は減速 slow down 続きである。これは、金大中前政権が、個人消費の拡大を狙ってクレジットカード利用者優遇税制を導入した反動だ。現在、韓国では約440万人の破産者がいると言われ、深刻な社会問題になっている。また、若者の失業率も深刻で、大学卒業者の5人に1人しか就職できない。

しかし、その一方で、サムスン(三星)やヒュンダイ(現代)などの大企業は絶好調で、20社ほどに絞られた国際競争力のある企業が韓国経済を支えている。たとえば、三菱同様ダイムラークライスラーに縁切りされたヒュンダイは、2004年の1～3月期決算で純利益 net profit が前年同期比10%増の4630億ウォン(約463億円)となり、2010年までに世界のトップ5に入ると意気軒昂である。また、サムスンは、日本のIT産業が束になってもかなわない利益をあげている。つまり、韓国経済は、内需 domestic demand の不振を輸出でカバーしているわけで、日本と同じである。しかし、韓国の企業社会が日本とは違うのは、アジア通貨危機以後、改革が進み、一気に若返ったことだ。

韓国社会の若返りを象徴するのが、「早老早退」だろう。「早老早退」というのは、サラリーマンの定年が早まり、早く老人になってしまうということ。「38歳が事実上の定年」という話はすでに述べた。アジア通貨危機以前の韓国では、前記したように財閥と旧支配層の癒着がひどく、国民の富の配分が偏った社会だった。しかし、

危機以後は政治家も企業人も若返り、激しいリストラが行われ、それでスリムになった結果、資金を成長分野にどんどん投資investできたのである。これは日本が絶対にやらないハードランディング方式で、そのため55歳定年制も崩壊collapseしたのである。

いまの韓国企業には、取締役を除けば50代以上の社員の姿はほとんど見られない。40代取締役、50代社長が常識化している。

韓国のリストラは、アメリカ流の経営方法American way of managementの大幅な導入に基づいていた。だから、最近の韓国社会は、まるでアメリカ社会のようでもある。社員には、英語能力English-speaking skillと海外経験experience abroad、専門性specialtyなどが要求され、これについていけない中年以上のサラリーマンは退社leaving the workplaceに追い込まれる。

しかし、これはある意味で当然であり、腐敗と規制が少なくなったから、国民は初めて自分の能力で生きていける機会opportunityを得たとも言えるのだ。

ASEANトップにまでなったタイの復興

ケーススタディーではふれなかったが、現在、ASEAN諸国のなかでトップの経済成長をとげているタイThaiには学ぶところが大きい。タイもまた、アジア通貨危機以後、旧体制のしがらみを断ち切って復興をとげたからだ。

この立役者が、タクシン首相である。このタクシンがいま経済運営の中心に据えているのが「デュアルトラック」dual track（2重車線）と呼ばれる経済政策だ。通貨危機以前のタイは外資系企業の誘

致と外資の投資によって、経済を運営してきた。簡単に言うと先進国経済のオフショア化 off-shoring で発展をとげてきた。

しかし、自国通貨バーツ baht をドルに連動させていたため、ヘッジファンドにバーツの浴びせ売りを仕掛けられ、その防衛 defense のために外貨を使い果たして破綻 crash down したのである。このとき、タイは IMF から巨額の借り入れを行った。そして、例によって IMF が示した再建計画 rehabilitation plan に従うことになった。しかし、その後タクシンは、IMF の緊縮策に従わず、内需拡大のための政策を次々に打ち出し、タイ経済を復活させたのだ。

つまり、「外資・外需」頼みを反省し、それを1本のトラックとしながら、もう1本のトラックとして内需を掘り起こしたのである。具体的には、農民層に無担保 without security で個人融資を行う制度をつくったり、利子の軽減策をとったりして、思い切った個人消費重視の改革を行った。これが功を奏して、いまのタイ社会は活気に満ちている。首都バンコク Bangkok のサイアムスクエアは若者でごったがえし、東南アジアの流行の拠点となり、「バンコクの原宿」と日本では紹介されるようになった。

じつは、タイにもっとも投資している外国は、わが日本である。タイへの年間投資認可件数を見ると、アメリカ企業が40件なのに対して、日本企業はなんと断トツの260件である。

2004年8月、トヨタは世界戦略車「IMV」開発の拠点の1つとしてタイを選び、その発表会をバンコクで行った。トヨタは、タイに欧米に次ぐ海外で3番目の研究開発拠点をつくり、年間生産台数28万台の工場を立ち上げると、この席で発表し、タイの経済人の喝采を浴びた。

Part **3**

破産国家の例

　タイの自動車市場というのは、その中心はピックアップトラックなどの商用車で、このトップシェアを誇るのは、いすゞ自動車である。日本国内でつまずいた三菱自動車やホンダもタイを最重要拠点の1つにしている。だから、タクシン首相は「わが国はアジアのデトロイトになる」と、自信満々だ。

　タクシンは元警察官僚だから、一部に「独裁者」dictator としての批判がある。しかし、彼はアメリカ留学で新しいビジネスを学び、タイで最大の情報企業を築き上げたビジネスリーダーである。この点ではサムスンを築いた陳大済（チンデシュ）とよく似ている。つまり、国際感覚とビジネスマインドの両方を兼ね備えたリーダーであり、また、愛国者でもある。

　また、タクシンは自ら「国家は会社と同じ。首相は CEO」と公言していて、なんと、「CEO 知事制度」という画期的な制度を 2003 年から導入した。これは、各県の知事に目標達成 goal-oriented の成果主義をやらせるというもので、この結果、知事たちはきちんとした経済計画を毎年政府に提出する義務 duty を負った。

　現在の日本の構造改革が、いかにいい加減なものか、このタイの改革ぶりを見ると、よくわかる。そして、小泉首相がどの程度の改革者であるかもわかってくる。タイは IMF からの融資を1年前倒しで、2003 年 7 月に完済した。このとき、タクシンはこう演説した。「今日はまさにわれわれにとってのインデペンデンス・デイ（独立記念日）です」

　国家破産は悲劇である。しかし、その後の破産処理で、国民が幸せになれるかどうかは、旧支配層の腐敗をシャットアウトして、本当の改革者 reformer（リフォーマー）が現れるどうかにかかっている。国民が団結

して「真の改革＝維新」のために汗を流せれば、国家破産という「災い」を転じて「福」となすことは可能だ。

ロシアやタイの例 example はこれをなによりも雄弁に物語っている。国家破産は "blessing in disguise"（形を変えた神からの祝福＝不運に見える者が結局は幸運になる）なのかもしれない。

Part 4

Reoccupied Japan

日本再占領

Part **4**

日本再占領

いまはアメリカによる第2次占領時代

「小泉・竹中コンビは国をアメリカに売り渡そうとしている」「構造改革というのはアメリカの言いなりになるということだ」「日本は誰も望まないアメリカ型の社会になろうとしている」など、現在、日本の保守勢力 conservatives も左翼勢力 left-wing も同じことを言っている。つまり、「反米」「嫌米」が、経済が傾いて以後のこの国の知識人のトレンド the trend of intellectuals となっている。

しかし、筆者に言わせれば、いまさらそんなことを言ってももう手遅れ too late である。それは、国家破産 bankruptcy of nation を目前に控えて、小泉政権が"日本国民のために"アメリカ追随 follow up に走っているわけではないからだ。それは、おそらくはポーズにすぎず、自分たちの延命のためにだけそうしているのである。

Part 3 でも見たように、腐敗した国家でアメリカの言いなりになった国は、これまでほとんどが国家破産(デフォールト)してきた。つまり、われわれの日本国も、いまのシステムと腐敗を放置したままでは、国家破産は避けられない。そして国家破産以後は、アメリカの完全なる経済植民地 economic colony になってしまうのだ。つまり、アメリカによる日本再占領 reoccupation である。

これは、Part 2 で書いたシナリオ scenario のうち、もっとも確実な未来と言える。しかも、このシナリオはすでに、アメリカ自身によって書かれていて、「あとはどう実行されるか」だけのところまで来ている。ただし、日本の一般庶民 ordinary people は、そんなシナリオがあることすら知らない。知っている人もいるが、それは

Part 4

Reoccupied Japan

一部である。なぜなら、そのほとんどが公開文書であるにもかかわらず、マスコミがきちんと国民に伝えてこなかったからだ。

たとえば、アメリカ軍の再編問題 transformation が、2004年の秋から、日米間で協議されるようになった。しかし、これは突然始まった問題ではない。冷戦終了後から since the end of the Cold War ずっと、アメリカが考えてきたことである。神奈川県の座間基地に、陸軍の第1軍団をワシントン州から移動させて司令部 the headquarters を置くというようなことは、何年も前から懸案事項 pending issue となり、日本側にも伝えられていたのである。

しかし、日本側はなんのリアクションもしてこなかった。この米軍の再編は、「大部隊は紛争地域から撤退し、そこには機動部隊のみ置く」というもので、日本にその前線機能を集中させる意図を持っている。こうなると、日米安保も日本国憲法も書き換える必要があるが、そんな大きな問題なのに、誰もなにも考えず、マスコミも伝えず、結果的に先送り postpone してきたのである。

そこであえて書くが、いまでもアメリカは日本を占領しているということを、日本人はきちんと認識 recognize すべきだろう。

日本は第2次世界大戦に負けて、アメリカの占領国となった。そして、サンフランシスコ平和条約 San Francisco Peace Treaty が確定し、日本は独立国家 independent state に戻ったことになっている。しかし、これは表面上のことにすぎない。いまでもアメリカによる占領は続いていると、現実的な思考をしなければなにも解決しないのだ。ただし、ソ連という脅威 threat があったときは、アメリカの占領政策はゆるやかだった。だから、日本人はそれをあまり意識することもなく、経済成長に専念することができた。筆者はこ

の時期を第1次占領時代と考え、日本国憲法は「占領基本法」であったと規定している。

しかし、冷戦が終われば、アメリカが日本を甘やかして spoil おく理由がなくなってしまった。むしろ、日本は経済的脅威になったので、占領政策は強化されることになった。つまり、ここからは徹底した占領政策が実施され、現在は、第2次占領政時代に入ったと考えるしかないのだ。要するに、「日本再占領」reoccupation of Japan が始まったのである。だから、今後、この再占領はますます強くなり、システムはアメリカと統合され、経済的には完全な植民地となるのである。そういう意味で言えば、日本国民の本当の為政者は小泉純一郎ではなく、アメリカ大統領ジョージ・W・ブッシュだと言ったほうがいい。

ブッシュ再選と史上最大の金権選挙の意味

2004年11月の大統領選挙で、ブッシュ大統領が再選された。これで、ブッシュ政権 Bush administration は2009年まで続くことになり、日本政府、なによりも小泉首相は安心したに違いない。

しかし、筆者に言わせれば、ブッシュであろうとケリーであろうと、日米関係の基本的枠組み basic framework は変わらず、日本の経済植民地化が進んでいくことに変わりはない。なぜなら、ブッシュではなくケリー新大統領が登場したとしても、小泉首相は、「ブッシュのパピー（子犬）」Bush's puppy から喜んで「ケリーのパピー」Kerry's puppy になるはずだからだ。

日本ではなぜか、アメリカの2大政党である共和党 Republican

Partyと民主党Democratic Partyに大きな違いがあるように思われている。しかし、これは昔の話であり、いまは政策的に違いがあるのは倫理的・宗教的なことぐらいで、外交・経済においては"それほど"の違いはない。今度の大統領選を見てもわかるように、「アメリカが世界帝国としてどうふるまうか」を、ブッシュは単独でも行動すると言い、ケリーは仲間(他国)の了解を取りつけて行動すると言っていただけで、日本人の基準から言えば両者とも"超タカ派"super-hawkだ。

では、いったいなぜこんなことになったのかと言えば、アメリカの帝国化が進んだからである。これは、現在のアメリカがビッグビジネスbig businessと金融界financial circleを中心とする勢力によって動かされていることを意味している。これに世界最強の軍world's strongest military forcesを加えて、アメリカはもはや対外的には民主国家democratic stateとは言い難い。つまり、アメリカを動かすパワーにとっては、実際の政治を行う政党が共和党であろうと民主党であろうと、基本は変わらないのである。

筆者は、これまでのアメリカを情報intelligenceと軍事力military powerによる「システム帝国」"Systematic Empire"と呼んできた。それは、アメリカが旧来の帝国のように領土拡張をしないで、情報力と海外に展開した軍事力で世界をコントロールしてきたからである。しかし、それは、アメリカの対外的な顔であって、対内的には「世界でもっとも進んだ民主国家」のはずだった。

ところが、冷戦終了後のアメリカは、国内的にも帝国化し、今度の大統領選挙を見ると、従来のアメリカン・デモクラシーも怪しくなってきたと言わざるをえない。

日本再占領

というのは、今回の選挙が史上最大の金権選挙だったからである。

今回、共和・民主両党が選挙に使ったお金は、合わせて45億ドルと言われている。日本円にして約5000億円である。この途方もないマネーで、両候補は票voteを奪い合った。もちろん、両候補とも大金持ちであり、そのバックにはアメリカの産業・金融界がついて、資金campaign chestをどんどん提供してきた。

しかし、これでは、どう考えても民主政治は成り立たない。なぜなら、選挙後、大統領は選挙資金を出してくれた産業・金融界に従わなければならないからである。つまり、今後のアメリカの政策は、ほぼ彼らビッグビジネスの意向に左右され、国内も帝国支配が強まるだろう。ただし、デモクラシーなどしょせん in the final analysis、弱肉強食 the law of the jungle の同義語 synonym（シノニム）とクールに考えることもできる。

日本人はなぜか誤解misunderstandingしているが、じつはアメリカは、日本以上の「金権政治大国」"Giant of Money Politics" である。

アメリカでは、これまで政治献金は青天井 non-limited だった。企業は政党にいくら献金しようと自由だっ

2004年11月3日、再選を決めワシントンでの勝利演説で手を振るブッシュ米大統領。だが、ブッシュであろうとケリーであろうと日本の経済植民地化が進んでいくことに変わりはない（写真／共同通信）

た。日本では、橋本龍太郎元首相が1億円をもらって大騒ぎになったが、アメリカではこんなことは日常茶飯事であり、うまいやり方なら法にすら触れなかったのである。企業が(候補者でなく)政治団体に献金するお金はソフトマネー soft money と呼ばれ、これまでの大統領選挙でも、ソフトマネーを多く集めたほうがほぼ勝利してきた。もちろん、個人献金は1000ドルまでと上限が決められていた。しかし、このソフトマネーを野放しにしてきたので、「金権政治」"money politics"は止まらなかったのだ。

そこで、2002年11月に、ソフトマネーを禁止する法律ができた。しかし、これがとんだザル法 law with no meaning だったことが、今度の選挙でわかってしまった。というのは、この法律で規制されていない政治団体なら、いくらでも集金が可能だったからだ。それで、金融界のドンと言われるジョージ・ソロスなどは、民主党の政治団体に2000万ドル(約22億円)以上もポケットマネーを提供した。まさに、迂回献金 bypass contribution が大手を振ってまかりとおり、史上最大の金権選挙になってしまったのである。

アメリカでは票はある程度カネで買える。それがアメリカン・デモクラシーであると割り切って考えたほうがよい。そして、前述したようにアメリカの産業界・金融界というのは、民主・共和のどちらが勝ってもいいように、両方に献金している。

つまり、一般国民の意向よりビッグビジネスの意向が優先される。一般国民の意思は、2大政党のどちらを選ぶかという、限られた選択 limited choice にのみ反映される。

Part 4

日本再占領

アメリカ大統領はアメリカ国民の代表ではない？

　そしてさらに、ここでどうしてもつけ加えておきたいのは、今度の大統領選は、初めからブッシュ再選が決まっていたのではないかということである。日本での報道だけを見ていた読者でも、疑問に思った人は多いと思う。

　オハイオ州の暫定投票がもっと政治紛争化してもよかったのに、なぜケリーは翌朝に早々と敗北宣言 concession speech を行ったのだろうか？　また、出口調査 exit poll ではケリーが勝っていた州があったのに、なぜ実際の開票ではブッシュが勝ってしまったのだろうか？　事実、出口調査を実施した AP 通信や CNN は、選挙当日、実際の得票結果を見て、出口調査の結果を次々に訂正し、実際の結果に近い数字に変えてしまった。なぜこんなことが起こったのだろうか？

　この裏には、投票機メーカーの最大手であるディーボルド社 Dibold Election Systems の投票機が、容易にプログラムを書き換えることができたからだという風説が流布されている。実際、ニューヨークタイムズなどの大手マスコミも選挙前からこの点を指摘していたが、是正されないまま投票日を迎えている。

　その結果、全米の有権者 voters のなんと3分の1がディーボルド社のコンピュータ投票機 touch-screen voting machine で投票することになったが、投票所では信じられないことが起きた。「何度ケリーを押しても確認画面 review screen でブッシュが出てきた」「確認画面が出ないまま終わってしまった」という体験

をした有権者が続出したのである(Technocastnet/Nov.4 2004)。
「投票には前回同様の不正行為unfair practiceがあり、その結果ブッシュが勝った。ケリーはそのことを知って闘うこともできたが、結局はあきらめた。それは、もっとも問題化したオハイオ州政府が共和党支配で、たとえ暫定票を開けたとしても、逆転勝利 upset victoryはないと考えたからだ」

信じたくはないが、そういう説も流されている。

さらに、もう1つ。アメリカが内側まで帝国であることを示しておくと、日本人がほとんど疑問に感じていない投票日の問題がある。

アメリカの大統領選挙が火曜日に行われることは、読者もご存知だと思う。では、いったいなぜ、誰もが選挙に行ける日曜日ではないのだろうか？ しかも、選挙日を休日にしないのは、なぜなのだろうか？

選挙が平日に行われるということは、忙しい人間は投票所に行けないということである。もちろん、選挙に行くと言えば会社は時間をくれるが、行く人はそんなに多くはない。しかも、選挙に行くためには事前に自分が住んでいる場所の役所に行って「有権者登録」voter registrationをすませねばならない。

はたして、こんな面倒な手続き troublesome procedureをし、しかも仕事を抜け出してどれだけの国民が選挙に行くだろうか？ まあ、よくて全国民の半分である。アメリカはわざと、一般労働者が選挙に行けないような仕組みを維持している。そう批判されても仕方あるまい。一説によると、これは投票が数日間かかった昔の習慣だというが、変えようと思えばいくらでも変えられたはずである。が、今日まで変えようという提案proposalはなかった。その結果、

アメリカの選挙の投票率というのは、先進国では最低とも言える低さなのである。これでは、アメリカ大統領は国民の真の代表とはとても言えないだろう。

2004年の大統領選挙では投票率 turnout が60％に上がったというが、これも有権者登録をした人の60％で、全有権者の60％ではない。

このように、アメリカは現在、その内側まで帝国化しつつある。とすれば、このウチもソトも帝国となったアメリカは、その属国 client state をどのように扱うだろうか？ つまり、今後日本で、どのような第2次占領政策が展開されるのだろうかというのが、われわれの問題として重くのしかかってくるのだ。

「ハーバード・レポート」というハードランディング案

いまふり返って考えると、アメリカが「もう日本はもたない、近いうちに経済的に行き詰まって破綻する可能性 possibility to crash down がある」と考え出したのは、1998年ごろではなかったろうか。

この前年、山一證券や三洋証券、北海道拓殖銀行など金融機関の大型倒産 bankruptcy が相次ぎ、日本は事実上の金融危機に陥った。この金融危機 financial crisis は、公的資金 public funds の銀行注入でなんとか乗り切ったが、このやり方を見ていたアメリカ側は、日本の生ぬるさがよほど気にくわなかったらしい。「日本の不良債権処理 disposal of bad loans のやり方は甘すぎる、放置しておくと危機がアメリカまで飛び火しかねない fear to spill over America」、そう彼らは判断したのだと思われる。

Part **4**

Reoccupied Japan

　1998年6月18日、財務省のラリー・サマーズ副長官、連邦準備制度理事会（FRB）のファーガソン理事長、ニューヨーク連邦銀行のマクドナー総裁といったアメリカ金融界のそうそうたるメンバーが、日本に乗り込んできた。このとき、彼らの手には、ハーバード大学国際問題研究所 Center for International Affairs がまとめた『金融安定化策に関する訪日ミッション最終報告書』というレポートがあった。そして、このレポートがアメリカによる「日本再占領計画」の事実上の幕開けだったのである。

　これまで、このレポートの存在は、関係者の間で密かに囁かれてきた。すなわち、「このレポートに沿って、現在の竹中路線が実行されている」と考えられてきたからだ。

　しかし、日本のマスコミはこのことを、今日までまったく書かなかった。ところが、2004年になってUFJが崩壊し、メガバンクが東京三菱、三井住友、みずほの3行体制になると、このレポートは俄然注目を集め出したのである。そして、ついに『週刊新潮』（2004年8月5日号）が、このことを記事にした。『週刊新潮』は記事のなかで、レポートを「ハーバード・レポート」としているので、ここでもこの通称を使うが、レポートの内容はやはり日本のシステムの改造を示唆したものであった。以下、『週刊新潮』から、引用させていただく。

　　当時の事情を知る銀行関係者はこう話す。
　「あのレポートは極秘扱いでした。金融機関では、1、2行の銀行のトップとその周辺、大蔵省でも知っている者は少なかったし、政治家でも自民党の幹事長だった加藤紘一さんや

金融システム安定化対策本部長の宮沢喜一元首相など、レポートを読んだ人はごく少数でした」
〈中略〉
　そのレポートは、A4判の用紙に英文で10ページにわたってワープロ打ちされており、日本経済の再生のために5つの提言を行っている。その中でも、中核をなすのが、「あきらかに破産状態にある全金融機関を閉鎖する」という提言である。そこにはこう記述されている。
「多くの国際信用格付会社は、大手19行が外部からの援助がなくても生き残れるということを信用していない。資本不足の銀行による現在の問題は、日本が『ビッグバン』の開始によって銀行市場を国際競争に開放するにしたがい、より増殖されるだろう。(略)問題のある銀行は、問題の程度を完全に公開することにより、外部の投資家の信頼を獲得するよう、十分な財務情報を提供すべきである。さもなければ、その金融機関は閉鎖されるべきである」
　つまり、不良債権を処理できずに、その事実を隠蔽しているような銀行は潰してしまえ、と主張しているのである。先の銀行関係者はいう。
「その時に来日した一行は、金融機関の破綻処理に関する専門家集団でもありました。彼らは、米国のS&L（貯蓄貸付組合）の不良債権処理を手がけて、わずか2年の間にすべての処理をなしとげた。さらに来日の前年にインドネシアで通貨危機が起こった際にも派遣されており、結果的に不良銀行を50行も潰しているのです。今にして思えば、来日の目的も、

同様の手法で日本の銀行を整理することだったのでしょう」

　これは当時言われたハードランディング方式 hard landing scheme（スキーム）である。ようするに銀行の数を大幅に減らせ、一気に手術せよ（Risk surgery without hesitation）と、アメリカは言いたかったのである。それで、サマーズ副長官は、レポートを日本側に手渡す際に、次の4点を強調したという。

①日本は金融機関 financial institutions が多すぎる。いわゆるオーバーバンキングだ。だから、不良債権処理が進まない。マネーセンターバンクとなる都銀は2、3行、信託は1、2行、地銀と第2地銀は半分でいい。
②低金利政策 low-interest policy は維持する。
③日本の護送船団方式 convoy system（コンボイ　システム）は市場原理に反する、すぐにでもやめる。
④不良債権を抱えたゾンビ企業 corporate zombies を生かしておくのは日本にとってよくない。どんどん処理する。

　どうであろうか？　この「ハーバード・レポート」から約6年、日本の金融は、このレポートの指示どおりに改革されてきたのではないだろうか？　当時、日本にあった19の大手銀行は、いまでは4分の1に減ってしまった（201ページの図『邦銀統合の歴史』参照）。低金利政策はずっと続いている。護送船団方式もだいぶ解体され、ゾンビ企業もかなり減った。つまり、構造改革 structural reform とは、小泉首相は叫ぶだけの役者（talking head）であり、裏方はアメ

リカのシナリオを実行する官僚たちなのである。

ただし、そのスピードは驚くほど遅い。日本の官僚たちはとても有能で、抵抗 push-back や骨抜き watered down のスキルは超一流であり、改革を遅らすことで保身を図っているからだ。そこで、よくよく点検すると、「ハーバード・レポート」に描かれたシナリオの半分以下しか、現在までに実行されていない。ということは、国家破産時には、今度こそ一気に、ハードランディングが行われると考えていいだろう。

竹中平蔵は本当に「アメリカの手先」なのか？

さて少々話がそれるが、この「ハーバード・レポート」で面白いのが、竹中平蔵・金融担当大臣の変節 change of his position である。当時の竹中平蔵は、まだ「経済戦略会議」の一委員にすぎず、なんとソフトランディング路線の立場をとっていた。彼は、ことあるごとに「長期的な視野でのぞむべきだ」と主張 insist していたのである。

が、2000年に森首相の諮問機関「IT戦略会議」のメンバーになると、ハードランディング論に転換。2001年に経済財政担当相に抜擢されてからは、完全なハードランディング論者となり、「大きすぎてすぎて潰せないということはない not too big to fail」「アルファベットの銀行はいらない」などと言うようになった。だから、「アメリカの手先」とまで呼ばれるようになり、「豊富なハーバード時代の人脈に基づいて金融政策をやっている」と言われるまでになった。

Part **4**

Reoccupied Japan

しかし、彼は本当にそこまでアメリカの「手先」cat's-paw なのであろうか?

竹中氏は、1981年にハーバード大学の客員研究員、1989年に客員准教授に就任している。そして、問題のレポートをまとめた人々のうち、サマーズ副長官やマクドナー総裁、さらにシードマン連邦預金保険公社総裁の3人は、いずれもハーバード大学出身である。だから、このハーバード人脈と密接な連絡 close contact をとり、竹中大臣は金融政策を行っていると言われている。

しかし、1981年と言えば、筆者もハーバードにいた。そして、日本の出版社から出る日米関係の本に、彼といっしょにオムニバス形式でレポートを書いたこともある。だから言うわけではないが、

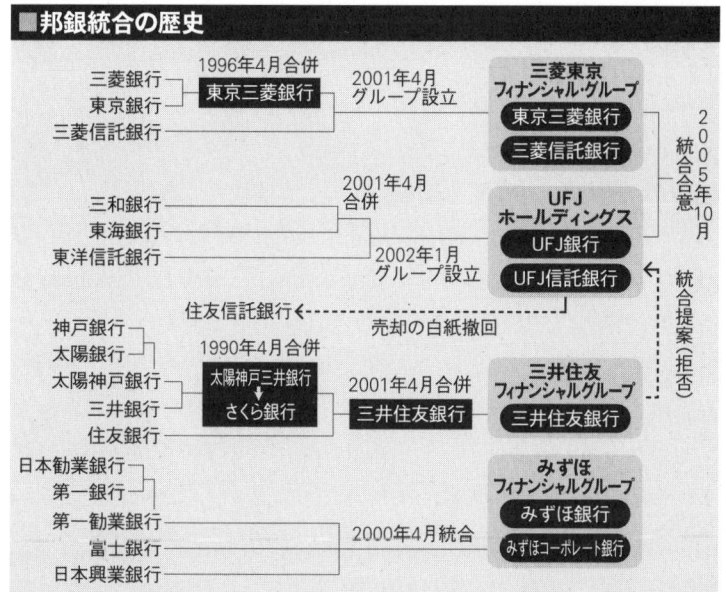

■邦銀統合の歴史

彼のハーバード・コネクションというのは、それほどのものではないと思うのである。

日本人は、アメリカに人脈 human network があるという人間を過大評価 overestimate するきらいがある。また、ロン・ヤス関係とか小泉・ブッシュ関係など、あたかも両者に個人的な信頼関係 trust があるかのように錯覚する。しかし、それは日本のマスコミが勝手につくりあげたフィクションである。実際、アメリカ側に、日米両国のトップが個人的に親しかったとする記事や資料はない。これは筆者が見聞し、調べた限りにおいてそうである。

要するに、アメリカ側は日本を見下して look down on いるだけなのだ。そして、その見下されていることに気づきながら、彼らの言いなりになるのが、日本のトップたちである。これは「アメリカが言っているのだから仕方がない」と言い訳ができる making excuses からであり、責任逃れもできるからだ。それに、ウソでもアメリカと親しいということが広まれば、なぜかフツーの日本人は、「相当な人物」"big man" と勘違いしてしまうからである。

これは、歴史的に多くの植民地人に見受けられたメンタリティである。だから、これを打ち破る勇気 courage と愛国心 patriotism を持たなければ、国民のための本当の改革などできない。「ハーバード・レポート」などという、さして珍しくもないプランなど、"優秀"な日本の官僚なら、自分たちでもつくれたはずである。つまり、アメリカから言われる以前に、日本は自分自身の手で不良債権を処理し、金融の大幅な改革を断行すべきだったということである。

Part 4

Reoccupied Japan

「アッシャー・レポート」は第2の戦後復興計画

「ハーバード・レポート」のあとに登場したのが、通称「アッシャー・レポート」Asher Reportである。

これは、デイビッド・アッシャー David Asherという日本研究者で、現在のブッシュ政権内の対日本政策官僚が書いたもので、日本では単行本として1999年に刊行された。そのタイトルは『Japan's Key Challenges for the 21st Century』(21世紀のための日本の重要な挑戦)だが、日本語タイトルは、なんと『悲劇は起こりつつあるかもしれない 5つのDを克服する日本経済10の処方箋』(D・アッシャー、A・スミザース著 ダイヤモンド社)となっているから驚く。つまり、いまの日本の悲劇 tragedyを見事に予言しているからだ。

アッシャーは30代前半に、アメリカ下院の共和党の政策研究組織の日本関連政策スタッフを務め、1992年から1993年にかけて日本に滞在した。この間、中曽根康弘元首相の平和安全保障研究所の客員研究員になり、大蔵省にも日参して日本の金融制度 financial systemについて勉強した。そして、日本が金融危機に見舞われたので、その処方箋 prescription(対策提案)としてこのレポートを発表したと言われている。

しかし、処方箋とはいえ、これは「日本はこうすべきだ」という一種のアメリカ側の強制執行案と考えていいだろう。なぜなら、彼自身が対日本政策を立案する立場にあるし、また、レポート自体がSAIS(サイス)から出されたからだ。

SAISというのは、ボルチモアにあるジョンズ・ホプキンス大学

の附属の大学院で、正式にはスクール・オブ・アドバンスト・インターナショナル・スタディーズ School of Advanced International Studies という。SAIS 自体は首都ワシントンにある。以前ここに、冷戦初期に活躍したポール・ニッツェという有名な外交官がいたことでわかるように、外交官養成所である。いまはニッツェの名前が SAIS の冠についている。ボストンのタフツ大学にあるフレッチャー・スクール・オブ・ロー・アンド・ディプロマシー Fletcher School of Law and Diplomacy、ワシントン DC にあるジョージタウン大学の大学院などと並んで、国務省とか国防総省に入る一流のコースとなっている。だから、このレポートは一種の準公式文書と考えてもいいのである。

この「アッシャー・レポート」は、じつにいろいろなことを提言していたが、その根本を貫くのは、「規制緩和」deregulation、「市場原理」market mechanism、「資本効率化」capital efficiency という、アメリカ資本主義の原則だった。つまり、この基準において日本を診断しているので、IMF（国際通貨基金 International Monetary Fund）のレポートと同じような論理が展開されていた。

つまり、政府は徹底した財政健全化をやれ、規制緩和をやれと主張していた。そして、いまのような対応ではいずれ銀行危機は再燃するとし、公的部門の財政危機を回避するには郵貯などを民営化 privatization しろとも言っていた。しかし、アッシャーは、日本政府自身が問題の深刻さに気づいていないと、嘆いているのだ。

そして、このレポートのなかで、もっとも刺激的だったのは、第8章と第9章で、ここで彼は、なんと「日本は第2の戦後復興計画を策定せよ」と言っているのだ。つまり、レポートのなかでの日本

は、すでに２度目の敗戦 the second defeat と決めつけられていたのだ。そして、アッシャーは、危機を乗り切るため、効率的なマネーサプライ money supply の拡大を呼びかけていた。

　では、以下、この「アッシャー・レポート」の翻訳書の冒頭につけられた要約部分から、その要点を参考のために引用 quote させていただく。ただし、この部分はかなり込み入っているので、飛ばし読みしてもらってもかまわない。

日本が迫られている構造改革を列記

「アッシャー・レポート」は冒頭 at the beginning で、日本経済についての考察および提言を12項目に分けて、次のようにまとめている。

(1) 日本は以下のような５つの構造変革に迫られている。もし対応に失敗すると、G7諸国のなかでの平均を超える率での継続的経済成長に戻ることができなくなるだろう。その対応を迫られている構造変化とは、
①過大な負債 (Debt)
②デフレ化した資産市場 (Deflation)
③債務不履行の急増 (Default)
④高齢化社会への移行 (Demography: 人口構成)
⑤生産性の悪化と過剰な規制 (Deregulation)
など (つまり、５つのD) である。

(2) 日本は、民間、公共部門ともに過大な負債の重荷に喘いでいる。日本企業が抱えている負債は自己資本の4倍にもなる。公共事業の負債総額はGDPの1.5倍を超え、政府財政赤字も拡大する一方であり、このような状態に長く耐えていけるものではない。国の財政を改善するためには、企業は自己資本に対する負債の比率を大幅に改善する必要がある。また政府は、財政改革を促進し、民営化推進策を講じる必要がある。

アッシャーは、日本が破産過程にあることをわかっていた。だから、この後、(3) 日本の資産デフレはまだ続くとし、株も不動産もまだ割高だとした。そして、これらがもたらす(4) GDPに占める倒産企業の割合は戦後最高であり、アメリカの大恐慌時、また1990年代初頭の米S&L（貯蓄貸付組合）などの銀行大倒産よりも高い水準にあると指摘している。

この後は、(5) 資本の効率化、実質購買力のアップ、そして経済成長を長期的に可能とするためには、もっと規制緩和が必要であるとし、(6) 大蔵省のPKO（株価維持操作）を批判し、(7) もし所有株式の評価益を資本の中に組み入れることができなければ、日本の多くの銀行はその膨大な不良債権のために倒産してしまうだろうと、続ける。

しかし、これ以上銀行を保護すると、(8) 次の10年の早い時期に、またぞろ銀行の危機が生ずる公算があると書く。そして、(9) 財政投融資計画（財投）の不良債権について指摘し批判したうえで、(10) 高齢化が進んで公的年金も企業年金も深刻な積み立て不足になり、労働人口が減少するので、生活費を切り下げるなどの努力が必要だ

ろうと言う。

　さらに、(11)高齢化社会への移行により、公共部門と民間部門の双方とも節約の必要に迫られ、経済成長率の鈍化とも相まって、これまでのような高水準の資本投下や政府支出も次第に減退していくだろうと、日本の衰退 Japan's decline を明言しているのである。

　こうして、アッシャーがたどり着いた結論はこうであった。

(12)日本で、徹底した経済構造の改革が行われる可能性は小さい。日本の政府もその貿易相手国も、日本経済がどれほどの問題を抱えているか、その深刻さを正確には理解していないようである。貿易黒字を減らすため、需要創出を図って輸入を増やすようにという外国からの圧力は、日本が必要としている金融と経済の再構築の遂行を妨げるものとなっている。しかし、現在の日本政府の、規制緩和を徹底して進めることについての気乗り薄の対応ぶりでは、貿易摩擦は悪化するばかりだろう。

　おそらく、このアッシャーの指摘のほとんどが、いまでも有効である。だから、次にはさらに過激なレポートが書かれることになる。

国会で取り上げられた「ネバダ・レポート」

「ネバダ・レポート」Nevada Economic Report が日本で初めて公になったのは、2002年2月14日の衆議院予算委員会であった。民主党の五十嵐文彦議員が、この「ネバダ・レポート」について、柳澤金融担当大臣、塩川財務大臣、竹中財政担当大臣に質問をしたのだ。

「もし、IMFが日本を管理下においたら、どういう政策が打ち出されるか」というのが、このレポートの主旨であった。つまり、日本の破産処理案と言ってもいい内容である。これが、日本の国会で審議されたのだから、それこそ大ニュースだったが、一部の週刊誌、月刊誌が取り上げただけで、例によって大マスコミはいっさい取り上げなかった。

そこで、ここではまず当日の議事録の要点を採録してみたい。

◆衆議院議事録第10号抜粋
2003年(平成14年) 2月14日(木曜日)より

五十嵐委員 （前略）私のところに1つレポートがございます。ネバダ・レポートというものです。これは、アメリカのIMFに近い筋の専門家がまとめているものなんですけれども、この中にどういうことが書いてあるか。

ネバダ・レポートの中でも、昨年の9月7日に配信されたものなんですけれども、IMF審査の受け入れの前に、小泉総理の、日本の税収は50兆円ほどしかない、今の85兆円を超える予算は異常なんですという発言があります。これを大変重視して、当然だと言っているんです。

同時に、9月上旬、ワシントンで、私、柳澤大臣と行き会いましたけれども、そのときに、柳澤大臣が記者会見をワシントンでされていまして、IMFプログラムを受け入れるという発言をされていますね。これは御確認をさせていただきたいんですが、そのとおりですか。

Part 4

Reoccupied Japan

柳澤国務大臣 IMF の FSAP、これは受け入れます。これは、もともとが G7 の国で発案をしたものでして、それをいつやるかということを我々も考えておりましたが、我々の方はペイオフという大事業があるので、生まれたばかりの役所でマンパワーがとかく不足であるというようなこともありまして、少しそのタイミングを見計らったということが背景で、今回、そういうことを正式に表明したということでございます。

五十嵐委員 極めて狭い意味、いわゆる金融の IMF による検査という意味で柳澤大臣は使われているんですが、IMF の方では、金融面のプログラム、それは検査だけではないと思いますが、いわゆる IMF のプログラムの中には、金融面とそうでない部分があるんですね。主に我々も金融面をとらえているし、その検査も含めて、柳澤大臣も金融面のことを頭に置かれているというふうに思うんですが、このネバダ・レポートの中ではこの2つの発言を評価しておりまして、これが当たり前なんだということを言っております。つまり、バランスバジェット、収支均衡というのが極めて IMF では重視されるんだということを言っておりまして、もし IMF 管理下に日本が入ったとすれば、8項目のプログラムが実行されるだろうということを述べているのであります。

　手元にありますが、その8項目というのは大変ショッキングであります。公務員の総数、給料は30%以上カット、及びボーナスは例外なくすべてカット。公務員の退職金はいっさい認めない、100%カット。年金は一律30%カット。国

債の利払いは5年から10年間停止。消費税を20%に引き上げる。課税最低限を引き下げ、年収100万円以上から徴税を行う。資産税を導入し、不動産に対しては公示価格の5%を課税。債券、社債については5から15%の課税。それから、預金については一律ペイオフを実施し、第2段階として、預金を30%から40%カットする。大変厳しい見方がなされている。

これはどういうことか。そのぐらい収支均衡というのは大事なんだ、経済を立て直すためには極めて大事なんだということを、世界の常識となっているということを示しているわけであります。

こういう認識をお持ちになっているかどうか、財務大臣、竹中大臣、伺いたいと思います。

塩川国務大臣 数字の面でいろいろ議論ございますけれども、私は、今おっしゃったような厳しい認識は持っております。

竹中国務大臣 短期的に常に均衡させることが重要かどうかということについては、当然のことながら議論が御承知のとおりありますけれども、長期的にやはり持続可能であるためには、それはまさにプライマリーバランスを均衡させなければいけないと強く思っております。

五十嵐委員 その厳しさが違うということを私は申し上げたい。ここまでしなきゃいけないんだというほど世界の常識はこの面に厳しいということであります。

世界から信用されなくなった日本の財政政策

　さて、この「ネバダ・レポート」というのは、アメリカの金融専門家たちが執筆し、一部の金融関係者や大手マスコミの上層部、政府機関などに定期的に配信している経済金融レポートである。それが、日本が IMF の管理下に置かれたときの予測を書いてしまったのだから、驚かない関係者はいなかった。

　IMF が乗り込んで来るというのは、その国が財政上立ちゆかなくなったときである。つまり、デフォールトである。すでに Part 3 の破産国家の例で見てきたように、IMF というのは、とりあえずの緊急融資はする。しかし、こんな事態を招いたのは放漫財政 lax financial policy を続けてきた自分が悪いのだから、破産国には非常に厳しいオステリティー政策を要求する。オステリティー austerity 政策というのは、緊急耐乏政策のこと。つまり、これがやがて日本でも実施される日が来るということが、このレポートによって明らかになってしまったのである。たとえば消費税 20% ということは、もう政府の諮問委員会が言い始めている。

　もっと言えば、こんなものが書かれるというのは、日本が破産状態 almost bankrupt にあるということであり、アメリカはそのときにこうするということを表明したようなものと考えていいだろう。

　このことを理解して書かれた記事が、その後、月刊誌の『現代』（2002 年 3 月号「金融行政のナンバー 1&2 ただいま機能せず」山村明義）に掲載されたので、ここでもまた、それを以下一部引用しておきたい。

Part 4
日本再占領

　この文章（ネバダ・レポート）は、昨年秋に自民党の部会でも資料として配られた。実際にはIMF管理下におかれるには、数年間の金融特別審査を受け、欧米諸国の政治力も左右するのだが、このような予測がアメリカで検討され始めたことに、自民党議員たちは目を丸くした。日本の経済や金融が、すでに海外では「危機的状況」と写っていることに他ならないからだ（その後、今年1月21日号のニューズウイークでも「日本のアルゼンチン化」という特集が組まれた）。（筆者注──本書のIntroductionに引用している）

〈中略〉

　金融庁関係者はこう語る。
「柳沢大臣は、『IMFの金融特別審査など受け入れられるか』と言っていたんです。ところがイギリスに行ってIMFのケーラー専務理事から、『日本の不良債権は、引き当てすれば大丈夫という考えは甘すぎる』と一括され、一転して受け入れを決めた。本人はフィナンシャルタイムズが日本を批判的に書いたためだなどと言い訳していましたが、腰砕けもいいところです」

　かつて世界に君臨する経済大国だった日本の金融行政の責任者が、いまや欧米から子供のように叱られる。このことは現在の日本経済の地位を如実にあらわしていると同時に、柳沢の発言が国際的にまったく信用されなくなったことを物語っている。

8項目にわたる日本の破産処理

では、アメリカは日本をどうしようというのだろうか？ 先の国会答弁でも語られたが、「ネバダ・レポート」の要点は8つあった。いずれも、IMFならそうするに決まっているという政策である。

①公務員の総数の30%カットおよび給料payの30%カット。ボーナスbonusはすべてカット。
②公務員の退職金retirement payは100%すべてカット。
③年金pensionは一律30%カット。
④国債の利払いyieldは5〜10年間停止＝事実上紙くずに。
⑤消費税sales taxを15%引き上げて20%へ。
⑥課税最低限を年収100万円まで引き下げ。
⑦資産税property taxを導入し、不動産real estateに対しては公示価格market priceの5%を課税。債券・社債bondについては5〜15%の課税。株式は取得金額の1%を課税。
⑧預金は一律、ペイオフrefund capを実施するとともに、第2段階として預金額を30〜40%カットする（財産税として没収）。

もちろん、このすべての項目は、まだ実行されているわけではない。なぜなら、まだ日本がデフォールトしていないからである。しかし、事実上もう破産しているのだから、日本政府は、とくに①②から始めていなければおかしいのである。それが、構造改革というものだろう。そうしてはじめて国民への負担増も訴えられる。

しかし、「ネバタ・レポート」はその衝撃 shocking のわりには、その後まったく無視 ignore されてしまった。

なぜなら、この国を運営している官僚たち、つまり役人たちが自分たちのクビを絞める「①公務員の総数および給与の30%カット。ボーナスはすべてカット」「②公務員の退職金は100%カット」などを受け入れるはずがないからだ。国家が破産状態にあるときは、本来ならここから改革をはじめるのが筋だが、彼らにはそんな考えは毛頭ないからである。

だから、このレポートは国会審議に登場したにもかかわらず、その後、存在すら忘れられてしまった。IMFの審査受け入れも、その後どうなったか、筆者もよくわからない。

ただし、公務員に被害が及ばない③以下については、今後の国家破産にいたる過程で実現していく可能性がある。つまり、「③年金の一律30%カット」「④国債の利払いの停止」「⑤消費税の15%引き上げ」「⑥課税最低限の引き下げ」「⑦資産税の導入」「⑧預金カット」などである。

いずれも、国民を苦しめる政策だが、「これからやろう」と財務省は密かに考えている。2005年度予算審議でも、「今後は増税せざるをえない。そうしないと財政が成り立たない」と、彼らはさかんに言うようになってきた。

しかし、筆者に言わせれば「ならばまず隗よりはじめよ」である。つまり、自分たち役人のリストラから手をつけて、財政危機を乗り越えていくというのが、それを招いた当事者の責任 responsibility であろう。IMFを批判するのはいいが、これが人間の最低限のモラル minimum moral というものだろう。

ともあれ、「ネバダ・レポート」を見ることで、読者も破産後の日本でなにが起こるか、具体的に想像がつくのではないだろうか？ただ、もし、読者のあなたが公務員なら、筆者はお気の毒と言うしかない。なぜなら、いまから給料カット pay cut とクビ dismissal（デイスミッサル）を覚悟しておくべきだからだ。とはいえ、これまで破綻した民間企業の社員は、みなこれを経験しているのである。

IMF審査を受け入れ黒字転換したカナダ

ここで、話を転じてカナダの例を記しておきたい。それは、かつてカナダが先進国 advanced country として初めて IMF の審査 investigation を受け入れた国であり、現在は G7 の国としてはもっとも健全な財政運営を行っている国だからだ。

いったい、カナダはどうやって赤字を克服したのだろうか？

答は簡単である。カナダは、財政改革の最初に大幅な公務員 government officials の首切り personnel downsizing をやったのである。1994年、カナダは連邦政府の公務員の15％をリストラすることから、改革を始めたのだ。

カナダは1980年代から財政赤字 financial deficit を積み上げ、1993年には深刻な状況に達していた。それで、IMFが懸念したわけだが、カナダ連邦政府はむしろ積極的に財政状況を公開 disclose し、国民に将来の選択を求める道を選んだ。

もちろん、それまでもカナダは、進歩保守党（PCP ＝ Progressive Conservative Party）のマルルーニー政権が赤字克服に取り組んできた。しかし、いまの日本の構造改革に毛がはえたようなものだった

ので、いくらやっても焼け石に水。このままでは高金利、増税、サービス、福祉の削減は避けられないという状況に追い込まれていた。そこで総選挙 general election となり、その結果、積極的に赤字克服を訴えた自由党（LP ＝ Liberal Party）が圧勝して政権交代が起こり、新首相になったクレティエン Jean Chretien によって本当の改革が行われたのである。

それから約10年、2004年10月、カナダ連邦政府は、「今年もまた財政は、91億カナダドルの黒字になる」（1カナダドル＝80円として約7300億円）と発表した。これは当初の見積もりよりもはるかに大きな黒字 surplus で、そのため野党は「見積もりと実際が5倍も違うなんて、そんないい加減な話があるのか。政府は3月の時点でわざと低く見積もったのではないか」と非難 blame したのだから、うらやましい限りである。

しかも、カナダの財政黒字は、もう7年も連続で続いている。カナダは1990年代には、G7のなかでも2番目に借金が多い国だった。しかし、2003年には借金が少ないことで2番目になり、このままいけば、間もなくG7のなかでもっとも借金の少ない国になるはずである。

とはいえ、単年度がいくら黒字とはいえ、累積赤字はまだまだ多い。単年度の財政が黒字転換する1997年以前をみると、過去36年間で黒字になったのは、たった2回しかない。残りの34年間は、歳入 revenue よりも歳出 expenditure のほうが多かったのだから、赤字、つまり、国の借金はどんどんふくらんで、1996年度には5628億ドルに達していた。これだけ借金（つまりカナダ国債）があれば、その利払いがかさむ。

しかし、いまカナダは累積債務をコツコツと減らしていて、2004年10月現在で5015億ドル。8年で約600億ドルも減らした。これで、「金利負担が年に30億ドルは軽くなる」と、カナダ連邦財務省は発表している。

ただし、ここで注目しなければならないのは、カナダの借金総額の対GDP比である。借金のピーク時、その比率は、68.4%だった。それが、現在は41.1%。カナダの現政権、マーティン内閣としては、「これを2015年までに25%の線までもっていきたい」と考えているが、日本はなんと対GDP比ですでに100%を軽く突破、約160%にも達しているのだ。

年間GDPというのは、国民が汗水たらして一生懸命働いた1年間の富であり、その1.6倍の借金というのはすごいことである。カナダは、公務員の15%のクビを切ったが、対GDP比で考えれば、日本はいますぐカナダの3倍、約半分の公務員のクビを切らなければ、改革などただの茶番 travesty である。

結局、腐敗があるほど国家の借金はふくらむ

日本人はカナダといってもあまり知らない。アメリカと同じとイメージする人が多い。それはそれで間違ってはいないが、つけ加えておきたいことがある。それは、カナダが日本以上にアメリカの経済植民地なのに、アメリカに媚びたりしないことだ。

実際、NAFTAができて以来、カナダ企業の8割がアメリカ資本の傘下に組み込まれ、カナダの貿易総額 total amount of the trade の約85%がアメリカ1国との取引となってしまった。また、社会

Part 4

日本再占領

もアメリカと同じように所得格差 income difference が拡大し、上位20%の富裕層 the rich と下位20%の貧困層 the poor では、7.1倍の差がついた。アメリカは8.9倍、日本は4.3倍である。

しかし、カナダはアメリカべったりの政治だけはやらない。今度のイラク戦争でも初めから反対し、軍を派遣することは断固拒否した。メキシコも同様である。これには、ブッシュ大統領もかんかんになり、2003年5月に予定されていた公式訪問をキャンセル。その後、それまでパスポートなしでアメリカに入国できたカナダ人に対し、パスポート携行を義務付ける措置を決めた。これは完全な嫌がらせ harassing である。だから、カナダの野党は真っ青になり、連邦政府を非難した。まるで、日本と逆である。

だが、この程度のことは、カナダ政府もカナダ人も意に介していない。まあ、これは同じ白人支配の国ということもあろうが、それ以上にカナダ国民の愛国心 patriotism・独立心 independence が強いということであろう。これは、メキシコ人もまた同じようなところがあるから、アメリカをはさむこの両国を日本はもっと学ぶ必要があるだろう。

日本人ほどアメリカ人に対して卑屈で、心まで植民地人と化してしまう民族は珍しい。いくら戦争に負けた（1回ではなく2回）とはいえ、このメンタリティでは国家破産はとても乗り切れないと筆者は思うが、どうだろうか。

カナダについてさらに言うと、先進国のなかで汚職事件 corruption の少なさはナンバーワンである。つまり、政界と産業界の癒着が驚くほど少ない。これはじつはもっとも大切なことだ。腐敗 corrupt activities があるほど国家の借金がふくらむからである。共

Part 4

Reoccupied Japan

産国家 communist state であろうと、独裁国家 autocratic state であろうと、民主国家 democratic state であろうと、この法則は当てはまる。また、先進国 developed countries であろうと、発展途上国 developing countries であろうと変わらない。なぜなら、腐敗構造があればあるほど賄賂や口利きでお金が抜かれ、その結果、経済効率が悪くなり、結局は国の負担が増える increase in the burden placed on the people からだ。

だから、日本がこれほどまでの大借金国家になったのは、経済の問題というより、政治家・官僚が腐敗していたからである。

アメリカにも借金はあるが、この国は世界帝国 world empire であって、いくら借金があってもそのツケを属国にまわすことができる。しかし、日本がツケをまわせるのは、従順な国民だけである。

英国の『エコノミスト』誌 (The Economist) の Intelligence Unit は、1997 年以来、毎年「ビジネスをするのに最適な国」の順位を発表している。この調査の項目にはさまざまな要素があるが、当然、市場の透明性 transparency も含まれる。この調査の 2004 年によると、ビジネス最適国のトップテンは、(1) カナダ、(2) オランダ、(3) フィンランド、(4) イギリス、(5) アメリカ、(6) スイス、(7) シンガポール、(8) 香港、(9) デンマーク、(10) アイルランドである。

そして、『エコノミスト』は、「カナダは向こう 5 年間、ビジネスをするのに世界で最良の国だ」と言っている。『エコノミスト』と言えば、戦後最初に日本の奇跡 Japan's miracle を予言し、「1970 年代には日本はイギリスを追い越す」と書いた。この予言ははずれ、日本は 1960 年代にイギリスを追い越し、1968 年にはドイツも抜いて、西側第 2 位の経済大国 economic giant になったのだった。

基本シナリオとなる「アーミテージ・レポート」

　話を戻して、アメリカによる日本再占領がどうなるかを知るためには、やはり、どうしても「アーミテージ・レポート」にふれなければならない。「アーミテージ・レポート」など、いまさらという方もいるだろうが、ブッシュ政権が2008年まで続く以上、このレポートはもっとも重要である。

　なぜなら、このレポートこそが、基本シナリオだからだ。ただし、このレポートは政治 political issue・外交 diplomacy・安全保障 national security が中心で、経済に関する記述は少ない。日米関係の枠組みの強化を狙っていて、すでに経済的には植民地化している日本に、ひと言で言えば「もっと大人になれ」と言っているのだ。

　筆者がハーバード大学大学院で政治学を学んでいたころの恩師の1人、スタンレー・ホフマン教授は、
「アメリカ人は政治上の変化を、いつもデクレア（declare＝宣言）したがる国民である」
と、言っていた。この伝でいくと、「アーミテージ・レポート」は、まさに日本の第2次占領時代をどう進めるかのアメリカの「宣言書」declaration である。

　フランス系ユダヤ人でありアメリカに移り住んだホフマン教授は、フランス的知性 French wisdom で鋭くアメリカ外交を批判 criticize することで有名だった。だから、アメリカ政治をヨーロッパ的知性で見ると、このような観察が生まれてくるのだろう。アメリカという国は、独立戦争のときに「独立宣言」Declaration of

Part **4**

Reoccupied Japan

Independenceを出して以来、多くの宣言文を発表してきた。宣言するということは、手の内を明かす put all the card on the table ことである。だから、「宣言して外交方針を明らかにするなど、愚の骨頂だ」というのがヨーロッパの発想である。たとえばイギリスなどは、統一された成文憲法 written constitution もなしに国を治めている。まして、外交で手の内を明かすことなどほとんどない。

これに対してアメリカは、デモクラシーによる、しかも移民によって形成された共和国 republic（リパブリック）である。現在は帝国化したといえども、この伝統はしっかりと守られているのだ。

さて、「アーミテージ・レポート」の骨子は、ひと言で言えば、日本はアメリカの責任ある同盟国 ally として、その役割 role を忠実に実行しろということである。もちろん、そんな命令的な言い方はしていないが……。

リチャード・アーミテージ米国務副長官。アメリカによる日本再占領がどうなるかを知るためには、やはり「アーミテージ・レポート」を読み直すことが必要となる（写真／共同通信）

その一方で、「日本はアメリカの対等の同盟国 equal partner であるべきだ」として、なんとイギリスを引き合いに出し、イギリスと同等の扱いもしている。そして、日本はアメリカにとって、アジア・太平洋に欠かせないパートナーであると言っている。だから、今後はさらに日米同盟 U.S.-Japan Alliance を強化していく。そのために、日本はどうすべきか、ということが述べられているのである。表現はともかく、日本人はプライドもある。ゆえに

属国扱いはまずいから、イギリスと同等の位置まで引き上げたというわけだ。しかし、このイギリスと同等ということは、じつは日本にとっては大変な重荷である。

前記したように、「大人になれ」(Stand up on one's own) という意味だから、もう甘えは許されない。経済はともかく、外交・安全保障の面では「独り立ち」が強制されるのだ。つまり、憲法改正 revision of the constitution、自衛隊の国軍化、場合によっては核保有国 nuclear power になる道まで用意されている。だから、小泉首相はいまひたすらその意向に沿って、外交をやっている。イラクに派兵し、突然「国連安保理メンバーになりたい」などと言い出したのもこのためである。筆者は、ブッシュ政権が誕生したときに出した著書(『ジョージ・ブッシュと日米新時代』早稲田出版 2001)のなかで、次のように書いた。

> 大胆な予測をすれば、ブッシュ政権下で、日本は憲法を改正することになるかもしれないし、日米関係は英米関係と同等の深く強いものとなるであろう。万が一それができないならば、逆にアメリカに見放され、日本は米中の間でどんどんその地位を没落させていくことになるだろう。

「アーミテージ・レポート」が語る日本経済

それでは、さらに「アーミテージ・レポート」を検証していくことにしよう。

このレポートが発表されたのは、2000年10月11日、アメリカ

国防大学の国家戦略研究所（INSS）からであった。レポートの正式なタイトルは「合衆国と日本：成熟したパートナーシップへ向けての前進」(The United States and Japan: Advancing Toward a Mature Partnership)。共和・民主両党の外交専門家が、いわばオールスター・キャストで作成したレポートである。つまり、共和党政権であろうと、民主党政権であろうと、このレポートが対日政策の基本シナリオなのだ。

では、なぜこの超党派レポートを「アーミテージ・レポート」と呼ぶかと言えば、レーガン政権、ブッシュ・シニア政権で東アジア・太平洋担当の国防次官補を務め、現在のブッシュ政権の国務副長官であるリチャード・アーミテージ（米海軍出身）が執筆の中心的役割をはたしたからだ。もちろん、彼は共和党側で、民主党側のカウンターパートを務めたのが、クリントン政権でやはり東アジア・太平洋担当の国防次官補を務めたジョセフ・ナイ（現ハーバード大学教授）だった。ならば、2人の名をとった「アーミテージ＝ナイ・レポート」と呼ぶのがふつうだが、やはり「アーミテージ・レポート」と呼ぶべき理由がある。それは、このレポートの内容が、圧倒的に共和党的であるからだ。

日本の外交評論の第１人者で、アーミテージと長年の友人である岡崎久彦（元タイ大使）岡崎研究所所長によれば、レポートの内容はアーミテージの年来の主張であり、文体的にもそれは裏付けられるとのことだ。

「アーミテージ・レポート」は、次のような構成になっている。

● About This Report（このレポートについて）

- Post-Cold War Drift（冷戦後の漂流）
- Politics（政治）
- Security（安全保障）
- Okinawa（沖縄）
- Intelligence（情報技術）
- Economic Relations（経済関係）
- Diplomacy（外交）
- Conclusion（結論）

　このうち、本書で重要なのは、経済であるから、以下「Economic Relations（経済関係）」の部分を収録してみよう。原文と訳文の両方を載せるが、読んでいただければ、現在日本で進んでいる事態、これから起こるであろう事態が、ほぼすべて書かれていて驚かれると思う。ただし、時間のない読者は原文のほうを飛ばし読みしていただいて結構である。

Economic Relations

An economically healthy Japan is essential to a thriving bilateral partnership. Indeed, U.S. interests in all of Asia benefit from having a prosperous, growing, and robust Japanese economy. Japan remains the third-largest customer for U.S. goods, and its continued frailty has meant lost opportunities for American workers and businesses. A weak Japan contributes to volatility and uncertainty in global capital flows. In addition, an inward-looking, frustrated, insecure Japanese populace will be less willing or able to play a larger role in the alliance.

Unfortunately, Japan has experienced a disappointing decade of economic stagnation and recession. From 1992 through 1999, average annual real economic growth was only 1 percent. The decade ended with a recession in 1997 to 1998, and again in the second half of 1999.

The restoration of sustained economic growth in Japan will depend in large measure on opening markets and recognizing that the key to economic recovery rests in allowing the private sector to respond to the forces of globalization. This will involve continued deregulation and the reduction of trade barriers, as well as the development of stronger rules and institutions to support more open markets.

This is a fact understood by some Japanese policy elites and documented in a host of official commentaries, beginning with the Maekawa Report of 1986. Since the mid-1970s, foreigners have attempted to encourage Japanese policymakers to take steps to increase the transparency and openness of the economy. With mounting frustration, successive U.S. administrations have tried to prod Tokyo to adopt a range of invented and reinvented trade and economic policy options.

Barriers to reform are significant. Mature workers (including the 20-30 percent who still enjoy the cozy sanctuary of lifetime employment), protected industries, and bureaucrats long accustomed to calling the shots for various industries continue to protect the status quo. Moreover, the Japanese tend to be averse to radical change, except in circumstances where no other options exist. And some in Japan argue that the nation's economic problems have yet to reach crisis proportions. The lack of a sense of urgency, and a national character resistant to abrupt shifts in established practices, impede adoption of necessary restructuring measures that are politically and psychologically painful.

At the same time, it is important to recognize that Japan has made some progress in addressing its economic problems. For example, many Western economists have given high marks to Tokyo's so-called Big Bang financial sector deregulation package and the banking bailout of 1998. Foreign direct investment has increased dramatically (though it remains lower than in any other major industrialized economy). These developments have introduced greater competition and new business models. Businesses have begun to place greater emphasis on profitability over relationships, a shift that has weakened the increasingly archaic keiretsu system. Entrepreneurship is on the rise, and the venture capital market is growing.

The information technology (IT) sector is growing rapidly. New firms are starting up, and the potential benefits across many sectors of the economy are substantial. Yet economists remain divided as to whether IT sector growth will be sufficient to rescue the economy from the stagnation of the past decade. Regulatory barriers have constrained growth and slowed the adoption of IT technologies in other industries. The potential importance of this sector for the economy, therefore, reinforces the need for additional reform and deregulation of the economic system as part of ensuring a positive future for the economy. Perhaps the most important contribution IT can make is to provide the thin wedge to encourage deregulation and greater flexibility of business models in the broader Japanese economy.

Yet obstacles to recovery continue to exist, In particular, banking problems have yet to be addressed adequately, and fiscal stimulus has relied too heavily on pork-barrel public works projects with little if any potential for fostering long-term growth. This flawed fiscal approach has produced a ratio of debt to gross domestic product of at least 1.2:1, far higher than in the rest of the world's major developed economies.

A more innovative approach that uses private sector dynamism to drive economic change is now in order. For Japan, the price still will be high. Restoring the long-term health of the Japanese economy will require some short-term costs that Japanese politicians so far have refused to incur. The United States should urge Japan to develop policies along the following lines:

● Further systemic reform of the Japanese economy. Greater reliance on markets that are open to all players—both domestic and foreign—is critical to a sustained economic recovery:

● Continued short-term fiscal and monetary stimulus. Despite Japan's growing debt problems, Tokyo should focus on areas that promise to foster future growth. The era of building bridges, tunnels, and high-speed rail links to nowhere must end.

● There must be greater transparency in accounting, business practices, and rule making. The quality of Japanese economic statistics should be improved, and financial institutions and local governments should be required to give a full accounting of their true financial condition. The government has a similar need to be more open in its disclosure of government information.

● Deregulation should be accelerated, particularly in sectors with the greatest potential to benefit the economy, such as telecommunications.

● A free trade agreement between Japan and Singapore should be encouraged as a test case for similar agreements with South Korea, Canada, the United States, and other interested countries.

The ability of American government initiatives to open Japanese markets and to drive structural change is diminishing. The United States does have legitimate interests when the lack of reform affects U.S. firms or endangers the global economy. In these areas, including the creation of corporate good-governance standards and greater transparency in business practices, U.S. Government attention and action continue to matter.

The U.S. should pursue several key goals in the years ahead that will foster an improved bilateral partnership:

● American economic interests must be expressed in one voice. Washington must have its priorities straight in order to deal effectively with the systemic change Japan is undergoing. In this regard, the next administration must gain the support of the American people for a focused economic agenda.

● Washington should start a dialogue on enhancing foreign direct investment in Japan. Foreign firms bring new technologies and new business models that help the economy both directly and through their competitive impact on Japanese firms.

● The new administration must make a new round of global trade negotiations one of its highest priorities. American leadership is vital to this initiative. In this endeavor, the United States and its partners should seek the elimination of industrial tariffs, agricultural subsidies, and barriers to trade in financial services, and should pursue the negotiation of internationally accepted accounting standards, particularly for financial institutions.

● Because of the importance of U.S.-Japan economic relations, bilateral trade negotiations remain an essential tool, even as the United States and Japan turn to the World Trade Organization to resolve disputes and open new doors to cooperation.

● The United States should encourage the fledgling economic coordination underway between Japan and the Republic of Korea.

経 済 関 係

　経済的に健全である日本は、繁栄する2国間関係にとっては必要不可欠である。事実、アジアでの米国の利益は、繁栄し、成長し、そのうえ活発な日本経済の恩恵を受ける。日本は依然として、米国

Part 4

日本再占領

製品の3番目に大きい顧客であり、その脆弱性が続くことは米国の労働者やビジネスにとっての機会の喪失を意味してきた。弱い日本は、グローバルな資本の流れに不安定性と不確実性をもたらす。加えて日本国民が、内向きで、不満を持ち、かつ不安定になると、彼らは日米同盟におけるより大きな役割をはたすことに躊躇し、またそうする能力も欠くようになるだろう。

不幸なことに、日本は経済的な停滞と不況の失望の10年を体験した。1992年から1999年にかけて、年平均の実質経済成長率はわずか1%だった。1997年から1998年にかけてはリセッション(景気後退)を体験し、1999年後半にも再び後退して1990年代を終えてしまった。

日本の持続的な経済成長の回復のためにもっとも必要なのは、市場開放であり、かつ、経済回復の鍵は民間部門がグローバル化に対応できるようにすべきことだという認識である。このためには、たゆまぬ規制緩和、貿易障壁の削減、そしてより開放的な市場を支援するための強力なルールと制度の発展が求められる。

このことは日本の政策エリートの間では理解されている事実であり、1986年の前川レポート以来、多くの公的な文書にも記されてきた。1970年代半ばから、外国人は日本のポリシーメーカー(政策立案者)に対して、経済の透明性と開放性を高めるよう働きかけてきた。米国の政権は、何代にもわたって不満をつのらせつつ、東京がこうした通商政策や経済政策の変更を受け入れるように、くり

返しくり返し促してきた。

　改革の障壁となるものは巨大である。高齢化した労働者（その20〜30％はいまだに心地よい終身雇用をエンジョイしている）、保護されている産業、さまざまな産業を行政指導することに長い間慣れきっている官僚たち。彼らは皆、現状を維持しようとする。それ以上に問題なのが、日本人が急激な変化を好まず、ほかの選択肢がなくなってから初めて行動を起こすことである。しかも、日本には、経済問題はいまだ危機レベルにいたっていないと主張する者までいる。緊急性への認識の欠如、確立された慣習を変えることを嫌う国民性が、政治的にも心理的にも痛みをともなうリストラ政策を採用することをむずかしくしている。

　だが、同時に、日本が経済問題への対応において、なにがしかの前進をとげていることを認識することは重要である。たとえば、ビッグバンと呼ばれる一連の金融セクターの規制緩和策と、1998年の金融機関の処理を、高く評価する西側のエコノミストは多い。外国からの直接投資は劇的に増加した（もっとも、いまだに主要先進工業国の間では最低レベルであるが）。これらの前進は、より多くの競争と新しいビジネスモデルをもたらした。経済界は、関係の深さよりも収益性に重きを置くようになり、こうした変化が旧態依然とした系列システムをじょじょに弱体化させている。起業家精神が芽生えるようになり、ベンチャーキャピタル市場が拡大しつつある。

　ITセクターは急成長をとげている。新しい企業が次々と立ち上

がり、ほかの多くのセクターに対してもたらすであろう潜在的な恩恵は巨大である。しかし、ITセクターの伸びが過去10年の経済の停滞を救えるかどうかについては、経済学者の意見は分かれている。規制の障壁が成長を抑制し、他産業におけるITの採用を遅らせているからだ。それゆえに、ITセクターの潜在的な重要性を考えれば、経済が明るい方向に向かうためには、いっそうの改革と規制緩和が必要であることは明白である。おそらく、ITがなしうる最大の貢献とは、日本経済の広範な分野に規制緩和とより柔軟なビジネスモデルが浸透するように楔を打ち込むことにあるだろう。

それでも回復に対する障害は残っている。とくに、銀行問題の重要性がいまだに十分に認識されていない。また財政刺激策も長期的な成長を促す可能性のほとんどない、腐敗した利益誘導型の公共事業に偏りすぎている。こうした誤った財政政策が、対GDP比で1.2倍にもなる債務を生み出しており、これはいかなる主要先進国の経済よりも高い比率である。

民間セクターのダイナミズムを活かし、経済の変革を加速するような革新的な手法が求められている。日本にとって、その代価は高いものになるだろう。日本経済の長期的な健全性を回復するためには、日本の政治家がこれまで拒否してきたような短期的な犠牲を必要とする。米国は日本に対し、次のような方針に沿った政策をとるように仕向けるべきである。

●日本経済のよりいっそうの構造改革を促進する。市場に信頼を置

き、内外を問わずすべてのプレイヤーに対して市場を開放することが、持続的な回復には不可欠である。
● 短期的には財政と金融による刺激策を継続する。債務増大という問題はあるが、政府は将来的な成長につながるような分野には思い切って注力すべきである。利用者がいない橋やトンネルや新幹線をつくるような時代は終わらせねばならない。
● 企業会計や商慣習、ルールづくりにおける透明性が必要である。日本の経済統計の質は改善すべきであり、金融機関や地方自治体は本当の財政状態が明らかになるように求められるべきである。政府も同じく、政府情報のいっそうのディスクロージャーが必要である。
● 規制緩和を加速し、とくにテレコミュニケーションなど経済に大きな恩恵をもたらす可能性のある分野で推進すること。
● シンガポールとの間のFTA（自由貿易協定）をテストケースとして推進し、韓国、カナダ、米国やほかの関心のある国との間でも進めること。

　日本市場を開放し、構造改革を加速する能力は、米国政府からは失われつつある。日本での改革が行われず、それで米国企業の利益が侵され、世界経済が危機に瀕する場合は、米国は（日本に要求する）正当な権利を持つ。企業統治の基準づくりや商習慣の透明性の拡大などの分野においては、米国政府の注意や行動は今後も重要である。

　米国は２国間関係を改善するべく、今後何年間かは以下の鍵となる目的を追求すべきである。

Part 4
日本再占領

● 米国の経済的な利益はひとつにまとめて表明すべきである。ワシントンは、日本で現在進行中の構造的な変化が効率的になるように、優先順位をつけるべきである。この点において、米国の次期政権は、(日本に対して)整合性のある経済的要求をするために、米国民の支持を得なければならない。

● ワシントンは、対日直接投資を喚起するための対話をはじめなければならない。外国企業は新しい技術やビジネスモデルを持ち込み、日本企業をダイレクトに助けるとともに、競争をとおして刺激を与えることができる。

● 次期政権は、グローバルな通商交渉の新ラウンドの開催を最重要課題の1つとしなければならない。このイニシアティヴにおいて、米国の指導力は死活的に重要である。この試みにおいては、米国とその相手国は工業製品への関税、農業補助金、金融サービスへの障壁の撤廃を目標とすべきである。また、国際的に受け入れられる会計基準(とくに金融機関に対して)の交渉を行うべきである。

● 日米経済関係の重要性を考慮すれば、2国間通商交渉は引き続き重要な手段となりえる。そのことは、日米がWTOを紛争処理や新たな協力の場とするようになっても変わらない。

● 米国は、日韓間で生まれかけている経済協力を奨励すべきである。

　この「アーミテージ・レポート」を読まれて、読者はどんな感想をもっただろうか？　もちろん、こんな命令書 order のようなレポートに追従せよと、筆者は主張しない。しかし、ここで指摘 point out されていることは、おおむね間違ってはいない。とくに、「日

本人には危機感が足りない」ということ、「金融機関、地方自治体、政府が財政情報をディスクロージャーしていない」ということ、「利用者がいない橋やトンネルや新幹線をつくるような時代は終わらせねばならない」ということなどには、日本人もうなずかざるをえないのではないだろうか？　結局、日本人自身がやらなければならないと考えていることを列挙しただけなのだ。

ある経産省のエリートいわく、「アーミテージ・レポートの経済の部分はよく書けている。われわれもやらなければ、と思っていることは同じだ」

ただし、それを誰のためにやるかである。自民党の歴代政権と現在の小泉政権は、改革を国民のためにやってきたのであろうか？　もし、彼らが本当に国民のことを考えていたなら、アメリカに言われるまでもなく、このレポート以上の改革をすでにやっていたはずではないだろうか？

日本を買いあさる「ハゲタカファンド」の大攻勢

「アーミテージ・レポート」からすでに4年が経過した。日本の改革は「牛歩」ox's walk = snail's pace（カタツムリのペース）にせよ進んだのは確かだが、筆者には、破産の時期が近づいただけとしか思えない。小泉政権は稀に見るアメリカ追随政権だが、日本国民のためにそれをやっているわけではないからである。

政府 government でも企業 business でも個人 individual でも、借金がかさみクビがまわらなくなると、自分がもっている資産 assets を売って凌ぐしかない。これは、外部から見ると絶好のビジネスチャ

ンスである。つまり、アメリカから見れば、衰えた日本は絶好の稼ぎ先なのである。こうして、いまではアメリカの「ハゲタカファンド」vulture fund が、日本上空を忙しく舞うようになっている。

　そこで、小泉政権になってからいかにアメリカの経済植民地化が進んだのかを書き記して、この Part を終わらせることにしたい。

　最近の新聞記事で、筆者が衝撃を受けたのが、日本経済新聞の「再生ファンド投資　1兆円」という記事である。これによると、「再生ファンド」の日本への投資額が年々拡大を続け、しかも儲かっているのがわかる。

◆再生ファンド投資　1兆円

(「日本経済新聞」2004年9月5日)

> 企業の再生を支援する投資ファンド (基金) による国内企業への投資額が8月時点で累計1兆1794億円に上ることが日本経済新聞社の「再生ファンド調査」でわかった。前年調査の5.1倍に急拡大したのである。投資設定枠も計2兆3646億円に倍増し、投資余力は大きい。投資先企業を最終的な支援会社に売却するなど資金回収も進みつつある。資金全体のうち約9割を国内の出資者が拠出している図式も明らかになった。(237ページの表も同記事より)

　この日経の記事にあるファンドのなかで注目すべきは、やはり、リップルウッド Ripplewood Holdings とカーライル・グループ Carlyle Group であろう。なぜなら、この2つのファンドは、アメ

リカのエスタブリッシュメント establishment（支配層）、というより、世界のエスタブリッシュメントを代表するような投資グループだからだ。

つまり、日本の再占領＝経済植民地化を進めるにあたって、最大の資金提供先であり、アメリカの政界ばかりか欧州とも深く結びついているからである。筆者は現在、「ケンブリッジ・フォーキャスト・レポート」（Cambridge Forecast Report）というニュースレターを発行しているが、そのなかでも何度かこうした投資グループの背景 background にふれている。

まず、リップルウッドに関して言えば、読者もご承知のように、日本上陸をはたしたハゲタカファンドの先駆けであり、これまで新生銀行から宮崎のシーガイアなどに幅広く投資してきたが、それはあくまでオモテの顔であって、背後 behind the curtain の人脈を見ると、まさにアメリカの支配層 elite がズラッと並んでいるのだ。そのトップが、最近、社外取締役に就任したデイヴィッド・ロックフェラー（ロックフェラー財閥総帥）である。

■再生ファンドによる最近の主な投資回収事例

ファンド名	投資先企業	回収方法	取得額（億円）	売却額（億円）
リップルウッド・ホールディングス	日本テレコム（通信）	ソフトバンクに売却	2,513	3,400
	新生銀行（金融）	東証1部に上場	1,210	未確定
ユニゾン・キャピタル	メディアリーヴス（出版）	角川ホールディングスに売却	30	52
野村プリンシパル・ファイナンス	ドーワワークス（機械製造・リース）	タイヘイに売却	不明	不明
ジャフコ	トーカロ（表面処理加工）	東証2部上場	不明	不明
カーライル・グループ	イー・アクセス（通信）	東証マザーズ上場	30	120

注：「未確定」は全株を売却しておらず、売却額が確定していない。

リップルウッドは比較的ユダヤ系金融資本的色合いが濃いと筆者はにらんでいたが、デイヴィッド・ロックフェラーが社外取締役に名を連ねたことで、リップルウッドもWASP（= White Anglo-Saxon Protestant）的エスタブリッシュメントと融和したことがわかるのだ。ちなみに、筆者の友人の金融ジャーナリストの山本伸氏によれば、ロックフェラーのリップルウッド取締役就任を働きかけたのは、槙原稔・三菱商事会長であるという。槙原会長は父の代からの三菱マンで、戦後昭和20年代に米ハーバード大学に留学した三菱エリート。妻は岩崎弥太郎の曾孫、子息の純氏もハーバード大卒で、ゴールドマン・サックス Goldman Sachs のパートナーとなり、後に同社の東京支店長として活躍していたと記憶している。

つまり、このような人脈のもとに日本が動いていると考えていいのだ。

そして、カーライル・グループであるが、この役員にブッシュ現大統領の父、ブッシュ・シニア元米大統領がかつて就任していたのは有名だ（現在、籍はない）。ブッシュ・シニア元米大統領は、基本的には私企業の役員にはならない方針だというが、唯一の例外が、このカーライル・グループであった。筆者は、ブッシュ・シニアの大統領記念図書館事務局に直接確認したことがあるが、元大統領は同グループの顧問（アドバイザー、取締役や経営者ではない）ということだった。興味のある読者は、カーライルのホームページを開いてみるといい。そこには、たとえば元国防長官のジェームズ・ベイカーなど、エスタブリシュメンタリアンたちの名が、きら星のごとく並んでいる。

このカーライル・グループが、初めて日本国内での本格的投資の

対象とした企業がイー・アクセス（通信ベンチャー　2003年10月に東証マザーズに上場）である。そして、このイー・アクセスには、ゴールドマン・サックスも出資している。ゴールドマン・サックスと言えば、クリントン政権のルービン財務長官が、以前に会長をしていたことであまりにも有名だろう。ただし、ゴールドマン・サックスはその原点をたどれば、ドイツ系ユダヤ人がアメリカで設立した会社である。ということは、出自から言えばWASP的色彩の濃いカーライルが、ユダヤ系とも手を結び、両者の距離は接近しつつあるということになる。

　つまり、国際的金融資本としてのロックフェラーとロスチャイルドの提携 coalition が、この日本でも進んでいることのあらわれである。こういった話をすると、「日本はユダヤ人に乗っ取られる」といったような"陰謀論" conspiracy theory だと、妄想を抱く人がいるので困る。これは単に資本主義が厳然と行われているだけということだ。なぜなら、資本主義では、財閥 big money 同士が提携するのは当たり前の話だからだ。

日本企業を餌食にする「ネオ・ハゲタカ」

　お金がなくなった日本の悲劇は、じつはもうとことんまで来ている。それはハゲタカファンドよりもどう猛な「ネオ・ハゲタカ」が、日本企業を餌食 easy target にしているからだ。

　このネオ・ハゲタカは、株価 stock price の時価総額 aggregate market value が総資産より低い企業に狙いをつけ、それを買って解体し、転売することで儲けを出す。実際のところ、現在の日本には

そんな企業がごろごろあるから、こんなおいしいマーケットはない。

このネオ・ハゲタカをレポートしているのが、『WEDGE』（2004年7月号）の「ハゲタカより怖い!? 米国"脅し"ファンド日本に本格上陸』という記事で、これによると、日本企業のだらしなさがよくわかる。

同レポートによれば、たとえば、スティール・パートナーズというネオ・ハゲタカが狙ったソトーは、工場や土地などの資産価値は約350億円あったが、株の時価総額は約100億円。ということは、普通に考えれば、100億円で買って350億円で売り払えば、250億円儲かるという計算で狙われた。しかも、実際にはTOBを仕掛けただけで、会社を買うところまでいかなくてもいい。つまり、買うと脅しをかけて、株価が上がったところで買い取らせるとか、あるいは株に対する配当金 dividend を多く出させれば、それで儲けられるからだ。

ネオ・ハゲタカが株主 stock holders の権利を主張することは合法であるし、「時価総額が低いのは経営が悪い」「もっと株式の資産価値を高める経営をしろ」と主張すれば、このようなやり方は防ぎようがない。現在、時価総額が実際の企業価値である純資産価値を下まわっている会社は、東証一部の上場企業 listed companies のうちで、なんと4割もあるという。

その意味では、日本企業というのは、自分たちのもつ価値を投資家 investors に対して還元 return してないことになる。これでは、狙われて当然なわけで、こうしたシステムをきちんと整備してこなかったのだから、自業自得でもあるのだ。

また、日本にはアメリカにあるような「安全保障にかかわる企業

買収は、大統領が禁止できる」(包括通商法、エクソン・フロリオ条項)というような法律 act もない。とすれば、国がもっと傾けば、どんな企業でも買収されてしまうだろう。たとえば、2004年、リコール不正から経営がボロボロになった三菱自動車は、もともとは三菱重工の一部である。三菱重工と言えば、日本の基幹産業 key industry であり、戦前はゼロ戦を生産したことでもわかるように、日本そのものの象徴でもある。しかし、三菱自動車の転落からやがては三菱重工、三菱グループそのものまで買い叩かれるような事態になれば、政府はどうするのだろうか？ 三菱グループというのは、もともとがロックフェラーと縁が深いから、そこにすべて吸収されるのは自然の流れなのか？

　かつてピーター・タスカは、「ダメな日本の金融機関を欧米に全部買ってもらい、日本の製造業の輸出に関しては目をつぶってもらう」というシナリオを書いたが、このシナリオは、すでに完全に実現するところまで来ている。国家破産後は、おそらく有力日本企業の8割が、カナダのようにアメリカ資本の傘下に入る under the umbrella of American capital だろう。そして、民族資本の大銀行は、(うまくいっても)メキシコのように1行だけとなるだろう。

「金融寡頭支配」と「東京マンハッタン化計画」

　前著『新円切替』でも書いたが、資本主義においては金融力というのは最大のパワーである。これが弱いと、いくら製造業が強くても、企業は必ず乗っ取られる take over ことになる。つまり、金融力のある資本の下請け subsidiary にならざるをえないのだ。

このことを最初に見抜いたのは、ドイツの経済学者ヒルファーディング Rudolf Hilferding（1877〜1941）で、彼は『金融資本論』を書いて、このことを警告 alert した。これは、平たく言えば、金があれば会社の株を買える。株を握れば、その会社を支配できる。つまり、会社というのはどんなに優れた製品をつくる能力があっても、最後は金融資本に乗っ取られ、その能力すら奪われてしまうということである。

 もうおわかりと思うが、日本は土地をベースにした金融で資本を蓄えるといういびつな資本主義（土地本位制 land prices-based capitalism）を続けてきたので、これが崩壊したことで、金融も崩壊してしまった。そして、優良な製造業 manufactures が残されたのだが、これは、最後には欧米の金融資本に乗っ取られるということである。そして金融業自体の数も少数に収束していく。

 こうしたことを「金融寡頭支配」ファイナンシャル オリガーキー financial oligarchy と言うが、これはグローバリゼーションのいまも変わりない真理なのだ。欧米の資本主義というのは、段々と金融が中心となり、ユダヤ人たちはその最先端を切り開いてきた。ロスチャイルド財閥などがその典型である。この流れに日本が本格的に巻き込まれるというわけである。

 いま、東京ではさかんに都市再開発が行われている。六本木ヒルズ、新丸ビル、汐留・品川地区の再開発など、筆者もその現実を目の当たりにしている。

 アメリカを中心とする欧米資本の旺盛な日本進出がこれらの高級ビルを必要としているのだ。だから、やがて東京は、ニューヨークのマンハッタンと同じような都市になってしまうだろう。

 筆者は、外資による日本企業や日本の不動産の買い占め、そして

その延長上にある東京再開発を、「東京マンハッタン化計画」と呼んでいる。なぜなら、現在、東京で進む都市再開発には、前記した再生ファンドも含めて、多くの外資が参加しているからだ。東京の都市再開発計画は、いまのところ、2008年～2010年の間に完成すると言われているが、はたしてこの国の財政の破綻とどちらが先になるであろうか？

いずれにせよ、東京マンハッタン化はそれでいちおうの完成をみるだろう。それは、外側から見れば、日本の第3次国際化（明治の文明開化、第2次大戦後の開国に次ぐ）の完成でもある。また、アメリカから見れば、日本の経済植民地化の完成にほかならない。

考えてみれば、太平洋戦争に負けた時点で、日本全土は一度アメリカに完全に軍事占領された。だから、日本は元の状態に戻るのだとも言える。

しかし、はたして、本当にこれでいいのだろうか？

Part 5

ブリックスの世界

BRICs' World

Part 5

ブリックスの世界

21世紀半ば、中国、インドに抜かれて日本は4位に転落

　国家破産以後after our government's defaultの世界を考えたとき、いま日本国内で議論discussされているような「内向きの議論」ばかりでは、われわれは未来を誤ってしまう。まして、多くの「日本破産本」が語るような「未来に備えた資産防衛術」だけでは、われわれはこの困難な未来future hardshipを乗り切れないと、筆者は考えている。

　そこで、このPart 5では、もっと大局的見地からfrom a broader viewpoint今後の世界経済を考えていきたいと思う。つまり、筆者の専門とする国際政治の分野から、世界情勢の今後を分析してみたい。これは、Part 2で描いた未来シナリオとPart 4で示したアメリカによる日本再占領reoccupationのシナリオscenarioの延長線上になる話だが、じつは、それ以外の要素も多分に含んでいる。

　それは、アメリカという世界帝国American Empireの今後が、極めて不透明な状況uncertain situationになっているからだ。とくに、ブッシュが再選されて以後、こう考える人が多くなった。つまり、アメリカの一極支配秩序a unipolar world orderが崩れ、世界は大きく構造転換するというのだ。もちろん、いまの世界の経済構造が変化すれば、アメリカの一極支配も崩れざるをえない。現在のユニポーラー・システム「一極＝unipolar」からマルチポーラー・システム「多極＝multipolar」に向かうのは間違いない。

　しかし、筆者に言わせると、これは経済面だけの話で、政治・軍事的には、アメリカの世界覇権global hegemonyは当分崩れない

はずである。アメリカの世界覇権は 2050 年までは続くだろう。ただ、筆者としても、こと"国民経済"という観点から見れば、すでにアメリカの一極構造は崩れていることを認めざるをえない。これは、後述するが、グローバリゼーション globalization の結果であり、もはや国家を単位 a nation as an unit とした経済が無意味 meaningless になったからである。

われわれは、ついこの間まで GDP という物差しだけで自国をアメリカに次ぐ世界第 2 位の「経済大国」the second largest economic power と捉え、それで自己満足して世界のトレンドを見誤ってきた。しかし、いまでは EU がアメリカとほぼイーブンの経済パワーを持つようになり、さらに中国 China やインド India などの経済成長 economic growth にも目覚しいものがある。これは、アメリカというトップランナーと 2 番手を走っていたわれわれが、やがては後続のランナーに抜かれる、ということを意味している。

そこで、最近注目されているのが、「ブリックス」BRICs というキーワードである。これは、2003 年 10 月ゴールドマン・サックス証券の研究所が、「BRICs と見る夢 :2050 年への道」(原題 Dreaming with BRICs:the Path to 2050) として打ち出したレポートに初めて登場した言葉だが、その後またたく間に世界中に広まって widespread over the world しまった。

BRICs とは、ブラジル Brazil、ロシア Russia、インド India、中国 China の頭文字の略称である。これら 4 カ国は世界人口の約 4 割と、陸地面積の約 3 割を占めるが、同レポート (以下「BRICs レポート」と略称) は、「これら 4 カ国の GDP は今後 40 年間で G6 (日米英独仏伊) の GDP を凌駕する」と予測 forecast しているのだ。しか

も、この「BRICsレポート」は、今後30年以内に、日本経済は規模の上で中国はもちろん、インドにも抜かれてしまうと書き、2039年には、現在の世界経済のトップ6か国(G6)であるアメリカ、日本、ドイツ、フランス、イギリス、イタリアの合計を、「BRICs」が経済規模で上まわるとしている。

そして、21世紀半ばの2050年には、世界各国のGDPは、①中国、②アメリカ、③インド、④日本、⑤ブラジル、⑥ロシアの順になるというのだ。

もちろん、こうしたことが本当に起こるかどうかは不確定である。歴史をふり返れば looking back to history、こうした予測は外れた例のほうが多いからだ。しかし、だからといって、こうした未来予測を無視 ignore して生きることは、われわれの選択肢 options を狭め、さらに愚かなところに追い込むことになってしまう。では、われわれはこの未来予測からなにを読み取ればいいのか？ 筆者としては、なぜいまこんなレポートがつくられたのか、その背景を第1に分析すべきだと考える。

「BRICs外交」を展開していないのは日本だけ

「BRICsレポート」の背景と分析にはいる前に、とりあえずわれわれがいまいる世界を確認 verify しておきたい。そして、2004年11月のブッシュ再選で、アメリカ帝国と世界がどう変わっていくのかも検証しておく必要がある。

まず、われわれがいまいる世界であるが、これは世界経済がかつてないほど統合 integrate されてしまった世界である。冷戦終了後

after the Cold War の世界経済は、まっしぐらにここに向かって進んできたと言っていいだろう。ただし、まだ世界は1つの共通ルールに基づく世界市場 one global market をつくり出してはいない。だが、グローバリゼーションがいま巨大な世界マーケットをつくり出しつつあることだけは確かだろう。その後、この動きが逆転する可能性もあるが。

冷戦時代というのは、世界ははっきりと3つのブロックに分かれていた。その3つとは、西側世界（アメリカとその同盟国）the Western World、東側世界（ソ連とその同盟国）the Eastern World、そして第3世界（アフリカやアジアの発展途上国）the Third World である。しかし、冷戦後にソ連を中心した東側世界が崩壊 collapse すると、ロシアと東欧の約4億人が西側の資本主義自由市場に参加してきた。そして、第3世界の中国の約13億人、インドの約10億人も、いまではこの市場の住人である。

こうなると、この巨大な資本主義自由市場のなかでの競争は、当然のごとく激化 heat up する。ところが、わが日本はこの市場へのアクセスを旧来のシステムでやり続けたため、ここまで衰退 decline してしまったのである。日本は、西側世界のなかでは、グローバリゼーションへの適応 adaptation がもっとも遅れたと言っていい。そして、いまだに適応できていない。グローバリゼーションとは平和や安定を意味しない。むしろ、あらゆる競争が地球規模で激化する不安定化を意味している。

日本人は、最近ようやくこのことに気がつき、アジアへの認識が変わってきた。しかし、対 BRICs となると、まだまだピンと来ていない。

Part 5 | ブリックスの世界

　これを端的に示しているのが、日本のインドへの対応の遅さ too late to commit である。中国の後ろにひかえる巨大な成長国家・インドは、中国とともに ASEAN に急接近し、2003年10月には、すでに中国が署名していた ASEAN の基本条約である東南アジア友好協力条約(TAC) に署名した。つまり、インドもいまやアジア市場の一員であり、日本としては中国と同じように、あるいはそれ以上に重要視していかねばならないのである。中国は反日だが、インドは親日である点も重要だ。

　かつて第3世界の国と言えば、それは途上国 developing country であり、先進国から援助 aid を受ける側の国であった。しかし、インドは、すでに世界銀行、アジア開発銀行からの借入金 loan のうち約30億ドルを、期限前の 2003 年に返済している。そして、IMF による途上国援助も、これまでの受け取る側から基金拠出側に転換している。さらに、インドは 2002 年には、アジア、アフリカ諸国に計4億ドルあまりの無償・借款資金を提供し、援助をする側にまわっているのだ。だから「BRICs レポート」でも、インドを称して「21世紀の世界の工場は中国。21世紀の世界のサービス産業の拠点はインド」と言っているのである。

モスクワのクレムリンで握手する韓国の盧武鉉大統領(右)とロシアのプーチン大統領。盧武鉉大統領はすでに「BRICs 外交」に着手している(写真 / 共同通信)

このインドに、最近では韓国 Korea も急接近している。韓国の盧武鉉(ノムヒョン)大統領は 2004 年 10 月 5 日インドを訪れ、マンモハン・シン首相 Manmohan Singh と会談し、2 国間の FTA 協定 free trade agreement を締結することで合意した。韓国経済を引っぱるサムスンは、今後さらにインドへの投資 investmennt を拡大すると言っているし、そのサムスンの会長から韓国の情報通信相となった陳大済(チンデジエ)は、「韓国の製造業の海外進出は、これまで中国に偏っていた。しかし、いまや中国は競争相手 competitor であり、今後は他の BRICs との連携 ally が不可欠」と宣言している。

盧武鉉はこのインド訪問前にはロシアを訪問しており、今後はブラジルも訪れる。つまり、韓国はすでに「BRICs 外交」を展開しているのである。

それなのに、わが国はどうであろうか? このような将来を見据えた外交戦略 diplomatic strategy が、小泉内閣にあるだろうか?

ブッシュ再選でアメリカはどう変わるのか?

BRICs の経済成長が続く今後、では、世界の支配者 ruler であるアメリカはどうなっていくのだろうか?

これには、現在のところ 2 説がある。

まず、ブッシュ再選でアメリカがますます単独主義を強め、その結果、経済的には衰えていくという説。いや、ブッシュといえどもこれ以上単独主義を続けるのは難しいから、元の国際協調路線 international collaboration に戻り、なんとか覇権 hegemony を維持していくだろうという説の 2 つである。いずれにせよ、どちらも

アメリカの未来を悲観的に見ている点では共通している。

この2説をもう少し説明すると、まず言われているのが、ネオコン neo-conservatives の復活による単独路線である。今度の大統領選挙では、上院 Senate の改選でも共和党 Republic Party が勝った（共和55対民主44）。このため、ブッシュ共和党に歯止め restrain がかからなくなり、しばらくおとなしくしていたネオコンが究極の目的 final aim である「中東の民主化」democratization of the Middle East に再度挑戦するだろうと言うのだ。

ネオコンのやりたい放題になると、この先アメリカは、イラン、シリアなどに戦線を拡大 escalation of war する可能性が出てくる。すると、アメリカは戦線維持のために莫大な出費 heavy outlay を必要とし、財政はますます悪化する。これは、経済的にはドル安 weak dollar の展開で、アメリカから資本がどんどん逃げていくということである。これまではアジア諸国がアメリカ国債 U.S. Treasury Bonds を買ってドル相場 dollar exchange rate を安定させてきた。しかし、今後はアジアにも独自の経済圏ができて、ドル離れが起きる可能性が強い。こうなると、アメリカの覇権は急速に衰えてしまう。

しかし、それがイヤで、多極化に舵を切れば、それでもアメリカの覇権が衰えるというのが、次の説だ。つまり、多極化協調路線は、EU、中国、ロシアなどの力を相対的に強めることになる。イラクの泥沼化にはまっている stuck in a quagmire 以上、アメリカとしては気にくわなくても国際協調せざるをえない。そうして、ずるずると衰えていくというのである。

かつてのレーガン政権は、2期目にはソ連崩壊が明白になったの

で、タカ派 hawks から穏健路線（ハト派）doves に転じたが、ブッシュがはたしてそうするだろうか？

いまのところ、この2説の見通しはまだ立たない。しかし筆者は、以前からアメリカの世界覇権はあと半世紀 at least a half-century は続くと考えているので、この2説のいずれをもとらない。

アメリカのエリートたちがいまも揺るぎない歴史観を持って行動していることを、筆者は知っている。筆者はアメリカで、帝国を動かすたくさんのエスタブリッシュメンタリアンに出会い、彼らを観察し、議論も重ねてきた。その結果、彼らがいつも自信 confidence と戦略 strategy を持って行動していることをイヤというほど思い知らされた。つまり彼らは、自分たちは世界の中心にいる（we are in the center of the world）といつも考え、それを維持するためにはなんでもするという人々なのである。単独行動主義も国際協調も、じつは根っこは同じで、どちらも世界覇権維持のための手段 measures にすぎないのだ。

要するにアメリカは帝国であって、その根底にはギリシャ、ローマからずっと続いてきた「西洋中心史観」がある。つまり、「西洋」（West）が世界の中心であり、その覇権は、古代のギリシャ、ローマからスペイン、ポルトガルなどを経てイギリスに渡り、いまアメリカにあると考えているのである。

これは東洋人 Orientals including us から見れば信じがたい傲慢史観であるが、彼らはこの大きな枠組み framework で、いまも行動している。

そして、じつは「BRICs レポート」というのも、こうした歴史観に裏付けられたレポートなのである。ここを読み誤ると、われわれ

はまた失敗する恐れがある。

"イスラエル・アメリカ連合"の意思

　筆者は最近、「イスラエル化した世界　修正シオニズムと日本外交」(『日本文化』2004年夏号)という論文 essay を書き、そのなかで、「われわれは、イスラエルと運命共同体的状況にある」と書いた。これは、現在の世界情勢を見ているとどうしても出てくる結論 conclusion である。ネオコンとは、イスラエル・タカ派と連携したアメリカ共和党内保守派のことだから、ユダヤ＝イスラエル問題について言及することなしに、日米関係を論ずることは不誠実かつナンセンスと考える。

　要するに、日本はアメリカの属国 tributary state なのだから、宗主国 colonial master であるアメリカがイスラエル Israel と一体なら、イスラエルとの友好関係 friendship が日本にとって重要だということである。

　これではまだ、「おまえはなにが言いたいのだ」と言われるだろうが、まず読者に考えてほしいのは、18世紀以来、世界の経済秩序 global economic order の一角は常にユダヤ人 Jews によって形づくられてきたということである。独占ではないが、資本主義の根幹である金融で彼らは大きな力を発揮してきた。当然彼らがどんな世界観を持っているかを知らなければ、われわれもこの世界で経済活動がうまくできない。あの9.11（ナイン・イレブン）以来、アメリカ（ネオコン）・イスラエル連合 U.S.-Israel coalition は、対テロ戦争 war against terrorism を続けている。これは、筆者に言わせると

「第4次世界大戦」である。「第3次世界大戦」を冷戦と考えれば、必然的にそうなるのがおわかりいただけると思う。

そして、こういう文脈contextのなかで、「BRICsレポート」が出てきたと、筆者は考えている。

すでに述べたように、このレポートをつくったゴールドマン・サックスGoldman Sachsはドイツ系ユダヤ人を主流として創設された企業である。いまでは株式が公開public offering of the stocksされているが、それでもかなりエスニック色の強い企業カルチャーcorporate cultureを維持しているようだ。最近では、クリントン政権のルービン財務長官がゴールドマン・サックスの会長であったし、現ブッシュ政権の経済担当大統領補佐官のフリードマンも、ルービンとともに同社の共同会長の要職にいた人物である。つまり、この会社は、ユダヤ系としてアメリカ政治の中枢center of powerに食い込んだ存在と言ってもいい。

とすれば、「BRICsレポート」にアメリカ・イスラエル連合の意思が反映されていると考えるのは当然ではないだろうか。

では、その意思とはなんだろうか？　彼らはなにを考えているのだろうか？

その答を書く前に、話は筆者のアメリカ留学時代にさかのぼる。

「情報化社会論」はイスラエルの安全を担保する

筆者が国際問題アナリストの仕事に入った直接のキッカケは、1980年代前半のハーバード大学大学院留学時代に、「ケンブリッジ・フォーキャスト・グループ」のリチヤード・メルソンRichard Melson という人物に出会ったからである。

　メルソン氏はユダヤ人で、当時この近未来予測の民間シンクタンクの長であり、ニューズレターの発行者だったが、友人の友人として会った筆者に、いきなり以下のようなことを言って驚かせた。

「いま日本ではアルビン・トフラーの『第3の波』が大ブームで、NHK はこの著作の TV 化までしたと聞いている。しかし、これはきわめて危険な兆候だ。ハーバード大学社会学部のダニエル・ベル教授のポスト・インダストリアル・ソサエティー post industrial society（脱工業化社会）などというコンセプトも同様だが、これは、われわれユダヤ系学者の一種の世論誘導であり、願望 wishful thinking なのだ」

「情報化社会とはなんだろうか？　要は、エネルギー（化石燃料 fossil fuel）消費と経済成長が正比例 direct proportion しない社会ということだ。考えてもみたまえ。オイル・ショック以来、われわれユダヤ人は、増大するアラブ産油国の政治力、そして金融面においてはペトロダラー petro-dollars（原油売り上げ代金のドル）の威力に圧倒されてきた。経済成長にはどうしても（工業化社会を前提とする限り）より多くの原油 crude oil の消費を避けることができない。そうすればアラブ諸国（あるいはイスラム諸国一般）の政治力は必然的に増大する」

「この悪循環 vicious circle を解消するためのアイディアの1つが、『情報化社会論』information society なのだ。つまり、コンピュータによる情報処理技術と、テレコミュニケーションによる情報伝達技術の2つが、巨大な経済成長 huge economic growth を生み出

すならば、この悪循環は断ち切れる。化石燃料消費の増大をともなわない先進国の経済成長が可能になる。つまり、アラブ=イスラムの政治力・経済力を強めることなしに、先進国の成長が実現されるわけだ。そして、それはすなわち、イスラエルの国家安全保障 national security のためになるということだ」

「MIT（マサチューセッツ工科大学）の AI（人工知能 artificial intelligence）研究所に行ってみるといい。あそこの約 8 割の研究員はユダヤ系だよ。われわれの仲間だ。つまり、人類の未来がコンピュータなら、未来はユダヤ人の手のなかにあるということになる」

「ところが、私はね、それは客観的予測と言うよりは、ユダヤ系学者の願望である、と考えている。現実には in reality、情報関連技術の生み出す経済成長はたいしたことはないのだ。ユダヤ系経済学者や未来学者は、情報産業の潜在成長力 potentiality を過大評価している。情報産業は成長産業であるのは確かだ。それを否定はしない。しかし、情報産業が近未来の先進国にバラ色の経済成長をもたらすと考えるのは、明らかに幻想 illusion だ」

「世に流布される言説には必ずと言ってよいほど、裏 reality behind the scene がある。つまりその言説の"隠された意図＝隠された課題—— hidden agenda"がある。情報化社会論の隠された課題とは、じつはイスラエルの安全保障なのだ。日本人は真面目だが、こういった情報操作 info manipulation については、あまりに無知だ。無邪気 naive になんでも信じないほうがいい」

「そもそもアメリカで重きをなしているエコノミストの多くはユダヤ系だし、未来学 futurology などという学問分野をつくりあげたのもユダヤ系学者だ。われわれは"概念上の格闘技 conceptual

Part **5**

ブリックスの世界

boxing"なら誰にも負けないからね」
<small>ボクシング</small>

　メルソン氏のこうした解説に、まだ若かった筆者はかなり驚いた。しかし、その後調査研究を続けると、彼の話はほぼ裏付けられる well supported ことばかりだった。もちろん、メルソン氏の発言は、日本への愛情から発したものであるのは疑いもなかった。

　なぜなら、1948年生まれの彼は、1963年まで小中学生時代のほとんどを神戸で暮らし、MIT卒業後はハーバード大学の大学院に進み、さらにハーマン・カーン博士のハドソン研究所で研究員を務めた俊才だからだ。ポーランド系ユダヤ人の末裔 descendant で、ホロコースト holocaust で生き残った一族の1人であった。

　ともかくも、同氏の啓蒙をもとに筆者が書いたのが、『世界経済大予言』(光文社・1984年刊)という本で、これが筆者の第1冊目の著書である。タイトルは怪しげだが、中身は、安易なバラ色の「情報化社会論」に警鐘を鳴らしたものだった。

「第3世界開発論」はこれまではタブーだった

　さて、この「情報化社会論」を「BRICsレポート」に置き換えてみよう。いったい、なにが見えてくるであろうか？

　筆者は20年前、前記した『世界経済大予言』のなかで、「今後、世界の資本主義は、先進国市場の飽和化にともない、第3世界(低開発諸国)の経済成長を実現し、そこに最終市場を拡大する方向に発展する」と大胆な予想を展開したが、まさにいま、その予測が「BRICsレポート」に書かれているのである。つまり、BRICsのみな

らず第3世界の全体が、今後の世界経済の主戦場 main battle fields になると、このレポートは言っているのだ。

「BRICsレポート」作成の中心人物ドミニク・ウィルソン Dominique Wilson（ゴールドマン・サックス・グローバル・エコノミクスグループのシニア・エコノミスト）は、次のように語っている。

「今回は、ブラジル、ロシア、インド、中国だけを取り上げましたが、新興市場が世界経済を牽引するという考え方は、世界全体を代表する今後のトレンドだと考えています。たとえば、中国やインドの躍進と同じような現象が、規模は小さいけれど、台湾、韓国、マレーシアなどでも発生するでしょう。また、インドネシア、メキシコ、中央欧州各国などは、今後目覚しい経済成長をとげる可能性を秘めています」（『サピオ』2004年8月18日号、64ページ）

つまり、既成の低開発地帯全体をほぼ"新興市場" emerging market と捉え、そこの経済は伸張するだけではない、そこにおける経済成長が、「先進国経済をも含む世界経済全体を牽引する」というのである。

しかし、こうした考えは、過去20年間理論的には存在しても、いままではほとんどのエコノミストたちに無視 ignore されてきた。とくに、ユダヤ系エコノミストたちの強い反発をかってきた。

多くの第3世界諸国では、いまでもユダヤ＝アラブ紛争に関しては、アラブ側への同情者が多い。その核心たるパレスチナ紛争 Israeli-Palestinian conflict では、イスラム教国を中心にまだ多くの国がパレスチナ側を支持している。冷戦時代にさかのぼれば、ソ連とその同盟国はアラブ＝パレスチナ側を圧倒的に支持 support していた。それ以上に、中国、インドなどの非同盟諸国会議（第3世界

諸国）もパレスチナ側 Palestine Liberation Organization（PLO＝パレスチナ解放機構）を支持していた。

　だから、第3世界から見れば、パレスチナ問題こそ、先進国と第3世界との間に横たわる最大のシンボリックな政治問題 political issue だった。中国やインドの指導者は、先日死去したアラファト PLO 議長 Yasser Arafat に、いつも最大限の賛辞を送っていた。そして、冷戦が終わってからも、たとえば、湾岸戦争 Gulf War（1991年）の際のロシアでは、マカショフ将軍等を中心に、強力なサダム・フセイン Saddam Hussein 支持論が巻き起こった。マカショフはまた、ロシアにおける反ユダヤ主義の急先鋒 active leader でもあった。

　つまり、このような政治空間のなかでは、「第3世界開発＝世界資本主義のエンジン」論は、常にイスラエル支持者（ユダヤ人、非ユダヤ人を問わず）から、もっとも強烈な反発を受けたのである。アラブ＝イスラム＝第3世界とうまくやってゆくには、イスラエルは邪魔になる。イスラエルのタカ派路線には強力な圧力が、アメリカを含む先進国からもかかってくる。そこで、（ユダヤ人でなくとも）イスラエル支持者は、第3世界開発論を忌避していた。

　しかし、このタブー taboo は打ち破られてしまったのだ。それも、ユダヤ人自身の手によってである。いったい、なぜこんなことになったのだろうか？　彼らの真意とはなんなのだろうか？

　ゴールドマン・サックスが長年のタブーだった「第3世界開発」論を打ち出してきた理由は、2つ考えられる。まず、もはや第3世界が、イスラエルにも世界のユダヤ人にも、まったく危険な存在 dangerous area ではなくなったということ。次に、「情報化社会」が行き詰まったことである。

Part 5

BRICs' World

　対テロ戦争 war against terrorism が始まってしまった以上、言い換えれば、第4次世界大戦が起こってしまったからには、新興市場がいかに発展しても、それが、パレスチナ人、アラブ人、イスラム教徒に、なんらの政治力（とくにイスラエルを脅かす類の）を与えることはもう考えられない。これらの地域がいかに経済発展しても、イスラエルは揺るぎない。そう、彼らは確信したのである。

　じつは、資本主義 capitalism のあり方から言って、新興市場はどんどん発展させなければならない。しかし、その路線はいままで政治的に抑えなければならなかった。それで、「情報化社会論」が唱えられたのだ。しかし、先進国のみに特化した情報化社会論は、実際には期待されたほど大きな富を生み出さなかった。コンピュータ産業、通信産業は発達したが、その経済牽引力 pulling power は、たいしたものではなかったのだ。

　というのは、これらの産業は発展すればするほど、ものの価格 prices を下げてしまったからである。パソコンも通信料金もどんどん下がり、いまでは3万円台のパソコンすらある。インターネットの発達は、情報交換を容易にしたが、同時に情報をほとんどタダにしてしまった。

　つまり、このまま情報化社会を進めても、もはや先は見えてしまった。それなら、元のモノの生産を基本とする「実物経済」tangible economy に戻ろう、その市場拡大のために、BRICs を発展させていこうというのだ。

　もうおわかりかと思うが、「BRICs レポート」はこの文脈で読めば、単なる客観的予測ではない。「今後われわれはこう行動する」という行動宣言 manifesto（マニフェスト）である。そして、世界は本当

にそういう方向に動いていくはずである。

イラク戦争で石油を確保した真意とは？

さて、なぜアメリカのネオコンが「大量破壊兵器」WMD:weapons of mass destruction という大義 cause なくしてイラク戦争 Iraq War を起こしたのかを、ここで考えてみる必要がある。

いちばん大事な疑問は、ドルという通貨がなぜ世界の基軸通貨 key currency であるかということである。通貨というのは、金貨などの貴金属 precious metal を除けば、ただの紙切れである。ということは、その紙切れと「実物資産」tangible asset たるものが交換できなければ価値はない。だから、かつては「金本位制」gold standard が成立していて、金と交換することができた。しかし、1971年ニクソン大統領による「ドル・ショック」Dollar Shock で、この制度は崩壊した。これで、ドルはただの紙切れとなるはずだったが、じつはそうではなかった。

アメリカはサウジアラビアなどの産油国をコントロールし、ドルを「石油」と交換できる唯一の通貨にしたのだ。石油というのは、すべての産業に必要なエネルギー源だから、立派な「実物資産」である。つまり、ドルの価値は石油という「裏付け」backing を得て守られたのである。そして、現在も石油はドルでなければ買えない。いくら、日本円を積んでも、誰も売ってくれないことになっている。もちろん、ほかの国の通貨でも買えない。

しかし、このドル支配に対抗したのが、サダム・フセインだった。フセインは、ヨーロッパがEUによって統合され、統一通貨ユーロ

Euro が登場すると、自国の石油をユーロ建てで売ろうとしたのである。もちろん、EU としてもこれには乗り気になった。

これは、ドル支配によるアメリカの世界覇権への不敵な挑戦である。世界第2位の埋蔵量 reserve を持つイラクの石油がユーロで取引されれば、世界は2つの基軸通貨を持つようになり、アメリカの世界覇権は持続できなくなるからだ。

こうして、2004年3月、アメリカはイラク戦争に突入、占領した。アメリカ覇権は守られ、石油も確保された。これが、おそらく読者も知っているイラク戦争の経済的意味だが、ここに「BRICsレポート」をはめ込んでみると、どうなるだろうか？

情報化社会に見切りをつけ、今後は実物経済による第3世界開発を目指すために、もっとも必要なものはなにか？　それは、言うまでもなく石油ではないか。つまり、今後は「ドル＝石油体制」をがっちり固め、BRICs 諸国に投資していく。そうして、経済発展させ、さらに非石油産出の低開発国に石油を買わせ、儲けていく。このように考えれば、すべての糸はつながってくるはずである。

ネオナショナリズムの「勝ち組」と「負け組」

それでは、「BRICs レポート」の文脈を、今度は国際政治 international politics の枠組みで捉え直してみよう。国際経済的には第3世界が発展するなかで、国際政治は「対テロ戦争」という枠組みで動いていくことになるのが、おわかりだと思う。

筆者は、冷戦以後の世界を、政治的には「ネオナショナリズム」neo-nationalism の時代と捉えてきた。経済のグローバリゼーショ

ンが進展するかたわらで、反比例 inverse proportion するように政治的ナショナリズムが強まったからだ。そして、9.11同時多発テロ以降は、このネオナショナリズム時代の第1の局面 the first stage と考えている。つまり、「対テロ戦争＝第4次世界大戦」がそれである。そして、今後はこの局面が、まったく異なった第2局面、第3局面へと構造転換 structural change してゆく可能性はあるが、ここまででわかったことは、勝ち組 winners と負け組 losers がはっきりしたことである。

アメリカ、イスラエル、イギリス、トルコ、ロシアは明らかな勝ち組である。イラクへ派兵した国はもちろん、そうでない国も、反テロ戦争へ参加したネオナショナリスト諸国は、勝ち組に入っていると考えられる。

もちろん、わが日本もかろうじて、勝ち組の一員だ。

では、負け組はどこの国か？　それは、アラブ諸国、イスラム諸国、北朝鮮などで、これは明らかな負け組である。いまブッシュ政権は、ネオコン的単独行動主義から多国間協調主義へと、「対テロ戦争」の戦略を変化させつつある。そのため、フランスやドイツも勝ち組に入ってくるはずである。ロシアはイラク派兵こそしなかったが、勝ち組の筆頭格である。単に、原油が高騰したからでも（ロシアは石油輸出国）、国内にコーカサス問題やチェチェン問題を抱えているからでもない。そもそも対テロ戦争の仕掛け人の1人が、ロシアだからだ。

「イスラム過激派を不倶戴天の敵とし、これに連なる勢力、テロ支援国家（イラク・イラン・北朝鮮）を敵視する」というのが、この「対テロ戦争」の構図である。

Part **5**

BRICs' World

　冷戦が終わってから、イスラエルと連携するアメリカのネオコンは、この戦争の必要性 necessity を訴えてきた。ロシアでは、ソ連時代の末期からプリマコフ元首相を中心とするKGB（国家保安委員会）関係者が、（その真意は異なるが）ネオコンとほぼ同じような構想を表明し、アメリカに働きかけすらしていたのである。そして、ついにイラク戦争が実現したというわけだ。

　筆者は、国際政治の権力構造 structure of power の基本は、「いかなる勢力がいかなる勢力と対立しているか」という対立構図だと考えている。この「対立図式＝対立軸」を、いかに自分に有利なかたちに持っていくか。これが、戦略の基本中の基本 nitty-gritty（ニティー・グリティー）（核心）だ。

　そして、「対立図式＝対立軸」というのは、自然に生まれるわけではない。人間が意図的につくり出す produce intentionally ものである。

　1つの対立構造（冷戦）が終焉しようとするときに、世界に無数に存在する対立軸のなかから、いかなる対立軸を選び出し、それを次の時代の中枢的な対立軸として構築するか。どの対立構造が、自分（自らの属する集団）に有利 take advantage たりえるか。これをめぐっていくつもの闘いが仕掛けられたが、結局、「反テロ戦争」を仕掛けた勢力が、ついに勝利 got win したのである。

　もちろん、9.11によって、新しい対立軸は誰の目にも明らかになった（Everyone did see it.）。しかし、これは、それ以前から仕掛けられていたものと考えるべきだろう。9.11の実行犯たちは、まさに飛んで火にいる夏の虫であったと言えるのだ。筆者は、9.11謀略説はとらないが、こうした「構造的」な観点こそもっとも重要だと

考えている。

そこで、現在、国際政治的には勝ち組にかろうじて入ったわれわれの国家をふり返ると、第2次世界大戦の対立軸では、もっとも損なポジションにいたのである。まるで、いまのアラブ諸国である。しかし、冷戦構造下では、もっとも有利なポジションに着いた。が、再び、冷戦が終わって9.11までは、またもや損なポジションにいたのである。

ただし、これは国際政治の話なので、必ずしも有利なポジションが経済的な繁栄 prosperity をもたらすとは言えない。しかし、この2つは大きくリンクすることも確かである。とすれば、今後の日本はなんとかこのポジションを生かしていかねばならない。

しかし、実物経済の基である資源をもたず、ただ技術力だけの日本が、はたして「BRICsの世界」でうまくやっていけるのだろうか？

資本主義のダイナミズムとはなにか？

「BRICsの世界」である第3世界というのは、世界に残されたファイナル・マーケット the final market である。つまり、今後の世界は、この最終市場をめぐる争いとなる。

そして、ここで大事なことは、資本主義のダイナミズムを理解することである。これは国家においても、企業においても、個人においても同じなので、ここからは、個人レベルの話をしてみたい。

経済や投資について解説した本は多いが、資本主義とはどういう仕組みなのかという、もっとも基本的な問いに答えているものは、意外と少ない。そこで、やはり、読者に時間があれば、カール・マ

ルクス Karl Marx（1818〜1883）の『資本論』（Das Kapital）を読むことをお薦めしたい。もちろん、マルクス自身が執筆・完成した第1巻である。第2巻と第3巻はエンゲルス Engels の編集による草稿集であり、意味不明のところも多いので、第1巻だけを読めばことは足りる。

　筆者はマルクスの前提 assumption にも結論 conclusion にも反対だが、第1巻の面白さだけはお薦めできる。19世紀半ばの英国の労働者の姿が活写されているからだ。では、マルクスもうすうす気づいていた資本主義の本質 true nature of capitalism とはいったいなんだろうか？

「資本主義経済とは、資本が投資され、利益を生み、増殖して行く経済の仕組みである」

　これが、もっとも単純な資本主義経済の本質だろう。では、資本とはなにか？　平たく言えば、「日々の暮らしに必要以外のあまったお金」だ。要するに、われわれのレベルで言えば、預貯金 deposit and saving、タンス預金 saving under the mattress である。そして、これをなにかに投資してリターンを得ること。これが資本主義である。つまり、「余裕のあるお金」がなければ資本主義はありえない。

　経済が発展してきた原動力 engine は、人間の「少しでも楽に、豊かに、暮らしたい」という願望 wish だった。そのために必死で働き、工夫して生産 productivity を増加させてきたのである。そして、余剰の富ができ、それをさらに生活を楽にするために、投資するという行為が生まれたのだ。

　投資する目的は、もちろん増やすことにある。だから、資本主義社会とは、常に成長することを前提として成り立っている経済であ

るとも言える。投資し利益を上げれば、その利益の一部は消費にもまわるが、残った利益は再び投資され、さらなる増殖のプロセスに入る。これが、資本主義のダイナミズムだ。

ところが、資本主義というと、すぐに「金が金を呼ぶ」「資本は集中し、独占化する」と考える人がいる。しかし、これは資本主義の一面しか見ない歪んだ思考法である。資本は増殖を求めるが、増殖するためには必ず投資されなければならない。

投資されるというのは、資本がその持ち主の手を離れ、その使用権が一時的に他人の手に移るということだ。すると、資本を受けた側は、その資本を生かし、自らも豊かになり、資本の元の所有者も豊かにする。つまり、資本は分散され、投資されることにより、貧しくとも進取の気性をもった人々、起業家 entrepreneur が豊かになるチャンスを提供し、雇用機会 employment opportunity も創るのである。

このようにして資本主義は、資本を社会に循環 circulate させつつ、貧困 poverty と不平等 inequality をダイナミックに解消していく。マルクスをはじめ資本主義の批判者たちは、資本の集中運動のみを見て、資本の分散運動を見落としていたのである。

「BRICs の世界」から話がかけはなれてしまったようだが、今後、この世界で資本がまわるということは、あなたにも投資家や起業家としてのチャンスがあるということである。筆者は、国家破産に関して庶民は無力と言ってきた。数千万円から億単位の資産を持っている人なら別だが、数十万円から数百万円の単位の預金しかない庶民は投資してもムダだと言ってきた。その理由は、前著の『新円切替』に詳しく書いたので、ここでは省くが、しかし、向こう数十年

を考えるなら、「BRICsの世界」に投資することは、おそらく唯一の資産防衛法だろう。もちろん、これは、あなたが若く、そして、日本を見限ってこの国を飛び出す覚悟preparationがあれば、の話である。老人には向かない。なぜなら、投資期間が長すぎて、リターンを得るころには死期が近いか、本当に死んでいるかだからだ。
また本当に規制緩和が進んだ日本になれば、第3世界に出なくても、国内で起業し、成功するチャンスは増えるのだ。

　ともあれ、読者は、「資産防衛」というと、「富の保全」ということを第1に考えるはずである。しかし攻撃こそ最善の防御 offense is the best defense とも言う。もちろんリスクはあるが、「投資」investment こそが、積極的な「防衛法」active "defense" なのだ。

国家破産後の日本と日本人の姿が垣間見える

　では、話を戻して、今後の「BRICsワールド」で、日本はどうなっていくのだろうか？　国家破産後の日本に、この地球最後のマーケットで戦っていく力competitive capabilityは残されているのだろうか？

　筆者が想像するに、国家破産で日本政府の金融力はゼロになるわけだから、それまで国家に頼ってきた企業は死滅し、外国資本によって買収・整理 merger and reorganize されることになるのは確実だ。もちろん、優良企業 company with good performance も、どんどん買い叩かれる。これは、そこに勤める人間にとっては雇い主が替わるだけだが、給料は大幅にダウンする。いや、容赦のないリストラが行われ、あなたに職探しjob huntingに明け暮れる日々が訪れ

るかもしれない。リストラされない者も仕事はきつくなる。

　もちろん、そんななかでも生き残る企業はある。大再編を免れる企業、つまり確固たる技術を持つ製造業のみが生き残る。そして、これが日本を支えていくことになる。

　おそらく、これらの企業は、「BRICsワールド」でも、確実に生き残っていけるだろう。しかし、その数は圧倒的に少ない。じつのところ、筆者も特定の企業名をあげることはできないが、そうした企業が、いま現在の勝ち組企業のなかにあることだけは間違いない。

　日本企業が「BRICsワールド」でハンデがあるとすれば、技術力 technical capabilities はあっても、マネージメント能力 management capabilities があるかどうかという点である。この点で、欧米のビッグビジネス big business は、昔から植民地経営をしてきたノウハウがあるだけに強い。

　ただし、欧米人 Westerners と比べて、日本人が有利な点もある。それは、彼らが植民地統治の名残で現地人 local people を使いこなそうとするのに対し、日本人は「いっしょに汗を流そう。ともに働こう」とする傾向が強いからだ。

　すでに述べたように、日本人にとって比較的つき合いやすいのは、やはり東南アジア市場だろう。

　筆者には、そうして生き残った日本の製造業とともに、日本人の多くが、東南アジアを目指して、この国を離れていく姿が、垣間見える。もちろん、それは東南アジアばかりとは限らない。グローバリゼーションがさらに進んだ世界では、日本の若者はどんどんこの国から飛び出すだろう。

　衰弱した国から人間が流出 flowing out するのは歴史の必然で、

たとえば中国本土を離れた華僑 overseas Chinese、海外出稼ぎに活路を求めるフィリピン人 Filipino、18世紀のポテト飢饉で国を捨てたアイリシュ the Irish の人々の姿が、筆者には将来の日本人と重なって見えてくるのだ。日本人の、国家破産以後のサバイバル法の1つは、「BRICs ワールド」と日本の製造技術を組み合わせてゆくことだ。

いまから5年前、1999年の1月11日と12日の2日間、ボストンのMIT（マサチューセッツ工科大学）で、「日本企業を買おう」という集まりがあった。これは、「日本の製造業は相対的に世界一である。労働者の質も技術力も高い。投資すべき価値は十分にある」ということで、アメリカのビッグビジネスからそうそうたるメンバーが集まった大シンポジウムであった。このシンポジウムの主催者は、MIT教授のリチャード・サミュエルズ Richard Samuels というユダヤ系アメリカ人で、日本研究者だった。

じつは、筆者は留学時代に、このサミュエルズ教授の研究の助手 assistant researcher をやったことがあるので、その性格を少しは知っている。彼はものすごく真面目な人である。そのサミュエルズ教授らが、このシンポジウムで出した結論は、こうであった。
「日本企業を買う価値はある。しかしまだ早い。いずれもっと手頃な値段 moderate price になってから買収すればいい」

実際、その通りになってしまった。

Part **6**

「国家破産」
以後の世界

After Japan's Default

Part 6

「国家破産」以後の世界

知識人と官僚は「景気拡大」が大嫌い

　たとえ日本が国家破産 default しようと、われわれは生きていかねばならない。これだけは紛れもない事実 naked fact だ。
とすれば、"国家破産以後の世界"をどのように生きたらいいのか？ 誰もが、いまこのことでおおいに悩んでいると思う。もちろん、安易なマニュアル的解答などない。なぜなら、われわれが向かっている未来は、過去のどんな時代とも違う未来だからだ。

　しかし、われわれは歴史に学ぶ learn from history ことをしない限り進歩はない。そういう意味で、ここまで長きにわたって筆者なりの歴史に基づく未来予測を提示してきた。そして、この最後のPart では、もう一度歴史に学びながら、われわれの未来について考えてみたい。

　未来を展望するためには、過去を総括しなければならない。つまり、なぜ、日本は国家破産を招くにいたったのか、その原因とプロセスを解明し、それに決着をつけることが大事だ。そこで、くどいかもしれないが、いま一度、歴史を振り返ってみたい。

　筆者は常々思うのだが、日本の知識人 intellectuals というのは、どうして、アメリカのような自由競争 free competition が嫌いで、「庶民はみな自分の分を守って生きていくのがいちばん幸せだ」と考えるのであろうあろうか？　また、日本の官僚たち officials というのは、なぜ、とことん庶民をバカにするのだろうか？

　じつは、これに対する格好の答がある。
『ニューズウィーク・ジャパン』(2004年3月31日)のコラムで、

Part **6**

After Japan's Default

ピーター・タスカ Peter Tasker が、痛烈な皮肉 poignant sarcasm を込めて、次のようなことを書いている。彼は、日本のエリート(官僚)が景気の拡大 economic expansion を脅威と見なすのは、自分たちのエリートの地位が脅かされるからだというのだ。

つまり、日本のエリートというのは、みな受験競争を勝ち抜いたガリ勉だから、既成社会の変化を嫌う。とくに景気拡大で社会がダイナミックに動くと、教育レベルの低い庶民でも金持ちになるチャンスができる。そうすると、成金がのさばる世の中になり、彼らのプライドが傷ついてしまう。さらに、若者は年長者に逆らうようになり、新興企業は既成の企業に競争を仕掛けるようになる。そうすると、彼らがせっかく築いてきた利権 vested interest や談合体質 bid-rigging まで崩れていく。だから、株式市場が過剰に投機的になったり、個人消費が加熱気味になると、官僚たちは増税 tax hike と金融引き締め financial restraint をやる、というのだ。

まさに、言い得て妙ではなかろうか。これでは、日本の知識人と官僚というエリートたちは、とんだ「危険思想」の持ち主(そのとおりなのだが)ということになる。実際、彼らの

厳しい受験戦争を勝ち抜いてきた日本のエリートは既成社会の変化を嫌う。そんな人間が支配している国に未来がないことは明らかだ(写真/共同通信)

多くは隠れマルクス主義者 Marxists である。そしてマルクス主義 Marxism とは、エリート（インテリ）による大衆支配を合理化する思想である。

　もし、こんな鼻持ちならないエリートしかいないのなら、日本経済は永遠に復活せず、国家破産も免れるわけがない。つまり、彼らの思想は、コミュニストと同じで、根本的に人間を人間として尊重 respect as humans していないからである。

　そもそも、経済活動（＝自由競争）というのは、格差 difference があるから起こるのであって、なければ停滞する。庶民がいつまでも庶民のままでは、経済など少しもよくならないのだ。

　いったい、いつから日本はこんな旧ソ連と同じような社会になってしまったのだろうか？　一昔前まで「日本は地球上でもっとも成功した社会主義国家」と言われたが、これを賛辞 praise と取るのはとんだお人好しであろう。これは、痛烈な皮肉であって、「そんなバカなことをやっているなら、滅んでも当たり前」と、世界はここ何年もずっと警告してきたのである。

「1940年体制」という国民を不幸にするシステム

　日本の社会主義システムの起源 origin of Japan's socialist system が、「1940年体制」にあるという説は、すでに読者もご存知だろう。これは、現スタンフォード大学客員教授の野口悠紀雄氏が最初に唱えた説で、野口氏の著書『新版1940年体制』（ダイヤモンド社 2002）を、一読することを薦めたい。

「1940年体制」というのは、ひと言で言えば「戦時体制」war-time

regime であり、日本はこのとき戦争遂行のために、ほぼすべての社会システムを国家がコントロールできる体制に変えたのである。官僚独裁 bureacratism はその最たるもので、この下に、企業も金融も個人の生活まで管理されることになった。そして、このシステムがその後半世紀以上も生き延びて現在にいたっているというのが、野口氏の指摘である。

たしかに、日本の社会は、明治から大正、昭和でも戦前のほうが欧米の資本主義(キャピタリズム)に近く、自由な社会だった。まさかと思われるかもしれないが、伝統的な慣習の締めつけ traditional constraints があったこと、そして、まだ日本が貧しかったことから、「不自由な社会」 "constrained society" と思えるだけであって、実際はそうでもなかったのである。

たとえば、野口氏の本には出てこないが、労働慣行にしても、明治時代初期は、日本の労働市場 labor market はかなり流動性を持っていた。労働者の引き抜き、つまり現代でいうヘッドハンティングは日常茶飯事だった。しかし、これでは熟練工 skilled labor が育たないというので、引き抜き合戦をやめようということになり、その後、明治後期になってやっと終身雇用的なシステムが登場したのだ。これが最初にできたのは、印刷業だったそうで、活字を拾う熟練工を引き抜きあっては労働の質も上がらないし、企業はお互いに損失 losses が大きい。それで、暗黙の了解 unspoken rule として引き抜きがなくなったというのだ。

また、現代でいう起業家、つまりアントレプレナーも明治時代にはいっぱいいた。もちろん、資本主義の勃興期ということもあるが、1940年体制ができるまで、日本には電力会社がなんと3000もあり、

Part 6 「国家破産」以後の世界

地方の有志が集まって資金 seed money を出し合い、村や町で電力発電をして、小さな電力会社をつくることが自由にできた。同じく銀行の数も多かったし、会社も株主資本主義で、資本家 capitalist のものだった。

野口氏は「1940年体制」で、現代にいたるまで続くものとして、①日本型企業、②間接金融、③官僚体制、④財政制度、⑤土地制の5つをあげているが、これは本来の日本のシステムではなかったとさえ言えるのだ。

「1940年体制」=「戦時体制」というのは、要するに国家社会主義である。ナチズム Nazism もスターリニズム Stalinism も国家社会主義 national socialism であり、イデオロギーを取り除いてしまえば、システム的には同じだ。国民生活はすべて国家が管理し、国家が責任をもって国民を食べさせていくというものである。日本としても、第2次大戦 World War Ⅱ が国家総力戦であった以上、これは仕方がなかったが、戦後、このシステムをマッカーサー司令部 Supreme Commander for the Allied Powers (SCAP: 英語では G.H.Q とは言わない) が完全には潰さなかったところに、今日のわれわれの不幸がある。

官僚が国民の上にいれば、連合軍としては占領統治がやりやすかった。日本の官僚制度というのはよくできていて、マッカーサーから見たら、これを解体するより利用したほうが、はるかにコストが安かった。政治家に任せて、全体を刷新 renovate ようとすれば、かえって日本は混乱してしまうと彼は考えたのだろう。

しかし、ここで読者はよく考えてみてほしい。これは、ついこの間まで続いていた体制だ。つまり、官僚と自民党が組んだ「55年

体制」は、アメリカとしてはもっとも日本をコントロールしやすい体制だったのである。これは国民の利益 people's interest が無視されたもっとも不幸な植民地政治体制 colonial ruling system である。このシステム下で、官僚は国民をバカにし、勝手に税金を使って借金の山を築いてしまったので、今度は、アメリカ直接統治の「第2の占領期」が始まったのだ。

さらに日本を不幸にした「田中角栄の社会主義革命」

ただし、官僚が国家と国民をコントロールするシステムというのは弊害ばかりではない。彼らはたしかにエリートだから、その頭の良さを生かせば国家は発展 develop する場合もある。

歴史的に見て、近代国家の官僚システムはリシュリューの時代のフランスに起源があると、筆者は考えている。リシュリュー Richlieu（1585〜1642）はフランス革命 French Revolution 前の絶対王政時代に登場した名宰相で、このときイギリスが大発展期に入り、フランスとしてはイギリスに追いつく必要があった。しかし、そのためには、いままでのように貴族 aristocrat や王 king だけに国政を任せていてはとうてい無理である。そこで、各地から秀才を集め、官僚制度をつくり、国家目標を設定して、「さあ追いつけ」"Catch up!" とやったのだ。官僚制は、低開発国向きのシステムだ。

つまり、官僚制度というのは、目標がはっきりしていれば非常に有効に機能する。国家が発展途上なら、先進国に追いつくためには必要なシステムとも言えるのだ。

日本が現在も続く官僚制度を正式につくったのは、第1回の高等

文官試験が行われた1887年(明治20年)だった。官僚制度といえば、歴史的には中国の官吏登用試験である「科挙」があるが、皮肉なことに、清国 Qing Dynasty ではこの千数百年にわたって続いた「科挙」を日本の文官試験開始から18年後の1905年に廃止している。その理由は、「科挙が国の衰退の原因の1つ」とされたからだった。しかし、日本はいまにいたるまで、筆記試験で高級官僚を採用 recruit し続けているのである。

第2次大戦後の日本は、ほぼすべてを失ったが、官僚制度は残った。だから、彼らは明治以降のテーマであった先進国に追いつけという国家目標 national goal を復活させた。その結果、「1940年体制」は有効に機能し、奇跡とも言える高度成長経済が出現した。

しかし、この官僚制度の賞味期限は、日本が先進国に追いついた時点までであった。日本は1970年代にすでにこの目標を達成 achieve していたから、ここで、この制度を見直す review べきだったのである。つまり、ここで、社会主義システムを捨て、欧米型の自由経済に基づく資本主義にすべきだった。

だが、1970年代の初頭に登場したのは、国民の圧倒的支持 overwhelming support を得た「今太閤」田中角栄だった。彼は、当時"裏日本"と言われた新潟の農家の出身で、学歴も小学校卒という異色の経歴の持ち主だった。だからというわけではないが、角栄の政策は非常にわかりやすいものだった。

つまり、「日本全国みないっしょに豊かになりましょう」「そのためには日本中に同じインフラを整備しましょう」という「日本列島改造論」だった。これは、「国土の均衡ある発展」とも言われたが、完全な社会主義政策である。なぜなら、これがすべて実行されれば、

旧ソ連以上の社会主義社会が実現するからだ。

　何度も述べるが、資本主義は自由競争を基盤とし、競争は格差があって初めて成立する。しかし、田中角栄はこの格差をなくそうというのだから、日本はますます社会主義社会になってしまう。ようするに、田中角栄は社会主義者 socialist であり、「日本列島改造論」は、資本主義の皮をかぶった社会主義革命 socialist revolution だった。このあたりの詳しいところは、Part 3 でも述べたように、気鋭のアナリストの増田悦佐氏がその著書『高度成長経済は復活できる』（文春新書 2004）で詳しく書かれている。

　田中角栄の政策の危険性に気がついた人間は、当時、ほとんどいなかった。もちろん、これを実行するのは官僚たちであるから、彼らから反対の声があがるわけがない。それで、わずか2年で彼が失脚したにもかかわらず、常軌を逸した新産業都市建設、新幹線建設、高速道路網建設、ダム建設、中小企業保護政策、農業保護政策などが、その後も次々と実施された。現在、われわれが「ムダな公共事業」と言っているものは、みな角栄の負の遺産 negative heritage である。

　ともあれ、こうして「1940年体制」は逆に強化 tighten up され、それまで、先進国に追

絶大な人気と比類なき権力でこの国に君臨した田中角栄がつくったのは「高速道路」や「新幹線」だけでなく、旧ソ連以上の社会主義社会だった……（写真／共同通信）

いつこうと、敗戦後にたちあがった世代が稼いだ富は日本全国に広く分配されることになった。こうなると、資本の合理的配分が起きなくなるから、日本の成長はストップする。日本が高度成長から低成長に転じたのは、田中角栄内閣のときからである。

その後1980年代になると、日本には「一億総中流社会」が出現した。たしかに豊かな社会だったかもしれないが、それは冷戦構造という温室に守られたなかでの徒花(あだばな)にすぎなかった。なぜなら、続いて起こったバブル the bubble economy でこの徒花が吹き飛ぶと、日本は「失われた10年」lost decade という大不況 great recession に陥り、じきに国家破産を迎えるところまで来てしまったからだ。

ここで、もう慧眼の読者はお気づきと思うが、国家破産がいつになろうと、この社会主義システムを崩壊させない限り、われわれ国民は救われない。不思議なことに、この国の政治学者は、自民党や民主党を「民主政党」democratic party と考えている。しかし、彼らの本質は欧米の「民主政党」とはまったく違う。なかには「社会主義者」(さらに言えば共産主義者) がいっぱいいるのだ。

サラリーマン社会は完全に崩壊する

では、ここからは現実にわれわれが暮らす日本社会に話を転じよう。1990年代になって、やっと日本社会は社会主義という衣を少しずつ脱ぐようになった。もちろん、この傾向がいちばん最初に現れたのが、民間の企業社会 corporate community である。グローバリゼーションが起こり、世界が資本主義の大競争時代 the age of mega competition に突入したのだから、当然、日本企業も変わら

ざるをえなかったわけだ。

　これは、もしあなたがサラリーマンなら、いま目の前で起こっている「リストラ」「転職」「終身雇用・年功序列の崩壊」ということを意味している。ようするに、日本人（男性）の８割がサラリーマンという社会が崩れるということだ。日本はまた、明治の資本主義勃興期、あるいは戦後の復興初期のような時代に帰る（we are going back to the past）のである。これは、国家破産がいつ起ころうと関係ない。むしろ、国家破産となれば、急速にそうなるだろう。つまり、すでに韓国で起こったような社会の変化が日本でも起きる。

　そこで、筆者がいまいちばん重要だと考えていることから書くと、今後の日本の若い世代は、上の世代がしてきたような生き方をしてはならないということだ。

　それは、ひと言で言えば「日本的サラリーマン人生」ということになる。もうすでに、この国では従来の「サラリーマン人生」が通用しなくなっているが、国家破産以後は、ほぼ完全になくなると思ってよい。ちなみに"サラリーマン" salary man は、和製英語である。

　つまり、いい学校を出ていい会社に入る。会社ではそこそこ働き、やがて結婚し、マイホームを建てて子供を育てる。そのうちに課長、部長と出世 climb up the ladder し、うまくいけば重役・社長。そこまでいかなくとも、定年退職ではかなりの額の退職金 retirement pay がもらえ、その後は年金も受給できるので、老後の生活はほぼ安泰。というような「人生双六」は、完全に成りたたなくなるのである。

　考えてみてほしい。日本が安定していた高度成長時代からバブル期まで、理想とされていたのは「核家族」"nuclear family" であった。

Part 6 「国家破産」以後の世界

 サラリーマンの夫と専業主婦に子供2人の4人家族。これが、いわゆる日本の標準家庭 standard family model であり、このモデルをすべての基準として、日本の社会設計はなされ、経済は運用されてきたのである。しかし、いまこうした標準家庭がどこにあるのだろうか？ 周囲を見回して、こうした家庭がどのくらい存在するか、確かめていただきたい。

 非婚、未婚、晩婚化が進んだ現在、おそらくあなたの周囲にあるのは、「単身世帯」single household、「共稼ぎ子供なし世帯」dual-income no-kid household、「老夫婦だけの世帯」elderly couple household ばかりではないだろうか？ とすれば、この国の社会システム自体がすでに国民のライフスタイルに合致していないことになる。つまり、国家破産があろうとなかろうと、この国の社会の力は確実に衰えていく。そのうえ、もうすぐ人口減少 depopulation がはじまり、社会を維持するために必要な労働力 labor force もどんどん失われていく。そして、高齢化 aging と産業の空洞化 hollowing out of industry（foreign redeployment of domestic industry）が、ますます進むのだ。

 少子化が騒がれ、出生率が1.29まで落ち込んだことが問題になっているが、東京ではすでに出生率が1を切っている。つまり、もう次の世代は生まれてこないのだ。今後はますます、若い世代ほど1人で生きていくことを強いられるようになる。極論すれば、あなたを助けてくれる家族やパートナーはいないと考えたほうがよい。

 若者は、よほどの「勝ち組」winners にでもならない限り、まともに結婚もできず、子供さえつくれない。それに国家破産が追い打ちをかけるのだから、ほとんどが「負け組」losers となり、当然、

年金 pension system も崩壊しているから、一生涯働き続けなければ lifetime-long working、生活できなくなるだろう。まさに、八方ふさがりだ。旧世代のパラダイムである「サラリーマン人生」など、もはや存在しないのだ。では、どうするべきか？

若者はなにものにも縛られない生き方をせよ

まず、筆者が若い世代に言いたいのは、できるだけ身軽になれということだ。

ともかく、あなたより年上の世代の真似だけは、絶対にやってはいけない。彼らは、これまで日本という社会主義システムにどっぷりと浸り、その恩恵 benefit にたかって生きてきたので、人間にとってもっとも大切な独立心 independency を捨ててしまっている。だから、会社に入り、適当に仕事をこなして、上司に気に入られて昇進 get promoted しようとしてきた。しかし、これからは、そういう人たちが真っ先に没落 falling down するのだ。

ここで思い出してほしいのが、Part 2 で書いた未来シナリオや Part 5 で書いた BRICs に代表される「新しい世界」である。つまり、あなたはこうした未来を生きる。日本だけが、あなたの人生のステージではない。この国に職がなくなれば、あなたは海外で職探し job hunting しなければならないかもしれない。とすれば、いつでもどこへでも行ける自由 freedom を持っていることがいちばん大切なのだ。

だから、サラリーマンというのがもっとも自由のない生き方であることをまず認識してほしい。

Part **6**

「国家破産」以後の世界

　サラリーマンという生き方は、会社にすべてを依存する人生を意味するから、なったとたんに安定は得るが、自由を失う。最初は会社の近くに住み、やがて会社の命令で転勤をし、そのうち結婚、マイホームを購入するなどということになれば、あなたはもうどこへも行けない。住宅ローンなどを抱えたら、さらに人生を縛られる。そんなことをするくらいなら、自分のスキルを磨き、今後の動乱に備えるべきだ。

　国家規模の動乱が起こったときは、すべてから自由で有能な人間が被害を免れ、次の時代をつくることになる。これは、幕末から明治維新の動乱期 volatile period を見ても明らかだ。家、名誉、財産などを抱えていた旧世代の武士は身動きがとれず、結局、こういったものから自由だった下級武士が明治をつくったのである。

　韓国の若者たちは、いま、この動乱期のなかにいて、国内でうまくいかないと感じた者は、積極的に海外に飛び出している。アルゼンチンの若者も欧州へ行こうとビザ待ちの行列をつくっている。あなたは、フィリピン人やメキシコ人が海外に出稼ぎに行くのを、これまでバカにしていた looking down かもしれない。1980年代の後半から、日本にやってきた中国、ブラジル、イランなどの出稼ぎ労働者 emigrants を冷ややかな目で見ていたかもしれない。しかし、彼らは国家破産後のあなたの姿である。

　アメリカは帝国だが、それでもいいところは、国内がモビリティ mobility（自由に動けること：貧しい者が富んだ者になることも含めて）のある社会であることだ。人間というのは、雇用のあるところに常に移動する。ある場所で食べられなくなったら、食べられるところに動く。1980年代に日本の自動車産業によって痛手を負っ

たデトロイト Detroit では、レイオフ lay-off の嵐が吹き荒れた。しかし、レイオフされた若者たちは、「カリフォルニアなら仕事がある」とシリコンバレー Silicon Valley を目指した。彼らは車1台に身のまわりの物を載せて、ハイウェイを西へと飛ばした。現在の中国の内陸部 inland of China の農村の若者たちも同じである。食うために農村を捨て、どんどん北京 Beijing や上海 Shanghai などの沿海部 coastal area に出てきている。

　残念ながら、日本はあまりにも長く社会主義をやり、官僚独占システムを維持したため、国内にモビリティがなくなってしまった。「国土の均衡ある発展」という無理な社会主義政策への反動がきて、地方のゴーストタウン化が始まっている。この流れは、もう止まらないし、国家破産となれば、日本の地方はますます崩壊するだろう。今後は、若者の多くは、日本国内なら大都市圏に出るか、あるいは繁栄している海外に出るしかなくなるだろう。

絶対に公務員になってはいけない！

　若い世代のなかには、いまだに公務員 public official（servant）になるのがもっとも安全な生き方と考えている人もいる。とくに、旧世代の母親に育てられた受験秀才は、自分の前にレールがないと不安になる。しかし、筆者に言わせれば、公務員を選択するのが、今後はもっとも愚かな生き方である。

　もちろん、いまのところ、日本の公務員の待遇 treatment は世界一恵まれている。現在、日本には全国で約380万の公務員がいるが、この人件費 employment cost の総計は約38兆円である。というこ

とは、単純平均で、1人1000万円もの給料をもらっていることになる。これは、民間と比べてみると、あまりにも恵まれた破格の待遇だ。

平成13年度の国民経済計算年報によれば、1人当たり人件費は、公務員が1018万円ともっとも高く、次に電気、ガス、水道関連の公営企業の795万円。続いて金融、保険が678万円。そして、もっとも競争力の高い、要するにトヨタ、日産などの自動車産業を含む輸送用機械が629万円という順になっている。

だから、あなたが「公務員のほうがよっぽどマシ」と考えるのは当然だ。しかも、この公務員の給料は、たとえば自治体が運営するバスの運転手なども含めた平均であり、全国すべての自治体職員を含む平均である。日本は、地方交付税があり、補助金があるから、沖縄だろうと北海道だろうと、公務員の給料にはほとんど格差がつかないようになっている。

しかも、公務員はいまのところ「終身雇用」lifetime-employmentであり、「年功序列」seniority systemで給料も上がる。定期昇給automatic annual pay raiseも確実にある。さらに、「寒冷地手当」「危険手当」など、民間では考えられないような"お手盛り"もある。いったいなぜこんなことになっているかと言うと、政府の説明では「公務員にはスト権を含めた労働3権の制約がある」からだ。

しかし、国家破産となれば、このシステムが真っ先に崩れるのは、もうおわかりだろう。なぜ、税金で養われている公務員が、民間private sectorより高い給料をもらえるのか？　そんなことはありえないと、誰だって考えるから、今後大規模なリストラと給料カットが行われる。ソ連やアルゼンチンの例を持ち出すまでもなく、いず

れ公務員の待遇は民間以下になるのである。もちろん、IMFがやって来れば、これは即座に実行される。

先ごろ、横浜市は市営バスの職員を1000人減らすという歳出削減を打ち出した。これは、中田宏という若い市長の英断であり、これで横浜市は人件費を年間1100億円減額できるというが、こんなことが今後次々起こるはずである。

現在、先進国の公務員の給料は、日本に比べたら驚くほど安い。アメリカの田舎の町の公務員の給料は、マクドナルドの店長以下である。だから、アメリカでは優秀な若者ほど公務員になりたがらない。日本の「官僚天国＝役人天国＝公務員天国」は、国家破産で消滅disappearするのは、間違いない。優秀な若者は、企業を起こし、雇用を作り出し、税金を納める側になってほしい。税金に寄生する側ではなく。

新民主政治革命と世代交代だけが日本を救う

筆者は日本の将来には絶望的であるが、若い世代next young generationには絶望していない。おおいに期待している。それは、ここ十数年で時代の変化change of timesの影響をもっとも受け、それに苦しんできた世代だからだ。だから、現在、まだ古いパラダイムを捨てきれない団塊世代baby-boomer generationとその上の人々よりは、ずっと適応力が強い。

筆者はこの世代に、自由に選択し、企業家になり、公務員などにはなってはいけないと言ってきたのだが、ここで、彼らに1つだけ不満がある。それは、選挙に行かないことである。日本が曲がりな

「国家破産」以後の世界

りにも民主国家なら、社会を改革 reform するためにできる最大の手段は、選挙に行って自分たちの代表 representatives を選ぶことである。しかし、なぜか若い世代は、これまでそれをやらないできた。その結果、日本の政治家 politicians は年寄りと2世、3世ばかりとなり、結局は、若い世代が大損をしているのだ。

すでに書いてきたように、国家破産が起これば、その戦犯 war criminal である旧世代の官僚と政治家は追放されなければならない。しかし、国家破産を待たずとも、これまでそのチャンスは何度かあったのである。が、誰もそれを声を大にして言わなかった。インチキなマスコミ fake mass media は若い世代の投票率の低さを嘆いたが、じつは、「そんなことをされたら大変なことになる」と怯えていたのではないだろうか？ だから、森前首相が「(反自民の人は)選挙に行かずに寝ていてほしい」と言っても、それほど批判しなかったではないか。

しかし、国家破産となれば、この世代が投票しないと、大変なことになる。なぜなら、旧世代支配が残ったまま、日本は落ちぶれていくだけになってしまうからだ。これは、アメリカの経済植民地 American economic colony になろうと、大中華経済圏 Great China economic sphere に飲み込まれようと、日本が立ち直らないということである。なぜなら、彼らは、政治改革までやらないからだ。IMF が乗り込んで来るといっても、改革はされるのは、財政面、経済面だけである。ということは、若い世代の生活はいまよりもっと苦しくなる (life becomes harder and harder) だけで、国家再生の希望は生まれてこない。もちろん、これは世代に関係なく、日本国民全部がそうなる。

だから、筆者はいますぐにでも、若い世代に、「選挙に行き、旧世代の政治家を落選させよ」と言いたいのだ。これには、保守も革新も左翼も右翼もない。自民党も民主党も関係ない。社民、共産、公明もみな同じである。ともかく、政党に関係なく、少なくとも60歳以上の議員を落選させれば、あるいは日本はまだ持ちこたえるかもしれない。これは、言葉を換えれば、明治維新に匹敵する革命である。つまり、「新民主政治革命」"neo-democratic revolution"と言っていい。これで、世代交代が起こることで、自動的ではないが、本当の改革ができやすくなるからだ。

年齢基準では投票できないというなら、「公務員のクビ切りをやる」と公約する候補者だけを、ぜひ、当選させてほしいと思う。

中高年・老人はどうしたらいいのか？

若者のことを書いたので、次は筆者も含めた中年世代 middle age と、さらにその上の世代 the elderly についても書かなければならない。

まず、中年世代、つまり、これまでサラリーマンとして生きてきて、「いったいなんで、こんな時代にオレは生まれてしまったんだろう」と考えている世代には、書くのはつらいが、「過去の夢は諦めるしかない」と言いたい。

なぜなら、この世代がもっとも国家破産の影響を受けるからだ。

住宅ローンや家族を抱えたうえ、預貯金も少なければ、逃げ切るのはほぼ無理である。できる限りはやく、サラリーマン社会から脱出して起業 set up new business する手もあるが、それで成功する

Part 6
「国家破産」以後の世界

のは1000人に1人だ。つまり、八方塞り、打つ手なし checkmate（王手）チェックメイトなのだ。

 もしあなたが、自分中心に考えない人間、あるいはこの国を愛しているなら、あなたに続く世代の邪魔だけはしてほしくない。会社のなかで、旧世代上司の言うことを聞き、それを下の世代に押し付けるようなマネだけはしてほしくない。それは、彼らのチャンスを奪い、この国をさらに悪くするだけだからだ。

 そして、すでに定年を迎えて老後 retirement life を楽しんでいる世代であるが、この人たちに、筆者が言いたいのは、「自分の財産を守るだけでいいのか」ということである。

 現在、出版されている多くの「国家破産本」は、この世代に向かって書かれている。要するに「財産の守り方」である。それはそれで結構だが、もし少しでも余裕があるなら、あなたの資産を新しい生き方をする若者に投資してほしい。もちろん、あなたの知恵 wisdom や経験 experience も、彼らに伝えることだ。このほうが、ずっと価値のある生き方ではないか？

 あなたは、大学を出ても職もなく、フリーターにしかなれない若者たちに、「お前たちが税金を払わないのが悪い。年金も払わないから、オレたちの老後がうまくいかない」などと文句を言わないでほしい。

 やはり、これからの若者にチャンスを与え、彼らをアシストするしかないのではないだろうか。

 そうしないと、あなたが死ぬときは、日本はあなたが子供だったころのような「まだ貧しい戦後社会」に逆戻りして、「いったいなんでこんなことになったんだ！」と、あなたは嘆きながら死ななけれ

ばならないだろう。

現在、日本を復活 reborn させるにはどうしたらいいかということが、盛んに言われている。しかし、そのどれもが要領を得ない（don't make sense）のは、老人世代に遠慮しているからだ。つまり、社会主義思想にどっぷりと浸かり、「老人は弱者である。だから、社会が面倒を見なければならない」という考えから逃れられないからである。老人層も、できる限り自立して生きる道を探さねばならない。

李登輝・前総統も評価する「武士道精神」の復活を

さて、ここで筆者が主張したいのは、日本が国家破産とともに、日本が日本であるべき根本を失ってはならないということだ。つまり、この国の人々の精神 sprit の問題である。

それが、結局は文化 culture をつくり、伝統 tradition をつくり、経済 economy を動かし、国家 country をつくってきたわけだから、それが失われてしまったら、国家破産は取り返しのつかない悲劇になってしまう。

では、日本人がこれまで培ってきた精神とはなにか？

それは、やはり、「武士道」であろう。

武士道というと、「軍国主義」と短絡的に批判する向きが多いが、筆者が言う武士道とは、まったく異なったものだ。

つまり、国家破産はただ貧しくなる。お金がなくなるということ。そんなことが、日本人の精神文化からいって、それほどのダメージなのかということである。財産を守りたい、なんとしても貧しく

Part 6
「国家破産」以後の世界

なるのはいやだというのは、結局は拝金主義 mammonism（マモニズム）である。金さえあればほかはどうでもいいなら、人間の生き方としてあまりにも貧しいのではなかろうか。

現在、拝金主義がいちばん厳しい国は中国だ。しかし、われわれとていままで「経済発展第一主義」できて、それを反省する暇もなかったのは確かだ。だから、国家破産以後は、それを反省して出直すべきであろう。すると、日本人の原点とはなにかということになる。それで、あえて武士道を筆者は持ち出したのだ。

じつは、日本の武士道精神をもっとも高く評価しているのは、台湾の李登輝（リ・トンホイ）・前総統である。

彼は、戦後の日本人より戦前の日本人を高く評価し、「日本人の原点はまさに武士道である」と言う。そして、李登輝・前総統が言う武士道精神というのは、一言で言えば「誠（まこと）」の精神である。要するに、日本人は真面目に努力することに最高の価値を置く。日本人はインチキ foul play をしてお金を儲けたのでなく、ちゃんとモノをつくって儲けた。そして、約束は必ず守った。これを失ったら、日本は日本でなくなるということである。

李登輝・前総統は次のように言っている。

> なぜそこまで私は日本文明にこだわるのでしょうか。私が22歳まで日本人であった、ということを越えて、それは、グローバリズムとテロリズムのまさに未曾有の人類の危機の時代にあって、数千年にわたって営々と築き上げられてきた日本の歴史と伝統こそが、人類を救う普遍的精神である、と確信するからです。

戦後、日本は歴史と伝統を否定する自虐史観に支配され、肝心の日本人自身が、人類を救う普遍的価値である日本精神＝大和心(やまとごころ)を忘れてしまいました。とんでもないことです。今こそ大和心を発揮し、世界でもっとも信頼され、尊敬される国として、人類社会の指導国家として、立ち上がってもらわねば、人類は生存の羅針盤を失いかねないのです。

(『月刊日本』2004年4月号収録)

最後にあなたを救うのは資産や財産ではない

武士道まで話が進んだので、さらに書くと、国家破産という大変動で、最後にあなたを救うのは、いったいなにかということになる。財産を守りたい。少しでもお金があれば助かる。そう、あなたが考えるなら、筆者はなにも言うことはないが、はたして、それであなたは本当に幸せであろうか？

国家破産では、ほとんどの国民が大損害を被る。おそらく、いまから確実に計算し、資産を守り抜いた資産家だけがその被害を免れる。また、戦後の復興期の日本でもそうだったように、抜け目なく稼いで財をなす人間も出現する。旧日本軍の資産を横流ししたり、進駐軍の物資を横領して儲けたり、あるいは闇取引で儲けたりというようなことと同じことが、起こるだろう。

しかし、それでうまくいったとして、あなたは、多くの国民が苦しんでいるのを見て幸せだろうか？　自分だけは助かったと、笑っていられるだろうか？

じつは、戦後史を振り返ると、闇市でひと儲けしたような人間は、

Part **6**

「国家破産」以後の世界

1950年ごろになると、なぜか急に没落している。これは、日本社会が秩序orderを取り戻して、不法な生き方をする人間を排除kick outするようになったからである。では、どんな人々が本当に助かり、そして、その後成功したのか？ それは、真面目な人々、コツコツと毎日を懸命に生き抜いた人々である。つまり、「誠」を持った人間たちだった。

Part 3で書いたロシアのことを思い出してほしい。ロシア人たちは、どうしてあの厳しい冬の寒さを乗り越え、餓死starving to deathすることなく生きてきたのか？ それは、国家官僚を信じず、家族や親戚、友人同士で助け合ったからである。子供は親の面倒をみて、家族同士は助け合って働いた。ルーブルは紙くずになったが、彼らは物々交換barteringで日常生活の物資を融通しあった。

つまり、いくらお金や資産を持っていようと、あなたを支えてくれる周囲の人間がいなければ、あなたは助からないのだ。もちろん、お金や資産があれば助かるが、それだけであなたは幸せにはなれない。

筆者はこれまで、「国家破産本」を批判してきたが、それはこうした考えに基づいている。

最後にあなたを救うのは、守り抜いた財産や資産ではけっしてないのだ。あなたを救うのは、「誠」の精神であり、あなたの信用である。それによって築かれた人と人の絆であり、もっと言えば、「愛国心」patriotismであろう。真の愛国心であればこそ、現在の国家体制を革新することも可能になるのだ。愛国心とは現状維持の同義語synonymではない。

Part **6**

After Japan's Default

『日本沈没』のなかのあまりにも重い言葉

　Introductionで書いたように、国家破産は、われわれの破滅ruinではない。日本はなくならない。なぜなら、日本というのはわれわれ1人1人の心のなかに存在するからだ。

　日本列島が消失してしまうという小松左京氏の『日本沈没』や、同じく日本列島が2つに引き裂かれてしまうかわぐちかいじ氏の『太陽の黙示録』は、われわれにさまざまな考えるヒントを与えてくれる。

　この2つのフィクションには、日本人としての精神をきちんと受け継いだ若い主人公たちが登場する。『日本沈没』では、海底開発KKの深海潜水艇操縦士である小野寺俊夫というサラリーマンと地球物理学者である田所雄介であり、『太陽の黙示録』では政治家の息子であるが難民となって台湾で暮らす柳舷一郎、貧しい町工場の息子に生まれアメリカに渡った宗方操である。

　彼らは、あるべき日本の姿をそれぞれの心のなかに抱き、その愛国心で日本人として行動する。この生き方は、国家破産以後のわれわれにおおいに参考になるものだ。

　たとえば『日本沈没』の小野寺は、ある意味では典型的な日本人でありながら、会社での地位や昇進にまったく興味を示さず、組織にとらわれることのない「自然児」だ。また、田所教授は、日本の学界ではアウトサイダーとして嫌われており、海外でむしろ高く評価されている国際人でありながら、日本を誰よりも深く愛している。筆者としては、いまから30年も前に、こういう日本終末論と魅力

的な人物像をつくりあげた小松左京氏の慧眼に驚くばかりである。同じく『太陽の黙示録』の柳舷一郎も宗方操も、その育ち方は違っても、日本を深く愛している。

　ここで、筆者の私見を言えば、この2つの物語は、日本民族をユダヤ民族の立場に置き換えたものと言えるのではなかろうか？　なぜなら、どちらも国家そのものを失った日本人が、アイデンティティはなにかと問いかける物語だからだ。

　はたして、われわれは、国家破産で日本人としてのアイデンティティまで失ってしまうのであろうか？　最後に、『日本沈没』のラストで、渡老人が田所教授に話す言葉を引用させていただいて、本文の筆を置きたい。

> 「日本人はな……これから苦労するよ……。(中略) いわばこれは、日本民族が、否応なしに大人にならなければならないチャンスかも知れん……。
>
> 　これからはな……帰る家を失った日本民族が、世界の中で、ほかの長年苦労した、海千山千の、あるいは蒙昧でなにもわからん民族と立ちあって……外の世界に呑み込まれてしまい、日本民族というものは、実質的になくなってしまうか……それもええと思うよ。
>
> 　それとも……未来へかけて、本当に、新しい意味での、明日の世界の、"おとな民族"に大きく育っていけるか……日本民族の血と、言葉や風俗や習慣は残っており、またどこかに小さな"国"ぐらいつくるじゃろうが……辛酸に打ちのめされて、過去の栄光にしがみついたり、わが身の不運を嘆い

After Japan's Default

たり、世界の"冷たさ"に対する愚痴や呪詛ばかり次の世代にのこす、つまらん民族になりさがるか……これからが賭じゃな……」

Extra Part
新しい「勝ち組」たち
New Winners

　本書は全体として暗い本である。国家財政破綻（国家破産）後 After Japan's default の日本をシミュレーションしようという本が暗くなるのはやむをえない。

　しかし、暗いだけの本では終わりたくない。そこで、最後の最後に、この Extra Part を設けた。

　以下に登場する5つの企業 companies と5人の人物 characters は、いずれも筆者が直接知っている企業と人物である。いわば、新しい時代とトレンド trend のなかでの「勝ち組」winners である。筆者の知り合いなので、なにか"内輪褒め"のようで気が引けるところもあるのだが、明るい日本の未来の芽がここにあると信じているので、あえて紹介したいと思う。

　「勝ち組」という言い方は、なにか傲慢 arrogant な感じがして誤解を招く misleading かもしれない。要は、新しい経済トレンドを代表している企業と人、ということである。こういう人々が、国家破

産後の日本をリードしていくのだろうと、筆者は確信している。

　日本経済の民間部門 private sector の復興 resurrection（リザレクション）のために最も基本となるのは、製造業の力である。日本はなんといっても真面目な製造業 manufacturing によって成り立っている国なのである。しかし、筆者の身近には製造業の経営者はいない。技術者 engineer も少ない。

　しかし、サービス業の起業家たち entrepreneurs だったら結構知っているし、日本への熱い思いを持ちながら、外資 foreign subsidiary で働き、あるいは働いた経験のある人間なら多数知っている。日本の製造業の新しいトレンドについては、唐津一先生のご本でも読んでいただくことにして、以下では、私の直接知っている新しい「成功者＝挑戦者たち」challengers について書かせていただく。

　光文社ペーパーバックス・シリーズには『101人の起業物語』（竹間忠夫・大宮知信 2004）という好著もある。私が知っているのは、ほんのわずかな例であるが、「私が知っている例だけでもこんなにあるのだから、ほかにも数えきれないくらいに、よい実例があるはずだ」──そう思って読み進めてほしい。個人で取り上げたなかでも、公認会計士の加納孝彦氏の例は起業家として取り上げることも可能だが、ソロモン・ブラザーズでの経験という点から、外資関係者として取り上げさせてもらった。

　本章で取り上げた起業家の人たちはみな、叩き上げタイプで、資産家、大富豪の息子などというのは1人もいない。みな創業者の苦労をイヤというほど味わってきた人々である。

　外資系関係で取り上げた5人に共通しているのは、みな愛国者 patriot であり憂国の士であるということだ。そして、外国の大学

を出たり、欧米のビジネス・スクールで MBA を取った"絵に描いたような外資系エリート"は 1 人も取り上げていない。彼らも叩き上げ派だ。起業家の 5 人も含めて、ここで取り上げる 10 人は、みな「金儲けがすべて」(Money is everything.) と考えている人たちではない。日本という共同体 community をよくしたいと考えている人ばかりである。

そういう新しい 10 人の挑戦者に、「国家破産以降」"after the Japanese default" の日本の希望を見いだしたいと思う。(敬称略)

1
記帳代行と総務のアウトソーシングで躍進する「エフアンドエム」

　森中一郎(もりなか・いちろう 1961 年生まれ)は立命館大学卒業後、中小企業中心のコンサルティング会社、(株)日本エル・シー・エーに入社。1989 年にはベンチャー・ビジネスのパイオニア、(株)ベンチャー・リンクに移籍し、西日本の営業を統括した。

　1990 年 7 月、29 歳で独立した森中は、(株)フラワーメッセージを設立 set up した。生命保険の営業職員(生保レディー)がクライアントのメモリアルデー(誕生日や結婚記念日)に花束を贈るのを代行する会社である。この成功をうけ、1992 年には生保レディーの経理業務の記帳代行を月 4000 円で引き受けるアウトソーシング業 outsourcing を開始。法律が改定され、生保レディーも一般の個人事業主と同様、実額での確定申告をしなければならなくなった時期で、森中のアイデアは大受けした。生保レディーは、営業 sales は得意だが経理 accounting が苦手という人たちが大部分。年間平

均1000枚もの領収書の整理に時間をさきたくない人が多い。この分野でのクライアントは、今や3万人を超え、いまも森中の会社の主要業務の1つとなっている。

　1993年に社名を(株)エフアンドエムに変更し、1995年には中小企業向けコンサルティングのエフアンドエム・クラブ事業を開始した。1社月2万円の会費で、会員企業は累計1万社以上。この事業の中心コンセプトは"総務で利益を"だ。いわば、クライアント企業の総務管理部門の徹底的なアウトソーシングで利益を上げようというもの。コストダウンは当然だが、森中のユニークなところは、政府の補助金、助成金に目をつけたことだ。主に社会保険労務士の力を借りて手続きまで代行し、実際にお金がおりるところまで責任を持つ。最近では、定年の延長や再雇用(嘱託採用)をすれば、助成金が出やすいという。

　助成金と言うと税金を食いものにするように思う人も多いが、それは誤解である。厚生労働省関係の助成金の財源は、雇用保険料なのである。保険料の1000分の3.5が助成金の予算としてプールされている。平均年収500万円の社員100人の会社は、年間この助成金予算を、なんと175万円ずつ納めている。1979年から始まった制度なので、2004年までの25年間、この会社は4375万円もの予算を納入しているのであり、企業の当然の権利として利用しない手はない。しかし受給経験のある企業はまだ2割しかない。

　2000年7月、エフアンドエムはナスダック・ジャパンで株式公開。現在はヘラクレスとして上場 list on the stock exchange している。資本金8億2600万円。

　エフアンドエムは、2004年7月21日、大阪府吹田市にTAX-

HOUSE タックスハウス 1 号店を開業した。

　これは、簡単に言えば税理士事務所のフランチャイズ化である。エフアンドエムは、税理士事務所のクライアント獲得に独自の手法を開拓してきた。そこで出店を希望する税理士、公認会計士に「タックスハウス」の商標使用を許可すると同時に、この顧客獲得のマーケティング・ノウハウを提供する。同時に、いままでエフアンドエムが本業でやってきた個人、中小企業向けのコンサルティングのノウハウも提供する。気軽なコンビニか喫茶店のような店舗で、あらゆる金融、財務、税金、不動産 real estate などのコンサルティングを行う「ワンストップ・ファイナンシャル・ショップ」を目指している。1 つのモデルは、米 H&R ブロック社である。同社のオフィス（というよりショップ）は、全米のあらゆる街角に展開している。普通のサラリーマンも個人事業主になってゆくトレンドのなかで、TAXHOUSE は大いに有望だ。3 年後には 1000 店の出店を目指している。

　森中は「ニュービジネスというものは、うまくいかないのが、むしろ当たり前」と考えている。いくつもの失敗の中から、決してあきらめずに成功を掴み取る。それが森中のビジネス哲学である。あらゆる分野で、アウトソーシングは有望なビジネスになってきている。

2
富裕層のみをターゲットにした唯一のマーケティング会社「イー・マーケティング」

　日本にもついにこういう会社ができたか、と感心するのが(株)イー・マーケティングである。日本で唯一、富裕層のみをターゲッ

トにしたマーケティング会社である。出版物としては、季刊の『セブンマネーカルチャー』を出し、ITではWebサイト「セブンヒルズ」(Seven Hills)を企画運営。他にマーケティング・プロモーション・コンサルタント業務も行う。「セブンヒルズ」は、日本で唯一のラグジュアリー・ライフ・スタイルのサイトである。ここのeコマース e-commerce のモールには、一流ブランド classy brand-name goods ばかりが並んでいて、ため息が出そうだ。

社長の臼井弘文（うすい・ひろふみ、1956年生まれ）は、南カルフォルニアでも富裕層の子弟が集まるペッパーダイン大学 Pepperdine University に留学し、中退。筆者はペッパーダイン時代の臼井を知っている。

臼井は外資系広告代理店を経て、1996年外資と読売広告との合弁会社「サーチ＆サーチ・ベイツ・読広」のバイス・プレジデント vice president、となり、ヒューレットパッカード、デュポン、コダック等の顧客を担当した。この経験 experience と人脈 human network をもとに1999年、（株）イー・マーケティングを設立し、社長に就任した。資本金は、25億4400万円。株主 stock holders には、資生堂、丸紅、伊藤忠テクノサイエンス、UFJキャピタル、日興キャピタル、電通ドットコムなどの有名企業が名を連ねている。2004年度の決算は、売り上げ sales 2億6000万円、利益 profits は3000万円ほどになりそうだ。まだまだこれからだが、株式上場 initial public offering に向かって邁進中である。

現在日本には、年収1億円以上の富裕層は100万人〜200万人いると言われている。臼井のターゲットにする富裕層 the affluent class とは、もう少し広く、年収5000万以上、金融資産1億円以上

の資産家だ。

「"金持ち＝悪"というような観念がいまだに広くいき渡っている。戦後の悪平等の教育の影響でしょうか。日本経済を活性化しようと思ったら、お金のある人たちに、消費、投資をしてもらうのがいちばん。そうすれば、勤労者の方もお金のめぐりがよくなります。私も後者の１人ですが」

臼井の信念である。

『セブンマネーカルチャー』は、全配布部数５万部、定期購読会員１万5000人。サブタイトルには、「世界を舞台に活躍する資産家のためのマネーカルチャー誌」とある。直近の2004年夏号を見ると、まず表紙は、ギリシャのオルガ・イザベル王女。冒頭の特集 feature article at the beginning は、Power of England「ロンドンの脈動に触れる」だ。単なる観光案内ではなく、英国の富裕層の暮らしを伝えている。投資案内はむろん、子弟の英国留学の相談窓口まであるところがユニークだ。広告は一流ホテル、一流ブランドのオンパレードである。Webサイトのショッピング・モールには数億円のクルーザーから数十億円のプライベート・ジェット機まで掲載されている（残念ながら、まだ売れてはいないらしい）。

一見、苦労知らずのお坊ちゃん育ちのような臼井だが、隠れた苦労もしている。留学から帰国後、取締役を務めていたファミリー会社が倒産 bankrupt し、修羅場を体験した。それが今の臼井を支える貴重な精神的支柱になっているようだ。イー・マーケティングは、既述の『101人の起業物語』でも取り上げられている。

3

eコマースの新星「エムグロース eMgrouth」

　インターネットを通じた商品販売 electronic commerce（e コマース、略称 EC）の分野で急成長している企業のひとつが㈱エムグロース eMgrowth だ。eMgrowth は electronic（電子）+Market（市場）+growth（成長）の略称だ。2010年までには優に10兆円を超えると予想されるe マーケットの急成長そのものを社名にしている。社長の小嵜秀信（こさき・ひでのぶ、1971年生まれ）は、元来がコンピュータ技術者 computer engineer ではない。祖父の代からの商家に生まれ、立命館大学文学部史学科を卒業した文科系だ。しかし学生時代、20歳そこそこでブリタニカ英会話教材の販売で世界第2位の実績をあげたというから、彼の受け継いだ商売人の DNA はきわめて優秀だ。

　彼はパソコンと出会って、たちまちその技術を上達させたが、e コマースの世界に導いたのはむしろ彼に流れる"商人の血"だったようだ。自らネット・ショッピングの顧客として利用していた関西の大手ディスカウント店「ジャパン」に、いろいろなサイトの企画を提案しているうちに、同社の会長に惚れ込まれて、e ジャパン・アンド・カンパニーズの社長を任されることになった。29歳のときである。

　この会社は、日本初のネット・ディスカウント会社で、コンビニのサンクス、ソフトバンク等も共同出資した。

　同社の経営を軌道に乗せた小嵜は満を持して、自らの会社「マルコ」を2001年に設立。これをさらに2004年3月にエムグロースに

経営統合した。現在は、月商5000万円だが、来期は年商15億円を目標にしている。

エムグロースは、サイトの設計designや、運営等eコマースの業務全般を請け負う企業だが、そのいちばんの特徴はレベニュー・シェアrevenue sharing（収益分配）型のeコマース・サイトの経営である。つまり優れた商品であれば、サイトの構築から運営まで、エムグロースがすべて経費を負担してeマーケティングを実現しようというのだ。商品を持っている会社からすれば、自社の初期投資ゼロで、eマーケティングをエムグロースに「丸投げ」できるのである。エムグロースは完全レベニュー・シェア収益分配で利益を上げるという仕組みである。現在このビジネスモデルを採用している同業他社はほかにはない。エムグロースの独走状態である。

それだけに商品選択の目は厳しい。エムグロースは欲しい商品のオーディションを行って商品を選ぶ。「丸投げ」を引き受ける以上、商品の質qualityがすべてだからである。

今までeコマースに参入するには2つの選択肢しかなかった。自社でECサイトを構築・運営するか、楽天市場やYahoo! Shoppingなどのモールに出店するか、であった。これに第3の可能性を広げたのがエムグロースだ。プロ野球参入で話題をよんでいる楽天だが、eコマース市場の進化は激しい。小嵜は、「楽天、なにするものぞ」と闘志を燃やしている。「僕の仕事のモチベーションは『これが実現したらすごいなあ』という気持ち。それだけです」

4
外為証拠金取引のニュー・スタンダードをつくった「マネースクウェア・ジャパン」

　外為証拠金取引といえば、詐欺 fraud や詐欺まがい商法の横行する無法地帯であった。記憶に新しいところでも、コスモフューチャーズ（福岡市）が500人からの預託金、数十億円を損失。フォレックスジャパン（那覇市）は5000人から集めた200億円のうち、125億円が回収不能になるなど、被害者続出の悪名高い業界であった。

　2002年10月に(株)マネースクウェア・ジャパンを創業した山本久敏（やまもと・ひさとし、1959年生まれ、熊本工業大学〈現・崇城大学〉卒）は、パイオニアであると同時におそらくこの業界の未来のスタンダードをつくりつつある男である。

　そもそも「外為証拠金取引」という言葉自体、山本が考案し、定着させた用語である。この取引は、英語ではForex (Foreign Exchange) Margin Tradeと言われ、日本語では、外為信用（保証金）取引とも呼ばれている。山本は、金先物取引で知られるエース交易の本店営業部長を辞め、ダイワフューチャーズに移籍 transfer し、日本で初めて外国為替証拠金取引を軌道に乗せた。雇われ社長を務めた次の会社でも就任2年目で黒字化 go into the black を達成、という辣腕の持ち主である。しかし、彼の外見はまったく辣腕 go-getter には見えない。市役所の戸籍係のような地味で誠実な男である。

　外為証拠金取引とは、要は期限のない外貨の信用取引のようなものである。証拠金6%でレバレッジ leverage（テコの作用）を効かせれば、10万ドル（1ドル＝110円として、1100万円）の外貨

foreign currency を買うのに 6000 ドル（66 万円）の証拠金しか要らないわけである。1 ドルが 120 円になれば、10 万ドルは円に戻して、1200 万円になり、その差額（マイナス手数料）が投資家の儲けになる仕組みである。

　もちろん逆に円高 yen appreciation になれば、その差がそのまま損になる。元来ハイリスク・ハイリターンの金融商品 risky financial goods なのだが、山本は証拠金率 100% の商品をつくった。つまり、銀行に外貨預金 foreign currency deposit するのとまったく同じで、海外の高金利を享受でき、しかも手数料 commission が往復で 14 銭（銀行、証券会社では往復 2 円が普通）しか取られず、365 日 24 時間取引できる仕組みである。

　外為証拠金取引のいちばんの問題は、じつは業者の多くが、顧客 client の外貨取引の注文 order を、インターバンク市場 interbank market に発注しない（できない）ことであった。悪徳業者は、顧客の注文も証拠金も"丸呑み"してしまい、「顧客の損失＝自社の利益」としてしまう。もちろん、顧客の証拠金は自社運用に使う。顧客が利益を出せば、さまざまな言い訳 excuse をして出金させない。そんなインチキ cheating な商法だから、見せかけの手数料や証拠金率は破格な条件であり、騙される人も多かったのである。

　この業界の悪弊を正すために、山本は住友信託銀行と組んで、顧客の資産を、信託銀行が（会社の資産とは）まったく別管理する仕組みを作り上げた。顧客は（いまのところ）、円・ドル・ユーロの 3 本建てで、資産を管理できる。業界初の試みである。この分別管理の方法を取れば、たとえ仲介業者 mediator が倒産しても、そして、万が一信託銀行が倒産しても、顧客の資産は、外貨は外貨のままで、

100% 保全されるわけである。これは、外為取引に興味がなくても、ペイオフ refund cap 解禁後の世界で、資産保全に利用できる仕組み scheme である。普通の銀行の外貨預金は、ペイオフの場合、保全されないのである。

金融ビッグバン Big Bang の規制緩和 deregulation に悪乗りして悪徳業者が跋扈していたこの業界だが、2005年半ばには規制が施行 enforce される予定だ。約400社と言われるこの業界のほとんどが、この規制で姿を消すと思われる。残る企業や、新規参入企業の多くは、マネースクウェアの分別管理方式を真似ることになるだろう。その意味で、山本は、業界のディ・ファクト・スタンダード de fact standard をつくったことになる。

2003年9月末現在、日本人の個人資産からの対外証券投資は9兆633億円、外貨預金は5兆4800億円に達し、ますます増大する勢いである。個人資産の保全のためには、結局ドル・ユーロ・金などに分散投資するしかない。そういった時代に、中産階級 middle class にまで資産保全の新しい方法を開拓した山本の実績は、ペイオフ後の時代に高く評価されるだろう。むしろ今後、大手銀行がこの業界に進出し、強力なライバルになるのではないかと思われる。

しかし山本は、「マーケットは広い。質の高い同業者は大歓迎です」と自信満々だ。山本は自信をもって動乱のペイオフ後の時代に勝負をかける。

5

国益と伝統を踏まえた CSTV「日本文化チャンネル桜」

2004年8月15日に CS 放送「スカイパーフェク TV」で、㈱日本

Extra Part

新しい「勝ち組」たち

文化チャンネル「桜」(767ch) の放送 broadcast が始まった。代表の水島総（みずしま・さとる、1949年生まれ）の主張はかなりはっきりしている。「日本文化チャンネル桜は、日本の伝統文化の復興と保持を目指し、わが国の歴史をもういちど見直し、私たち日本人本来の心と魂を取り戻すべく創立される。戦後日本を見直す初の映像メディアの誕生と言っていい」と水島は宣言する。放送は毎日24時間、月額料金は880円。

このチャンネルのすべての収入は、この月額視聴料金と協賛スポンサーCM（5秒テロップCMが、月10回放映で月額1万円）だけである。有料視聴者10万人、協賛企業1万社が目標だというが、放送開始1カ月で、すでに約1万人の申し込みがあったという。水島は約2年の準備期間を費やし、開局資金2億5000万円を集めたが、どんな企業・組織・個人からも、しがらみのある資金は一切受け付けなかったというからたいしたものだ。

水島は、元来が200本以上のテレビドラマを制作した監督であり、名作『南の島に雪が降る』の監督・脚本も担当している。彼は(株)ウインズ・インターナショナルの社長として、在日フィリピン人向けのタガログ語のCSTV放送を行うなど、日比間の国際コミュニケーションに長年の実績を持っており、その基盤の上に、日本文化チャンネル桜が開花したのである。水島はTV界にいて、既存のTV界に絶望 despair し、新しいTVメディアであるCSに進出したのである。単なる利益のためのベンチャー企業ではない。日本の伝統と文化を守るためのベンチャー＝冒険 venture である。

政治的主張の右左というのは相対的なものである。しかし事実を歪曲する報道 report はもはや報道とは呼べず、他国の情報工作

information control に悪ノリしたプロパガンダ propaganda である。日本以外のどの国でも、国民の共通の基盤は愛国心 patriotism であり、その基盤の上で、意見が右や左に分かれるのである。日本だけが東京裁判史観の悪影響で、サヨクとは歴史の事実を無視する反日主義者のことである。こういった TV 界の歪曲した状況を批判することは誰にでもできるが、その歪んだ TV 界への選択肢 alternative を、勇気を持って創り上げたのが水島である。

　放送開始の日、8月15日のプログラムを見てみよう。午前6時の開局直後に、水島自身が制作した力作、「特攻　國破れても國は滅びず」。正午からは旧軍将兵の遺言集、「英霊の言の葉」を女優の烏丸せつこが朗読。夜になると、この日靖国神社を訪れた100人のインタビューが放映される。報道姿勢は厳正中立だが、オピニオンは明快である。

　水島は言う、
「私たち日本文化チャンネル桜の社是は、『草莽崛起(そうもうくつき)』である。これは吉田松陰が、維新の志士たちを祖国の大地に生まれた草にたとえ、草々が一斉に起ち上がることを呼びかけた言葉だ。……、どうか皆さんの草莽の『魂』と『志』で、この放送局を育てていただきたい。それは必ず、未来の日本を育てることになるのだ」

　水島の未曾有の挑戦が続く。

6

数学の世界から金融工学へ転身した異才

　冨家友道(とみいえ・ともみち、1956年生まれ)は挫折した数学者である。東大の教養学部で数学と基礎物理を専攻、大学院へ進学

新しい「勝ち組」たち

して学者になることを夢見ていたが、大学院入試の面接で教授と衝突してしまい、断念。入社したコンサルティング会社、アーサー・アンダーセンでは数学を活かした工場の生産管理が初めての仕事であった。

冨家によれば、計量経済学 econometrics で使う数学は、古典物理学で使われた数学であり、現代の数学は量子力学 quantum mechanics で使われる数学で、計量経済学の数学よりは、2世代進化した体系であるという。デリバティブ金融派生商品 financial derivatives を扱うようになってから、金融サービス業でも、リスク管理 risk management のために現代数学が多用されるようになる。銀行・証券を含む金融サービス産業 financial service industry で高等数学が必須の時代となり冨家の大活躍が始まる。1983年入社の彼は、1996年にパートナーに昇格した。当時のアーサー・アンダーセン社は、全世界で5万人の社員を擁し、その中枢は無限責任を負う1000人のパートナー partner（共同経営者）で構成されていた。その一角を占める存在になったのである。

順風満帆だった冨家だが、1998年6月に設立された金融監督庁（現・金融庁 Financial Service Agency）に身を投じた。年収は激減したが、決断させたのは一国民としての使命感だった。いつまでも決断を先延ばし postpone にして、責任を回避し、解決の見通しのつかない不良債権問題。業を煮やした冨家は、金融庁参与として専門知識を活かして大活躍する。このときの決意を冨家はこう語る。「いまの日本には徴兵制 conscription はない。だったらお国のために、2〜3年は別の形で奉仕してもいいんじゃないか。このままでは日本の金融界全体がダメになる。そういう危機感があった」

銀行の健全性をモニターするシステムを、最新のリスクマネジメント手法を用いて設計し、導入した。バーゼル委員会(国際銀行監督委員会)にも参加し、国益を代表して奮闘した。思い切り腕がふるえたのは、金融庁創設に参加した人々が従来の金融行政を否定するアンチ大蔵省の人ばかりだったからだ。初代の日野長官は検察出身だった。官僚主義 red tape の最大の悪弊は前例踏襲主義だが、前例がない金融庁では、前例 precedent を作る立場にあった。冨家は当時を回顧して、「行政としてのベンチャー・ビジネスだった」と語っている。

3年の金融庁勤務を経て、2001年に朝日アーサー・アンダーセンに入社。現在は、同社がKPMGコンサルティングと事業統合したベリングポイント株式会社のファイナンシャル・サービス・グループを率いるマネージング・ディレクターである。

数学を勉強していた学生時代、冨家は世界的数学者・岡潔の多変数解析函数論の名論文に感動した。岡は、後に日本原理主義的な思想家としても知られるようになるが、冨家にも同じ血は流れている。「世界に通用する日本の金融サービス産業を育てたい。日本人は必ずこの分野でも一流になれる」これが冨家の信念 belief である。

7

外資一筋に21年、英語ができなかった国際派

いまの佐藤徳之(さとう・とくゆき、1960年生まれ)から、彼の大学卒業直後の姿を想像することは難しいに違いない。今は、人もうらやむような外資系保険及びリスクコンサルティングの日本法人のディレクターである。むろん英語は流暢 fluent に話す。その佐

藤が、大学を卒業したころは英語がまったくだめだったというから、信じられないような話だ。

　日比谷高校時代は、野球部でピッチャーだった。明治大学経営学部を卒業したときは、就職戦線 job hunting にまったく乗り遅れ、日本の大企業には就職できなかったという。日々アルバイトに明け暮れていた彼を救ってくれたのは、デンマークを本社とする世界最大の海運会社マースク・ライン Maersk Line だった。佐藤は横浜に常駐して、海運貿易の実務を習得する。おそらくこの時期に身につけた現場における決断力と英語力が、のちにアメリカで活躍するときの基礎となったのではないか。筆者が佐藤と知り合ったのは、このマースク社時代である。

　その後、佐藤は一念発起して、1989年米保険ブローカーの名門ジョンソン＆ヒギンズ Johnson & Higgins の日本法人（その後97年に Marsh & McLennan と合併）にキャリアチェンジ。質実剛健の企業文化 corporate culture にぴったり合ったせいか、佐藤が実力を発揮するのはこれからだ。1993年〜1999年はアメリカ・ロサンゼルスで大きな業績をあげ、西部地区のバイス・プレジデント、1999年には日本に復帰した。

　損害保険と言っても、昔とはずいぶん中身が変わってきているようだ。単なる保険の域を越えて、企業の総合的リスク管理が仕事の大半になってきている。佐藤の話によれば、欧米のリスクマネジメント業界には、軍や諜報機関出身者も珍しくはないという。軍や諜報機関も、国家のリスク管理 risk management をしていると考えれば、当然のことだろう。期せずして外資一筋21年になった彼は、グローバル企業の底力を次のように総括する。

「あくなき最終利益へのこだわりと、コスト・コントロールの力、人的もしくは政治的コネクションの重要さ、そしていかなる国においても一定の水準のサービスを提供できる能力」

　佐藤から見ると、日本の一流と言われる企業が、人材を必ずしも有効に活用していないと言う。入社当時は優秀な人材であったにもかかわらず、適材適所とは言いがたい場当たり的、もしくは社内派閥的人事によって、人間が錆びついてしまっている場合が多いと言う。民間企業まで官僚主義 red tape 化してしまっているというわけで、耳の痛い話だ。佐藤は筆者への手紙で、しかし日本人の潜在能力 potentiality をこうも指摘する。

「ただし、日本人の根底にある勤勉さと、学び続けようという力は、とても大きな力なので、優れたリーダーによって牽引されると、本来の競争力を取り戻せるはずだ」

　日本の再建に活かしたい言葉だ。佐藤は現在、世界最大の保険及びリスクマネジメントの会社、マーシュ Marsh の日本法人のディレクター（本人の解説によれば、日本の営業推進本部長にあたる）として大活躍している。

8

M&Aのパイオニアにしてスペシャリスト

「加納さん、最近どんな仕事しているの？」
「エンパイアー・ステートビル売ってますわ」

　こんな答が返ってきて驚いたことがある。加納孝彦（かのう・たかひこ、1958年生まれ）はいつもニコニコ笑顔を絶やさない大阪人。それでいて、いかにも俊敏そうな公認会計士だ。

新しい「勝ち組」たち

　M&Aという言葉がなかったころから、20年以上にわたってこの業務に携わってきた。100件以上の案件に関与しており、この分野ではダントツの経験を持つ公認会計士と言っていいだろう。加納は大阪市立大学商学部在学中、当時最年少で公認会計士試験に合格、在学中に監査法人auditorに入所している。

　大学卒業後の1984年、公認会計士 Certified Public Accountant ＝C.P.A. 登録した加納は、大和証券に入りM&Aにかかわることになる。大和証券が当時企業提携部と呼ばれていたM&Aセクションを創立することになり、そこに魅力を感じて入社したのだ。MとはMergerで（企業）吸収合併のこと。AとはAcquisitionで（企業）買収のこと。ちなみに筆者が初めてM&Aという言葉を聞いたのは米留学中の1980年前後だったと思う。

　加納はM&Aに新しいビジネスの世界の誕生を予見して、その世界に入ったわけだが、当時の日本では「M&Aは、所詮乗っ取りであり、日本的経営にはなじまない」という意見が大勢であったというから、隔世の感がある。

　1990年にソロモン・ブラザーズに移り、M&Aグループのセクションヘッド、1995年には(株)コーポレートパートナーを設立し、独立している。加納が携わったM&Aで代表的な案件としては、「メリルリンチによる山一證券の営業譲渡 asset purchase」「カーギル・グループによる山一ファイナンスの部門買収」「住友信託グループによる、山一グループのリース部門および資産の買収」などが挙げられる。

　実務家として活躍する一方、加納はM&Aの法的側面の整備や実務知識の伝達にも熱心だ。彼が1987年〜89年『旬刊・商事法務』

に連載した論文は、実務家はもちろん、中央官庁や学会からも高い評価を得て、商法の税法改正にも影響を与えてきた。ほんの一例だが、「株式大量取得者のディスクロージャー disclosure（情報公開）義務（いわゆる 5% ルール）」にも彼の提言が生きている。

加納は、M&A の他には、株式公開や事業継承などの分野にも強い。株の持ち合い cross sharing や系列化が解消しつつある日本市場では、今後 M&A がますます活発になるだろう。一方、上場持ち株会社が許可されたので、これを核に巨大企業集団 conglomerate（コングロマリット）が誕生する可能性が高い。加納は、1999 年にすでにこれを予見している。

働き過ぎがたたってか、加納は 2003 年夏、狭心症で倒れ、入院生活を余儀なくされた。このとき、ガンやアトピー、生活習慣病に有効な代替医療 alternative medicine や補完医療 complementary medicine の本が見つけにくいことを実感。ポケットマネーで「お茶の水代替医療情報センター」（通称「ガンの図書館」）を開設した。2004 年 4 月末現在、蔵書数 5200 冊。今後、「代替医療を受けられる施設を紹介する情報センターの機能も果たしていきたい」と、加納はボランティアのほうでも夢を膨らませている。

9

ゴールドマン・サックスのライバル企業に

太平洋戦争で日本は負けたが、冷戦下の時代 the period of Cold War、日本の製造業 manufacturing は西ドイツと並んでアメリカを凌駕するに至った。航空機産業 aircraft industry にしても、日本やドイツは敗戦国として参入を許されなかっただけで、もし参入して

いれば、ボーイング・マクダネルダグラス社やロッキード・マーティン社を上回る旅客機 passenger plane や戦闘機 fighter plane をつくることができたはずである。しかし冷戦終結後、日本はバブル崩壊 the collapse of the Japanese bubble に見舞われ、経済のグローバル化の波のなかで、"マネー敗戦" defeat in the money war と呼ばれる状況が到来した。

マネー敗戦の実態とは、経済政策と金融サービス産業（銀行・証券を含む）における敗北であった。バブル時代の大反動ですっかり自信喪失の態である日本の銀行、証券業界だが、敗北から立ち上がって、黒船に挑戦しようという男たちも少数だがいる。石塚喜昭（いしづか・よしあき、1967年生まれ、神戸大学法学部卒）、みずほ証券経営企画グループ課長もその1人だ。

石塚は、神戸大学時代に政治哲学を専攻し、大学院 graduate school に進むことも考えたが、恩師の「一度は世間に出てみるべきだ」とのアドバイスで就職したという。しかし当時は就職難 job scarcity、やっと内定をくれた企業の1つが、アンダーセン・コンサルティング（現・アクセンチュア）社で、好きも嫌いもなく外資系の一員となった。初めの2カ月、本社で英語とコンピュータの徹底したトレーニングを受け、それ以降銀行を相手に金融のコンサルティング業務を行う。

どうせならコンサルタントとしてより、銀行の当事者になりたいと考え、1997年チェース・マンハッタン銀行東京支店に入行、金融派生商品 derivative のリスク・収益管理を行った。この後、アーサー・アンダーセン社を経て2003年みずほ証券に入社し、CIO（最高情報責任者 Chief Intelligence Officer）を補佐しながら、同社の

IT戦略を立案している。

　外資からみずほ証券に移ったとき、年収は激減したという。しかし、石塚の日本人としてのプライドと夢がそうさせた。石塚の夢は、ズバリ世界最強と言われる投資銀行ゴールドマン・サックスのライバルを日本に育てることである。

　三井住友は、ゴールドマンの傘下 under the control に入ったし、統合される東京三菱＝UFJも、やがて外資（おそらくチェイス＝モルガンか？）の傘下に入るだろう。寄り合い所帯（旧第一勧銀、富士銀、興銀）ながら、みずほ銀行は、民族派路線を貫いている。その証券部門を民族派の雄として、国際競争力のある金融サービス産業に育てたい。それが石塚の夢だ。

　期せずして、金融サービス業の外資3社を経験して、彼らの手の内はかなり分かった心算だ。世界一うまいコメや、世界一耐久性のある自動車をつくれる民族が、金融の世界でだけ二流、三流であるわけがない。これが石塚の信念だ。

　ちなみに、日本国の古名のひとつを「豊葦原瑞穂の国」（トヨアシハラミズホノクニ）と言う。瑞穂（みずほ）とは、「みずみずしい稲の穂」の意味で、まさに日本国の象徴だ。みずほ銀行・証券の名はここに由来している。民族派金融資本として独立独歩する言霊を担った企業と言えるかもしれない。

　石塚のような人材が多く活躍できるようになれば、日本人が苦手だった金融サービスの分野でも、日本は競争力 competitive edge を取り戻していけるはずだ。

10

トップ・トレーダーから熟達の円・ドルアナリストへ

大川原弘巳(おおかわら・ひろみ、1954年生まれ)が慶応大学商学部を卒業した1977年は、かなりの就職難の年だった。筆者も大学を出たころだったので、それはよく覚えている。そんな事情も手伝って、彼は当時まだ珍しかった外資系に就職する道を選ぶ。

初めに入ったチェース・マンハッタン銀行は、米ロックフェラー財閥の中枢を占める名門銀行だ(いまはライバルだったモルガンと合併し、一体となっている)。ここの東京支店で、大川原は輸出入信用状の書き方から、送金・融資・経理・審査等の基礎的トレーニングを受けることになる。最終的には外国為替課のトレーダー、アシスタント・マネジャーとなる。

1988年にはスイス・ユニオン銀行東京支店に移籍し、バイス・プレジデント。セールス・チームの責任者として、東京市場で出遅れていた外為対顧客取引の立ち上げを行い、商社2社、生保1社、損保1社、メーカー2社の開拓に成功する。

1993年にはさらに、独ドレスナー銀行東京支店に移り、外国為替・資金課のチーフ・カスタマー・トレーダーとして、対顧客取引の新規開拓に従事。商社2社、生保2社、メーカー1社を獲得。デリバティブを含む対顧客取引の管理を行い、ミドル・オフィスの創設にも従事した。

1998年、インフォーマ・グローバル・マーケット・ジャパン(株) Informa Global Markets Japan の外国為替シニア・アナリストとなる。外資系3社での外為取引の実践経験をベースに、主に円=ドル

関係の分析・予測を行い、それを英語で世界中のクライアントに発信している。

大川原によれば、円＝ドル関係は、日本の財務省 Ministry of Finance（MOF）の政治的意図 political intention があらゆる局面で介入 intervene してくる特殊なマーケットである。このことは、特に"ミスター円"と仇名された榊原英資財務官の時代に、巨額の円高阻止（ドル買い・円売り）介入をするようになってから露骨になってきた。この政府介入 government intervention が、すでに存在した日米間の経済不均衡 economic imbalance をさらに巨大なものにしている。そして、これが世界経済の安定を脅かす最大の原因の１つとなっている。これが、大川原がコメントを書く際の基本的認識である。

少し古い数字だが、2001年末における日本の純対外債権は180兆円、2000年のアメリカの純対外債務は251兆円に達している。日本は世界一の債権国 creditor、アメリカは世界一の債務国 debtor なのである。

先の拙著『新円切替』や本書でも、大川原の知見を活用させてもらっている。円＝ドル関係を通して世界経済の不均衡を見る大川原の目は冷徹である。

「日本政府の国債政策は必ず破綻します。一部の財務省官僚が、"円高＝悪"という誤った認識 misperception をベースに、国民のカネを使って巨額介入を外為市場に行い、あげくの果てに国益を失う。こんなバカなことがあってよいのか。だいたい、子供たちにどう説明したらよいものか。日本なんか見捨てて海外に住めよ、とでも言いたくなります」

大川原の憂国の嘆息である。

あとがき
Postscript

　国家破産に関する筆者の論議 discussion には、いくつもの異論 disagreements がありうると思う。とくに重要なのは、「国家破産を防ぐ方法はまだある」とする議論である。たしかに可能性がある救済策 salvation measures は、主に2つ考えられる。

①日銀が、政府の発行する国債を無制限に limitlessly 必要なだけ引きとる。
②政府発行通貨 (government-issued currency) を発行して、国債を償還するのみならず、内需を拡大する。

　いずれも非常手段 emergency measures だが、議論する価値はある worth discussing。ただし、①②いずれの手段を発動するにしても、日本経済が巨大な余剰供給力＝生産力(言いかえればデフレギャップ)を有するここ数年が勝負時 critical moment である。デ

フレギャップが消滅した後でこれらの手段を取れば、破壊的なハイパーインフレが国民を襲うだけである。

まず①を実行するには、日銀法を改正（悪？）する必要がある。中央銀行の信用創造力は事実上無限だから、日銀にその気があれば、政府のデフォールト default は避けられる。ただし国債は事実上の永久債として退蔵しなければならなくなる。問題は、いかに日銀と日銀総裁を説得するかである。国家あっての日銀であって、日銀あっての国家ではないことを納得してもらわなければならないが、これが至難の業である。中央銀行の銀行家 central bankers は自国通貨の価値を保つことを至上の課題と心得ている。政府が言うがままに国債を引き受けるなど、とんでもない (Far from it!) というのが本音であり、信念なのだ。また IMF も大反対をしてくるだろう。

②の案については、すでに前著『新円切替』で解説した。丹羽春喜・大阪学院大教授は、10年以上この説を訴えて advocate きたし、最近では本書に登場してもらったスティグリッツ米コロンビア大学教授も賛同している。榊原英資元財務官も部分的に賛意を表しているようだ。しかし、この案は①以上に、政治的に困難である。財務省エリートのなかにさえ、政府が通貨発行できることを知らぬものが多い。政治家も官僚も、政府発行通貨を禁じ手 taboo と思い込んで、まじめに検討もしないというのが悲しい現実なのだ。

結局、①案も②案も合理的解決案 rational solution であるが、政治的実行可能性 political feasibility は極めて低い。これらの案は、政財官の有力者が必死の努力をして初めて実行可能になる。だが、

そのための根回し consensus building をやっているうちに、頼りの余剰供給力は失われ、デフォールトの運命の日 Doomsday<rt>ドゥームズデイ</rt>がやって来てしまうだろう。デフレギャップが失われてしまったら、これらの非常手段を発動する前提が失われるのだ。

　以上のような理由から、本書では上記2つの案についての詳しい検討をあえて割愛した次第である。

　本書執筆にあたっては、本文中で言及した著作、月刊誌『WEDGE』のいくつもの優れた記事に大変お世話になったほか、以下の畏友・先輩の皆さんの知見に負うところが大きかった。記して感謝の意を表する。(敬称略：五十音順)

有澤沙徒志／ニッキン(日本金融通信社)国際室長・企画取材部長
大川原弘巳／インフォーマ・グローバル・マーケット・ジャパン(株)シニア・アナリスト
斎藤 満／UFJつばさ証券(株)法人営業部 チーフエコノミスト
菅生 新／株式会社エグゼクティブ大阪代表取締役、ベンチャー・ビジネス・コンサルタント
高橋靖夫／国際投資経済研究所所長
久恒正嗣／インフォーマ・グローバル・マーケット・ジャパン(株)シニア・アナリスト
藤崎宏和／外資系投資顧問会社部長
山本 伸／マネーリサーチ代表、金融ジャーナリスト

　本書にわずかばかりでも長所があるとすれば、それは上記の皆さ

んの見識の賜物である。しかし、本書のすべての文責が筆者にあることは、改めて記すまでもない。なお、Chinaの国名はシナとするのが妥当であると思うが、編集部の助言で通例に従い、中国で統一した。最後に、ペーパーバックス編集部の山田順編集長と坂口貞雄氏には、編集の域を超えて大変世話になった。記して感謝したい。

この拙ない書の予測を、歴史が誤りであると証明してくれることを祈りつつ、筆を置く。

本書の内容、ならびに筆者が発行する会員制情報誌(ケンブリッジ・フォーキャスト・レポート：月2回発行)に関するお問い合わせは下記まで。
FAX：03-3650-7873

平成16年(2004年) 12月
藤井厳喜

マルチ・カルチュラリズム　多文化主義　光文社ペーパーバックス

001　ネコと話す英会話
tongue-wag with your cat
アリソン&ハセジュン　■ ALISON DEVINE & JUNKO HASEGAWA
TRY SPEAKING OUT!　　　　　　　　　　　　　　定価700円

002　1日1話 通勤タイムの英語塾
Business Small Talks for "Rymen" in Japan
尾関直子　■ Naoko Ozeki
がんばれ、ニッポンの"リーマン"　　　　　　　　定価700円

003　経済特区・沖縄から日本が変わる
A New Dawn in Offshore Okinawa
松井政就　■ Masanari Matsui
日本再生への実験が始まった　　　　　　　　　　定価700円

004　トンデモ英語デリート事典
A Catalogue of Fake English
ケビン・クローン　■ Kevin Clone
英語を話したければ和製英語をボクメツすべし！　　定価700円

006　恋する乙女の英会話
Cool Expressions for Girls in Love
尾関直子　■ Naoko Ozeki
1冊まるごと恋のホンネ・トーク炸裂！　　　　　　定価700円

007　太平洋に消えた勝機
Lost in The Pacific
佐藤 晃　■ Akira Satto
「陸軍悪玉、海軍善玉」は真っ赤なウソである！　　定価945円

008　シネマ英語の決めゼリフ
That's Said in Movies
曽根田憲三 & 金原義明　■ Kenzo Soneda & Yoshiaki Kimpara
スターの名セリフを覚えて、上手に使ってみよう　　定価700円

009　魔法のカリフォルニア・ダイエット
What Color Is Your Diet?
デイビッド・ヒーバー　高橋照子 訳　■ David Heber
あなたのダイエットは何色？　　　　　　　　　　定価1,000円

KOBUNSHA ★ Paperbacks

from one comes different knowledge

光文社ペーパーバックスは、最先端のノンフィクションシリーズです。
事実は1つでも、その見方は文化の数だけある!

---

005 日本がアルゼンチン・タンゴを踊る日
The Day Japan Came Crashing Down
ベンジャミン・フルフォード ■ Benjamin Fulford

最後の社会主義国家はいつ崩壊するのか?

日本人が知らない日本レポート。
なぜ、日本の構造改革は進まないのか?
――このままでは日本の未来は
アルゼンチンになると警告する!

定価700円

---

010 上場企業ホームページ格付け総覧
Websites Almanac 2003
アットアス・コーポレーション&編集部 ■ Atus Corporation & Kobunsha Paperbacks

上場企業2664社を9項目13段階で徹底評価! 定価2,000円

---

011 松井、イチローを、英語で応援できますか?
MLB English
市川功二 ■ Koji Ichikawa

メジャーリーグに学ぶ「生きた表現」 定価900円

---

012 おうちがカフェ
café chez moi
栗田絵里 ■ Eri Kurita

新しい自分空間、大好きな自分空間を作る 定価840円

---

013 天国のキスをあなたに
46 Kisses for Your Love
ノンデルン&メガプレス ■ Norderun & Mega Press

46枚のKiss写真と愛の言葉を大切な人へ 定価1,000円

---

014 大誤訳 ヒット曲は泣いている
Terrible Mistranslations Distort Hit Songs
西山 保 ■ Tamotsu Nishiyama

誰もが知っている名曲は、全部誤訳だった! 定価800円

KOBUNSHA ★ Paperbacks

光文社ペーパーバックス
multiculturalism

015 恋のロードサイン〈道路標識〉
Road Signs for Your Love
亜蘭知子 ■ Tomoko Aran

美しい詩と写真で綴るあなたの恋の道しるべ　　　　　　　定価1,000円

017 母と子の遊んで覚える はじめてえいご
Mom & Kids English
谷嶋なな ■ Nana Tanishima

カレンダーで毎日1歩、365日で英語キッズに　　　　　　　定価800円

018 お笑いL.A.劇場
Life Is One Big Comedy Show in L.A.
やまだゆみこ ■ Yumiko Yamada

クロス・カルチャー漫画＆エッセイ　　　　　　　　　　　定価860円

019 みんなのハワイ はじめての英語
Hanging Loose with Simple English
辻村裕治 ■ Yuji Tsujimura

ハワイで始める英会話の第一歩　　　　　　　　　　　　　定価860円

020 クッキング英会話
American Cooking, American English
ジョアン・タップリン ■ JoAnne Taplin

お料理しながら英会話を楽しもう　　　　　　　　　　　　定価860円

016 外資ビジネスマンはこんな英語を話している
How to Speak Against A Foreign Businessman
藤城真澄 ■ Masumi Fujishiro

今日から、英語ネイティブと互角に渡りあおう！

一般英語本の決まり文句では、
本当のビジネスはできない。
そこで、外資ビジネスマンに徹底取材し、
ビジネス現場で実際に使われているホンネ表現を
完全収録！

定価800円

KOBUNSHA ★ Paperbacks

from one comes different knowledge

好評既刊

023 ヤクザ・リセッション さらに失われる10年
The Yakuza Recession : Another Lost Decade
ベンジャミン・フルフォード ■ Benjamin Fulford

政府もマスコミも隠し通してきた衝撃の真実!

なぜ一生懸命働いているのに、
あなたは日々貧しくなっていくのか?
ヤクザに汚染された「政・官・業」が、
すべてのツケを国民に回している実態を暴く。
いまの日本は腐敗した「泥棒国家」だ!

定価1,000円

021 アメリカの子供に英語を教える
Public Education in Los Angeles
西海 光 ■ Hikaru Nishiumi

ロサンゼルスの日本人女性教師の奮闘記

定価860円

022 マニフェスト論争 最終審判
The Final Judgment
木村 剛 ■ Takeshi Kimura

マニフェストの本質とこの国の問題点がわかる!

定価1,000円

024 ウォーター・マネー
The Water Money
浜田和幸 ■ Dr. Kazuyuki Hamada

石油から水へ、世界覇権戦争が始まった!

定価1,000円

025 「世界地図」の切り取り方
Atlas of Globalization
藤井厳喜 ■ Gemki Fujii

学校で習った世界地図ではいまの時代は生きられない

定価1,000円

026 NTTを殺したのは誰だ!
Who Destroyed NTT?
藤井耕一郎 ■ Koichiro Fujii

「IT立国」構想がもたらしたニッポンの技術崩壊

定価1,000円

KOBUNSHA ★ Paperbacks

光文社ペーパーバックス
multiculturalism

027 東京異邦人プロスティテュート
Tokyo Foreign Prostitutes
杉 光二 ■ Koji Sugi

潜入ドキュメント・これが国際都市TOKYOの夜の顔だ！　　　定価1,000円

028 負け組スパイラルの研究
The Study of Losers' Spiral
立木 信 ■ Makoto Tachiki

日本は本当は2000兆円の大借金国家だ！　　　定価1,000円

029 TOKYO外資英語　外資ビジネスマンはこんな英語を話しているPart2
How To Speak Like A Foreign Businessman
藤城真澄 ■ Masumi Fujishiro

外資社員に学ぶ「英語でビジネス」のノウハウ満載　　　定価900円

031 イラク戦争　日本の分け前
Japan's Share In The Iraq War
浜田和幸 ■ Dr. Kazuyuki Hamada

自衛隊派兵で、日本の国益（ビジネス）は守れるのか？　　　定価1,000円

033 なぜ安アパートに住んでポルシェに乗るのか
Mysterious Market
辰巳 渚 ■ Nagisa Tatsumi

そんな買い方でほんとうにいいの？「買う」ことの本質を探る　　　定価1,000円

030 日本の衛星はなぜ落ちるのか
Japan's Design Ideas Was Left Behind
中冨信夫 ■ Dr. Nobuo Nakatomi

世界に置き去りにされる日本の"設計思想"

米・ロ・欧・中と
大差がついたのはなぜか？
"設計思想"の観点から
日本の宇宙開発失速の原因を読み解く。

定価1,000円

KOBUNSHA ★ Paperbacks

from one comes different knowledge

好評既刊

032 泥棒国家の完成
The Iron Kleptocracy : The Sun Never Rises Again
ベンジャミン・フルフォード ■ Benjamin Fulford

「政・官・業・ヤクザ」支配は強化されている!

なぜ、あなたの生活は貧しくなる一方なのか?
それは、国家が泥棒たちに
乗っとられてしまったからだ!
ベンジャミン・フルフォード3部作ついに完結!

定価1,000円

034 借り手のための金融戦略
The Financial Restoration For Borrowers
木村 剛 ■ Takeshi Kimura

「借り手主権」実現への構想を明かす

定価1,000円

035 「勝ち組」はこんな英語を話している
PGA English
市川功二 ■ Koji Ichikawa

ゴルフを通して学ぶネイティブ表現

定価1,000円

036 新円切替 国家破産で円が紙くずとなる日
The Day Yen Comes Back To Paper
藤井厳喜 ■ Gemki Fujii

我々庶民には打つ手なし!? 衝撃のシナリオを公開

定価1,000円

037 勝ち組メールの法則
Successful Email in Business
小坂貴志 ■ Takashi Kosaka

国際ビジネス成功の鍵は、メールにある!

定価1,000円

038 メガバンクがコンビニに負ける日
Convenience Stores Defeat Mega-banks
坂爪一郎 ■ Ichiro Sakazume

コンビニに凌駕されるメガバンク、あなたの預金は?

定価1,000円

KOBUNSHA ★ Paperbacks

光文社ペーパーバックス
multiculturalism

040 患者見殺し　医療改革のペテン
Abandoned Patients
崎谷博征　■ Hiroyuki Sakitani

「年金崩壊」の次は「医療崩壊」。やがてあなたは病院に行けなくなる！ | 定価1,000円

041 101人の起業物語
101 Successful Entrepreneurs
竹間忠夫＆大宮知信　■ Tadao Chikuma & Tomonobu Omiya

「成功の法則」などない。あるのは「成功の実例」だけだ | 定価1,000円

043 まんが八百長経済大国の最期
The End of the False Economic Giant
ベンジャミン・フルフォード＆藤波俊彦　■ Benjamin Fulford & Toshihiko Fujinami

漫画で解き明かす「日本の危機」Japan's crisis | 定価1,000円

044 地価「最終」暴落
The Collapse of Land prices-based Capitalism
立木　信　■ Makoto Tachiki

あなたは騙されている！ 家、マンションを買ってはいけない！ | 定価1,000円

045 人種差別の帝国
The Empire of Discrimination
矢部　武　■ Takeshi Yabe

アメリカ人の醜い「白人至上主義」と日本人のおぞましい「外国人差別」 | 定価1,000円

039 内側から見た富士通　「成果主義」の崩壊
The Inside of FUJITSU
城　繁幸　■ Shigeyuki Joe

富士通の惨状を教訓にせよ！

無能なトップ、暗躍する人事部、
社内に渦巻く不満と嫉妬……
日本を代表するリーディングカンパニーは、
「成果主義」導入10年で、
無惨な「負け組」に転落した！

定価1,000円

from one comes different knowledge

好評既刊

042 日産を甦らせた英語
How to Use English, The Nissan Way
安達 洋 ■ Hiroshi Adachi

ビジネス英語習得のヒント集

粗削りでもいい、「競争力のある英語」を持て!
「目的が明確な英語研修」は、利益を生み出す!
日産流、「ビジネスサクセスに直結した言語戦略」!

定価1,000円

046 音楽・ゲーム・アニメ コンテンツ消滅
Crisis of Pop Culture : You Never Know What You're Gonna Get
小林雅一 ■ Masakazu Kobayashi

あなたの無知が大衆文化を破壊している!

定価1,000円

047 隣りの成果主義
Need or Not Need? Performance-based Pay System
溝上憲文 ■ Norifumi Mizoue

成果主義に「納得できないあなた」必読の処方箋!

定価1,000円

048 「国家破産」以後の世界
After Japan's Default
藤井厳喜 ■ Gemki Fujii

実際にデフォールトすると、いったいどうなるのか?

定価1,000円

049 角栄失脚 歪められた真実
The Truth of Lockheed Scandal
徳本栄一郎 ■ Eiichiro Tokumoto

ロッキード事件はアメリカの陰謀だったのか? 今、30年間の封印を解く。

定価1,000円

〈以下続刊!〉

*表示されているのはすべて消費税5%込みの定価です

KOBUNSHA ★ Paperbacks